W0047457

DRYAS

Ilka Schneider

»Zwischen Geistern und Gigabytes«

Abenteuer Alltag in Taiwan

Erzählungen

Dryas Verlag

Bibliografische Information der Deutschen Bibliothek:
Die Deutsche Bibliothek verzeichnet diese Publi-
kation in der Deutschen Nationalbiografie, detaillierte
bibliografische Daten sind im Internet über
http://dnb.ddb.de abrufbar

1. Auflage 2008

Gedruckt auf chlorfreiem und säurefreiem alterbe-
ständigen Papier.

Fotografien, Zeichnungen: Ilka Schneider
Umschlaggestaltung: Rosa Segerer, Segerer Design
Typographie, Satz: FLYINGFOX CREATIONS,
                          Schriesheim
Druck: Strauss GmbH, Mörlenbach
Projektbetreuung: Sandra Thoms

ISBN: 978-3-9811327-3-1
www.dryas.de

為了紀念黃晨瑄
我親愛的妹妹

In Erinnerung an meine kleine Schwester
Huang Chenxuan

Ilka Schneider:
»Zwischen Geistern
und Gigabytes«

Inhalt

Vorwort

Ende der 80er Jahre hatte ich in der VR China ein typisches Gespräch mit einem chinesischen Mitreisenden im Zug. Nach den üblichen Präliminarien, das Alter, den Familienstand und den Beruf betreffend, wollte er gerne wissen, ob Hitler Ost- oder Westdeutscher gewesen sei. Als ich antwortete, er sei Österreicher gewesen, war mein Gesprächspartner verwirrt und ich hoffte, dass ich nicht Österreich (Audili) mit dem mehr nach Austria klingenden Australien (Audalia) verwechselt hatte. Und, ergänzte ich naiv, damals hätte es auch noch kein West- und Ostdeutschland gegeben, sondern es sei damals ein Land gewesen, so wie China und Taiwan. Der freundliche Mann wurde plötzlich sehr ärgerlich und fing an lauthals zu schimpfen. Dass Taiwan auch heute noch eine Provinz der Volksrepublik sei und wovon ich überhaupt rede. Mehr verstand ich von seiner Tirade nicht, aber er hörte so schnell nicht auf. Nach diesem Ausbruch sprang er auf und kraulte sich hektisch durch den überfüllten Zug, weit weg von mir. Denn aus Sicht der VR gab und gibt es keine Teilung, sondern nur so etwas wie Widerspenstigkeit oder schlechtes Benehmen der Inselprovinz. Von der Heftigkeit der Reaktion erschrocken und von meiner unwissenden Taktlosigkeit peinlich berührt, übernahm ich dann das Taiwan-Tabu. Es war, als ob ich mir durch die Beschäftigung mit der VR China im vorauseilenden Gehorsam die Neugier auf Taiwan verboten hatte.

Das Wort „Taiwan" löste bei mir daher weiterhin nur so wenig großartige Assoziationen wie billige Klamotten und Plastikspielzeug aus. Später kamen Elektronik und Notebooks hinzu. „Made in Taiwan" eben. Ich kam nicht im Mindesten darauf, dies damit in Verbindung zu bringen, dass Taiwan in kaum einem Land als Staat anerkannt ist und es daher die Außenpolitik durch Außenwirtschaftspolitik ersetzen musste.

Das andere, was mir noch linientreu zu Taiwan einfiel, war, dass sich die im chinesischen Bürgerkrieg unterlegene nationalistische Partei Guomindang 1949 auf Taiwan zurückgezogen hatte und dort lange regierte. Und die war mir wegen korrupten und ausbeuterischen Benehmens im chinesischen Bürgerkrieg schon immer unsympathisch gewesen.

Doch dann bekam ich aufgrund meines Chinesischstudiums die Möglichkeit mit einem Stipendium für ein Jahr nach Taiwan zu gehen. Ich begann deshalb in meinem Hirn zu kramen, ob sich nicht auch positivere Aspekte finden ließen. Der taiwanische Regisseur Ang Lee fiel mir ein und sein Film „Das Hochzeitsbankett". Und anhand dieser Geschichte, in der traditionell eingestellte Eltern aus Taiwan zu ihrem schwulen Sohn in die USA kommen und aus seiner Scheineheschließung eine große, chinesische Hochzeit mit allem Tamtam machen, fing es an mir zu dämmern: Taiwan ist ein chinesisches Land, in dem die Kulturrevolution nicht gewütet hat, in dem Traditionen und Bräuche noch lebendig sind, wo die alten Langzeichen benutzt werden und an jeder Ecke Geister und Götter hocken. Gleichzeitig handelt es sich mittlerweile um eine chinesische Demokratie mit hohem Lebensstandard. Plötzlich war ich Feuer und Flamme für Taiwan und wollte das chinesische Land erleben, das zugleich moderner und altmodischer ist als die VR China. Über mein bisheriges Desinteresse innerlich den Kopf schüttelnd, bewarb ich mich um das Stipendium.

Was ich da, wie vieles andere, noch nicht wusste war, wie großartig Natur und Landschaft auf dieser kleinen Insel sind. Und mit wie viel Freundlichkeit mir die Menschen begegnen würden.

Als ich zurückkam, wurde ich regelmäßig gefragt, wie es denn war, in Thailand. Dabei war zu sehen, wie einige innerlich mit der Frage kämpften, warum um alles in der Welt ich denn zum Chinesischlernen nach Thailand gegangen sei. Ich bin selber geografisch minderbegabt, aber dass Taiwan für viele gar nicht zu existieren schien, machte mich im Hinblick auf das Allgemeinwissen der meisten Taiwaner über die Welt besonders betreten. So begann ich auf der Grundlage von damals kontinuierlich geschriebenen Texten und Geschichten dieses Buch zu schreiben.

Das Buch soll nicht nützlich sein, auf die Art wie ein Reiseführer nützlich ist. Es soll vielmehr den Nutzen des Nutzlosen haben, wie er im Buch Zhuangzi[1] beschrieben ist. An einer Stelle diskutieren Huizi, ein Anhänger der sich mit Logik befassenden "Schule der Namen", und Zhuang Zi (=Chuang Tzu=Tschuang Tse=Dschuang Dsi) darüber. Wer Zhuang Zi war, ob er sich selber als Daoisten bezeichnet hätte und ob es ihn überhaupt gab, ist – wie so oft – unklar, aber wenn, dann hieß er Zhuang Zhou und lebte vermutlich von 369-286 v.u.Z..

Huizi erzählt also, dass er Samen für einen Flaschenkürbis geschenkt bekommen habe, die Früchte aber so groß geworden seien, dass er nichts mit ihnen anfangen konnte. Als Gefäß konnte man sie nicht verwenden und auch zerteilt als Schöpflöffel nicht und so habe er sie zerschlagen. Zhuang Zi mokiert sich darüber, wie ungeschickt Huizi bei der Benutzung großer Dinge sei. Nach einer Parabel über den unterschiedlichen Nutzen, den man aus dem Rezept für eine Salbe gegen rissige Hände ziehen kann, fragt er Huizi: "Wieso habt Ihr nicht nachgedacht und daraus große Schwimmflaschen gemacht, um Euch mit ihnen auf Seen und Flüssen herumtreiben zu lassen? Stattdessen grämt Ihr Euch, weil sie zu groß und plump sind, um sie unterzubringen. Ihr hattet da wohl einen verworrenen Geist!"

Dieses Buch hier ist nun ohne Nutzen wenn man zum Beispiel ein Hotelzimmer sucht, und sonderlich groß ist es eigentlich auch nicht, doch zum vergnüglichen Treibenlassen durch eine fremde Welt könnte es taugen.

---

1 Bücher, auf die im Text Bezug genommen wird, sind im Literaturverzeichnis im Anhang aufgeführt

1. Ankunft im Taifun

Beim Landeanflug auf den Jiang-Kaishek-Flughafen außerhalb von Taibei verspürte ich nicht nur den dringenden Wunsch, endlich anzukommen, sondern auch den dringenden Wunsch nicht anzukommen, weil ich mich nach der langen Reise und der eingetretenen Flugreiselethargie außerstande sah, mich der fremden Welt zu stellen. Glücklicherweise schert sich nie jemand um diese mir vertraute Ambivalenz und ich ergab mich dem unerbittlichen Ablauf der Gepäckausgabe und Grenzkontrollen. Und betrat Taiwan, die umstrittene Republik China. In dem überraschend kleinen Flughafen fand ich schnell die Schalter der Busgesellschaften und kaufte mein Ticket nach Tainan, die alte Hauptstadt Taiwans im Südwesten der Insel. Busse gelten in Taiwan als unsichere und langsame, aber billige Verkehrsmittel. Um Zug fahren zu können, hätte ich erst mit dem Bus nach Taibei reinfahren müssen, das gab letztlich den Ausschlag.

Als ich das Gebäude auf der Suche nach der Bushaltestelle verließ, war es lange nicht so heiß, wie ich befürchtet hatte und sehr windig. Ich wusste da noch nicht, dass ein Taifun ebenfalls im Landeanflug war. Kaum hatte ich es mir im Bus bequem gemacht, wurde ich auf einer Autobahntankstelle gebeten, wieder auszusteigen, um auf meinen richtigen Bus zu warten. Denn wie sich herausstellte, hatte es sich nur um einen Zubringerbus gehandelt, der ganz woanders hinfuhr. Die Länge der Zeit, die ich mutterseelenallein auf dem Parkplatz verbrachte, ließ immer wieder Zweifel aufkommen, ob ich nicht schlicht dort entsorgt oder vergessen worden war, aber meine überwiegende, drömelige Vertrauensseligkeit wurde nicht enttäuscht und der Bus nach Tainan kam schließlich. Zufällig hatte ich das billigste Busunternehmen erwischt und deshalb keinen Riesenpolsterluxussessel mit eigenem Fernseher und Lautsprechern in den Sessellehren, wie es bei den teureren Busgesellschaften Standard ist, sondern einen schmalen Sitz, obendrein ohne jeglichen Fußraum, weil sich die Lehne von dem Sitz vor mir nicht aufrecht stellen ließ. Ich faltete meine Füße auf dem Sitz und dachte ergeben chinesisch: mei banfa, da kann man nichts machen. Als ich abends in einem Tainaner Hotel ankam, ging alles angenehm unbürokratisch. Weder beim Geldwechseln, noch beim Einchecken im Hotel muss man lange Zettel und Durchschläge mit Passnummern und Visanummer und sonstigen Daten aller Art ausfüllen, wie es in der Volksrepublik China üblich ist. Geld hinlegen und fertig. Und das ganz legal. Kaum zu glauben. Um halb sieben wurde es dunkel und daran änderte sich auch im Jahresverlauf nichts wesentlich. Ich lief fremdelnd herum und konnte die hier gebräuchlichen Langzeichen kaum lesen. Mit mühsamer Arbeit und geduldiger Paukerei hatte ich vielleicht 2000-3000 chinesische Schriftzeichen gelernt, aber die in der VR China seit den 50er Jahren gebräuchlichen, vereinfachte Kurzzeichen. Nun hieß es: noch mal von vorn! Mein chinesischer Name beispielsweise lautet Shi Yikai. Das Zeichen für Shi (施) ist in beiden Schreibweisen das gleiche und wird mit neun Strichen geschrieben. Kai wird als Kurzzeichen mit 9 Strichen (恺), als Langzeichen mit 13 Strichen (愷) geschrieben und ist soweit noch ganz gut erkennbar. Yi aber schreibt man in der VR mit 5 Strichen (仪) und in Taiwan (oder Hongkong oder in allen Chinatowns dieser Welt) mit 15 Strichen (儀). Glücklicherweise hatte ich in Kursen für klassisches Chinesisch schon Erfahrungen mit den Langzeichen gesammelt, aber ernsthaft gelernt hatte ich sie nie. Dass sich diese Faulheit so schnell rächen würde, damit hatte ich nicht gerechnet.

Englisch mag weiter verbreitet sein, als in der VR China, aber im Straßenbild wird es außer für Markennamen nicht gebraucht und ich fand mich nur langsam wieder ein in die Rolle einer Analphabetin (was heißt da Alphabet?).

Nach dem Genuss einer Seetangsuppe war der Sturm so stark geworden, dass ich nur noch schwer dagegen ankam. Es war auch kaum jemand auf den Straßen und langsam wurde auch mir klar, dass nicht einfach schlechtes Wetter war, oder tropischer Regen mit ordentlich Wind, sondern eben Taifun.

Taifun ist eines der wenigen Lehnwörter aus dem Chinesischen und heißt ursprünglich Taifeng. Feng bedeutet Wind und Tai ist das gleiche Zeichen wie Tai in Taiwan und so ist ein Taifun eigentlich nur ein Taiwanwind. Die Übertragung des Namens Taifun auch auf andere Wirbelstürme, ist aus chinesischer Sicht daher so, als würden wir zum Scirocco Fön sagen oder umgekehrt. Immer mehr Geschäfte schlossen und es war draußen sehr, sehr ungemütlich und so suchte ich ein Internetcafé auf. Wenn man dort Tee bestellt, bekommt man einen Kübel eiskaltes Getränk auf der Basis von vielleicht Tee und das, obwohl die Klimaanlage einen ohnehin frösteln lässt, während es draußen natürlich trotz Sturm heiß und schwül ist. Die Computerspiele waren dröhnend laut, wurden aber durch den hin und wieder wasserfallartig herabdonnernden Regen noch übertönt. Am nächsten Tag waren die Straßen voller herabgefallener Äste, umgestürzter Bäume, umgefallener Roller und Räder und der Sturm tobte noch immer. Nun wollte ich mich in meinem Deutschsein und mit typischer juristischer Fristenparanoia unbedingt an diesem Tag an der Uni einschreiben, denn es war der eine, der einzige Registrationday. Doch es war niemand da. Der Taifun hatte sich festgebissen und es war taifunfrei. An der ganzen Universität nur ein sehr freundlichen Pförtner, der mir eine Professorin herholte, die mir einen Telefonkontakt zu jemandem aus meinem Institut herstellte. Als wäre nicht Sturm genug, machte ich viel Wind um nichts, denn natürlich stellte sich heraus, dass einfach alles einen Tag später stattfinden würde. Die Unterführungen unter den Bahnschienen, die Tainan in zwei Teile teilen, waren mittlerweile voll Wasser gelaufen, so dass mich die hilfsbereite Professorin nicht bis zum Hotel zurück fahren konnte, mir dafür aber ihren Schirm aufdrängte, den ich ihr nie zurückgeben konnte.

Wenn taifunfrei ist, haben nur noch die so genannten Convenient-Stores auf, denn diese brüsten sich schließlich damit, immer auf zu haben. Sonst war kein Mensch unterwegs und ich ergab mich endlich den Gegebenheiten und floh für den Rest des Tages mit Instantnudelsuppe aus einem solchen Geschäft ins trockene Hotelzimmer.

2. Wohnen bei Mama Zheng

Ich entschied mich für die bequemste Art der Zimmersuche und ließ mir vom Büro des Sprachinstituts eine Wirtin vermitteln, die mich und einen Australier namens Matt dort abholte. Sie stellte sich als Mama Zheng vor, das heißt eigentlich als Zheng Mama, denn der Titel kommt im Chinesischen nach dem Namen. Und ihr Mann fuhr uns alle mit dem Auto auf verschlungenen Wegen zu ihnen nach Hause. Sie nennt ihn Laoban, also Chef, aber er wirkte eher wie ihr Faktotum. Dann saßen wir mit ihr in einer hässlichen Diele und sollten chinesische Verträge unterschreiben. Mir war schlecht vor Hunger und Müdigkeit, verschwitzt war ich obendrein und im Übrigen voller Vertrauen. Nicht so Matt: Der musste unbedingt den Vertrag vollständig verstehen und erzählte mir, der Rechtsanwältin, wie wichtig das sei. Müde dachte ich: im Hause des Schusters laufen die Kinder barfuß und nickte ergeben. Schließlich wurde die Durchdringung des Fachchinesischen ausgesetzt, um unser Gepäck aus den jeweiligen Hotels zu holen. Wir schlängelten uns erneut ins Auto und ich konnte der Dame an der Rezeption das im Voraus bezahlte Geld wieder abschwatzen. Anschließend setzten wir uns wie gehabt in die Diele und fuhren fort mit der Diskussion der Einzelheiten des Vertrages. Beziehungsweise Matt und Mama Zheng diskutierten und ich sah mich um. Wie ich es auch in einigen anderen Häusern sah, sind die Verkehrsflächen, sprich Dielen sehr geräumig. Häufig werden sie als Wohnzimmer genutzt, aber das klappt natürlich nicht, wenn alle abgehenden Zimmer an unterschiedliche Leute vermietet werden. Typische Chinakitschbilder und -kalender hängen an den Wänden, ein Porzellanhase mit Nylonschnurrbart steht herum, ebenso ein Fernseher und direkt daneben als obligater Herrgottswinkel ein kleiner Altar mit Opfergaben. Die Ahnentafeln der Familie sind nicht zu sehen. Vorherrschende Baustoffe sind Fliesen und Plastik in verschiedenen Formen und Farben. Die Wohnverhältnisse sind in Taiwan insgesamt nicht auffallend beengt, obwohl nur ein kleiner Teil der ohnehin kleinen Insel zum Besiedeln taugt. Die Hauptinsel Taiwan ist etwa so groß wie Baden-

Württemberg und maximal 394 km lang und 144 km breit. Zwei Drittel davon werden von einer Bergkette eingenommen, die sich längs durch das Land zieht und die sich bis zum Jadeberg auf 3952 m hochgipfelt. Das erhöht die Bruttooberfläche enorm, reduziert aber den Platz für die über 23 Mio. Einwohner nicht unerheblich. In der verbleibenden Ebene wird viel und hoch und überall gebaut, so dass Wohnraum zumindest kein akutes Problem darstellt.

Schließlich hatte Mama Zheng ein Einsehen und es wurde beschlossen, dass Matt den Vertrag am Abend in Ruhe lesen soll und wir nun unsere Zimmer beziehen könnten. Ich hatte ohnehin längst unterschrieben, aber aus irgendeinem Grund konnte sie mich separat nicht einmieten, obwohl wir nicht mal in gleichen Stockwerken wohnten. Als wir endlich Matt im dritten Stock einquartiert hatten und bei mir im 6.Stock waren, bemerkte sie, dass sie den Schlüssel unten vergessen hatte und ich sank ermattet auf einen Plastikhocker in der mit weiterem Plastikkitsch und zwischengelagerten Funierholzmöbeln verunstalteten Diele. Eine taiwanische Studentin kam vorbei, ging kurz zurück in ihr Zimmer und holte eine Packung Algen, die sie mir schenkte. Offenbar sah ich so aus, als hätte ich es nötig. Nach einer Ewigkeit kam Mama Zheng wieder, sperrte auf, wuchtete trotz Protestes meinen viel zu schweren Koffer durchs Zimmer und sagte immer, ich solle mich jetzt ausruhen und irgendetwas davon, dass sie nachher noch mal vorbeikäme, worauf ich eigentlich keinen gesteigerten Wert legte. Aber sie kam, lotste mich runter und zusammen mit Matt pumpten wir die Reifen unglaublich verrosteter Fahrräder auf, die in der Miete inbegriffen waren, stiegen auf und gurkten Mama Zheng hinterher, die mit einem Roller in Etappen vorausfuhr, um uns den Weg zur Uni zu zeigen. Erst Tage später gelang es mir nach langem Studium von Stadtplan und Straßenschildern, meine neue Wohnung auf dem Stadtplan genau zu verorten. Das ist deswegen nicht so einfach, weil die sehr langen Straßen selbst nach einem Versprung, also einer versetzten Kreuzung bei der man zweimal abbiegen muss, wenn man geradeaus weiterfahren will, nicht notwendigerweise den Namen ändern. Meist sind sie obendrein gebogen und liegen schräg

17

zueinander. Zu allem Überfluss heißen alle Nebenstraßen zu einer größeren Straße genauso wie diese. Eine typische Adresse ist beispielsweise: Nordstadtstraße, Gasse Nr.80, Block 22, Nr.16, 1.Stock. Nach einer Weile des Herumkurvens ist das tatsächlich zu finden und dann sitzt bei einem größeren Haus da vielleicht ein Pförtner. Nicht so bei Mama Zheng, denn die hat ja ihren Laoban. Zu ihrem Haus führt nur eine einfache Asphaltstraße, aber die Seitenstraße ist gepflastert mit einem Betonformstein, der glitzert, wenn es dunkel ist. Als wir glücklich zurück waren brachte Mama Zheng noch eine Suppe und ich hoffte inständig, dass ihre Fürsorglichkeit mit der Zeit abnehmen würde.

Das Zimmer selbst war nicht nur klein (etwa 12 qm inklusive Bad), sondern auch ausgesprochen hässlich. Weiße Kunststoffstrukturtapeten und Neonlicht. Das Bett eine Art gefüllte Strandmatte auf einem Furnierholzkasten. Der Schrank ein stoffbezogenes Gestell mit einem Alpenmotiv. Furnierholztisch, -stuhl und -regal. Im Bad hängen leicht kaputte, ehemals weiße Plastikelemente. Der Duschkopf befindet sich direkt am Waschbeckenwasserhahn und so ist zumindest die Dusche geräumig, nämlich das ganze Bad. Das Fenster beginnt auf Kopfhöhe und ist halb durch eine Klimaanlage verstellt. Das ganze – inklusive rostigem Rad, bei dem ich mit den Knien an die Schultern stoße – für erschwingliche 100 Euro im Monat. Dazu muss noch folgendes Nebenkostensystem berücksichtigt werden: Wasser und Strom für Licht ist inklusive, die Klimaanlage wird gesondert abgelesen und für andere Geräte zahlt man pauschal, also z.B. 200 NT$ (5,-€) für den Computer, inklusive der im Netz verbrachten Zeit. Auf jedem Stockwerk steht ein obligater Heißwasserbereiter im Flur. Ein Kühlschrank wäre auch für 200 NT$ zu benutzen, hab ich aber nicht. Dafür kann ich kostenfrei den ein Stockwerk tiefer im Flur benutzen.

Apropos: Stock tiefer. Ich dachte erst, ich würde ziemlich hoch wohnen, im sechsten Stock eben. Beim Liftfahren fiel mir auf, dass man damit nicht im vierten Stock halten kann und ich witterte Geheimnis und Skandal. Sofort begab ich mich auf die Treppe, um Dinge zu enthüllen, die vor mir allen entgangen waren. Aber wie soll ich sagen? Es gab nur einfach keinen vierten Stock und mir fiel es wieder ein: Vier ist eine äußerst unbeliebte Zahl in der chinesischsprachigen Welt, da sie so ähnlich ausgesprochen wird wie sterben/Tod. Insbesondere Krankenhäuser haben dementsprechend keine vierten Stockwerke. Die Acht ist dagegen äußerst beliebt, denn in einigen Dialekten sind Acht und Reichtum lautgleich. Und die Neun klingt genauso wie lang andauernd, so dass der neunte Neunte der Hochzeitstermin schlechthin ist. Aber so hoch ist das Haus gar nicht. Und weil das Erdgeschoß hier der erste Stock ist, wohnte ich eigentlich nur im vierten und nahm fürderhin die Treppe.

3. Verkehrsregeln oder: „Huhu! Ich komme!"

Ich radelte durch die Stadt, doch Taiwan ist ein Land der Scooter. Bürgersteige sind grundsätzlich, entweder durch Auslagen der Läden, wie zum Beispiel 30 Propangasflaschen, oder zu spülendes Geschirr verstellt, oder mit Scootern und Autos zugeparkt. Trotzdem gibt es ab und zu sehr schwungvolle Absenkungen der extrem hohen Bürgersteige. Angeblich für Rollstuhlfahrer, steht da zumindest, aber was soll der arme Mensch dann zwischen den Gasflaschen?
Ampeln sind wie in ganz Asien eher Vorschläge, das grüne Ampelmännchen für Fußgänger sogar ein besonders hübscher. Es ist animiert und läuft und läuft und wird in den letzten Sekunden der Grünphase schneller, rennt förmlich, um das rettende Ufer des Bürgersteigs zu erreichen. Unwillkürlich beschleunigt man selbst auch seine Schritte und so erfüllt es seinen Zweck. Dann muss man allerdings wegen der anderweitigen Verwendung der Trottoirs häufig trotzdem auf der Straße weitergehen. Busse gab es in Tainan lange nicht, nachdem das städtische Busunternehmen pleite ging, U-Bahn sowieso nicht, als Radler ist man deklassiert oder zumindest altmodisch und so viele Autos gibt es nun auch wieder nicht, also was bleibt: Scooter. Tausende. Im ganzen Land sollen es über 10 Millionen sein. Glücklicher-

weise sind kaum Zweitakter darunter, dafür brummt und surrt und qualmt es einfach überall.

Als ich noch ganz frisch und kulturgeschockt war, kam mir der Verkehr nicht viel anders als der in Berlin vor, nur ein wenig ungeordneter, seine Teilnehmer dafür jedoch ohne Schuldbewusstsein und von daher eher unbekümmert als aggressiv. Aber nach einer Weile ging mir der Fahrstil doch reichlich auf die Nerven. Obwohl er einige interessante Aspekte enthält: z.B. ist Linksabbiegen hier nicht das Gegenteil von Rechtsabbiegen in dem Sinne, dass der Linksabbieger ganz lange auf alles warten muss, während alle anderen fahren und der Rechtsabbieger dafür den grünen Pfeil nutzen darf. Hier ist es eher so, ob Links- oder Rechtsabbiegen, wo ist da schon groß der Unterschied? In irgendeiner Hinsicht hat man ja Grün, wenn man auf das Ergebnis schaut. Und da Kurven grundsätzlich eher geschnitten werden, – aber geschnitten darf ich eigentlich gar nicht denken, das führt gleich zu einer negativen Einordnung –, also da Kurven eher gerade und direkt gefahren werden, kommt man dann schon irgendwie durch und aneinander vorbei. Ärgerlicherweise gilt dies aber nur für Autos, denn Zweiräder sind wie überall benachteiligt. Sie sind angehalten, ein Linksabbiegemanöver in zwei Etappen zu fahren und dafür gibt es dann auch extra aufgemalte Haltefelder. Autos sind ohnehin eine völlig andere Kategorie, aber das Hupen sollte man trotzdem nicht als: „aus dem Weg du Wurm!" verstehen, sondern eher als „Hallo! Huhu! Ich komme!" und sich nicht so ärgern. Versuchte ich mir zumindest einzureden. Häufig ist das Hupen auch durchaus sinnvoll, denn beim Fahren in eine Straße wird grundsätzlich nicht geschaut, ob jemand von hinten kommt und dann ist es doch von Vorteil, wenn man es auf diese Art und Weise mit einem freundlichen Hupen erfährt. Nach einer Weile wurde mir wenigstens die innerverkehrliche Problemlösung vertrauter. Am Anfang hatte ich immer dann mit Bremsen reagiert, wenn dies nicht erwartet wurde, oder ich wollte hinter einem ausweichen, der aber damit rechnete, dass ich schräg vor ihm kreuze etc. Da es meist gerade andersrum ist als ich denke, versuchte ich meinen Reflexen zuwiderzuhandeln, mit manchmal schönen Erfolgen, sprich einem gegenseitig fließenden Umfahren.

Zur Rushhour stehen an belebteren Kreuzungen Schutzpolizisten, um die Ampeln mit Trillerpfeifen und hohlen bunten Plastikstöcken zu unterstützen. Die Verkehrsregeln sind eigentlich im Großen und Ganzen die gleichen wie bei uns. Und so müssen dann auch die Abbieger bei Rot stehen bleiben und auch die anderen dürfen erst losfahren, wenn schon und nicht wenn bald grün ist. Aber das alles gelingt nur, wenn die Ampelunterstützerschupos Dienst tun. Eine Ampel allein hat da nicht ausreichend Autorität.

Das Schlimmste am Verkehr sind jedoch die Wolken von Scooterabgasen, denen man kaum je entkommt.

Und plötzlich erschien bei meiner Orientierungsfahrt durch die Stadt in diesem chinesischen Schilderwahnsinn, Geknatter und Gestaube eine parkähnliche namenlose Anlage mit unerklärten, unbeschrifteten alten Gebäuden und auf dem Platz davor trainieren Mädchen von vielleicht 6 bis 16 Jahren Tänze mit Fächern, Tüchern und Trommeln. Die kleinsten halten rote chinesische Lampions in der Hand und machen dabei Spagat aus dem Stand. Wunderschöne, luftwurzelnde Banyanbäume, darunter Kartenspieler. Idyll neben einer Hauptverkehrsstraße. Nach dieser optischen und akustischen Erholung fuhr ich weiter zum Tempel der fünf Konkubinen, eine posthume Ehrung für die fünf Damen und das kam so:

Zhu Shugui, genannt Lord Ningjing, der letzte Erbprinz der Ming musste vor den mandschurischen Invasoren 1644 nach Taiwan flüchten während die Mandschus die letzte kaiserliche Dynastie in China etablierten, die Qingdynastie. Als die Qing daran gingen, Taiwan zu erobern, wählte er nach einer militärischen Niederlage in Penghu 1683 den Ausweg der Selbsttötung. Fünf seiner Konkubinen folgten ihm – so heißt es zumindest – freiwillig in den Tod. Deshalb wurde vor ihrem Grab der Tempel errichtet. Die Konkubinen sind jetzt Göttinnen und der winzige Tempel ist sehr hübsch, direkt vor einer schlecht sichtbaren Betonplatte, unter der sie begraben sind. Der Park drumrum ist voll eigenwilliger

Bäume, schief und knotig. Und wie ein Marterl[2] steht neben dem Tempel noch ein Schrein für zwei Eunuchen, die dem Kaiser ebenfalls in den Tod folgten. Für einen chinesischen Park ungewöhnlich, konnte man ihn schon vom Eingang aus völlig überblicken und überhören, denn leider zupfte eine Schwerhörige Unkraut und unterhielt sich dabei schreiend mit zwei Kolleginnen. Da freute man sich fast, wieder auf der Straße zu sein.

Prompt machte ich alles falsch. Anstatt mich nach der Regel: nicht umschauen, der Hintere muss auf den Vorderen reagieren, egal was der macht, zu verhalten, eierte ich halbgar auf der Straße herum um einen Hinterscooter vorbeifahren zu lassen, bevor ich links abbog. Und so kam es beinahe zur Kollision mit einem Dritten, der mit so einer Unentschlossenheit natürlich nichts anfangen konnte. Jedenfalls bremsten wir beide voll und ich rammte mir mein Rad in die -dann zwei Wochen blauen- Oberschenkel. Und das alles nur, weil ich mich „korrekt" verhalten wollte. Na gut, das kommt vor. Aber wegen dieser ungeschriebenen Regel, dass der Vordermann immer Vorfahrt hat, ist das Schneiden durch Rechtsabbieger, den natürlichen Todfeinden des Radlers, ebenfalls Regel. Wenn also jemand mit einer stinkenden 50er langsam links an einem vorbei rumpelt, um dann mit seiner Nasenlänge weiter vorn nach rechts zu ziehen, was einen selbst zur Vollbremsung zwingt, so gilt das zumindest inoffiziell als regelgerecht. Von Autos ganz zu schweigen. Und das sägt an den Nerven. An genervten Tagen behalf ich mir mit dem leisen Anstimmen fröhlicher Melodien zu so Texten, wie: „ich hasse dich, du Idiot", und lächelte dabei. Das hilft ein bisschen. Auch wenn das Lächeln vielleicht manchmal in Zähneblecken ausartete.

---

2   Marterl: bair.-österr.: „kleines Blutzeugnis"= am Wegesrand aufgestelltes überdachtes Kruzifix

4. Tempelraten

In einem Hinterhof entdeckte ich einen der typisch taiwani-
schen, unglaublich geschmückten Tempel. Die Giebel stehen
voller Figuren, die aus zahllosen bunten, federnförmigen
Kacheln gebildet werden. Darunter die komplett verzierten
Balkenkonstruktionen und davor geschnitzte Steinsäulen.
Man wird fast erschlagen von der Farbenpracht und dem
Detailreichtum. Aber für wen mag er sein? In einschlägiger
Reiseliteratur steht häufig, dass Konfuzianismus, Daoismus
und Buddhismus die Religionen Chinas und damit auch Tai-
wans sind. Das ist zwar nicht falsch, aber auch nicht wirklich
richtig. Und zwar nicht schon deshalb weil hüben wie drü-
ben vor allem dem Gott Geld gehuldigt wird.
Konfuzianismus ist schon mal weniger eine Religion, sondern ein Regelwerk zwischenmenschlicher Beziehungen.
Und davon gibt es fünf: Herrscher/Untertan, Ehemann/
Ehefrau, Eltern/Kinder, älterer Bruder/jüngerer Bruder und
Freunde. Und nur eines davon ist gleichberechtigt und das
sind die Freunde. Männliche Freunde natürlich. Freundinnen spielen genau wie Schwestern keine eigene Rolle. Alles
andere bewegt sich in normaler Feudalvorstellung von
Schutz, Anleitung und Güte einerseits und Hingabe, Füg-
samkeit und Arbeitsleistung andererseits. Im Übrigen ist
die Selbstkultivierung ein Punkt entscheidender Bedeutung.
Dass es sich dabei nicht um eine Religion handelt, kann man
auch daran sehen, dass beispielsweise der Konfuziustempel
in Tainan nur am Geburtstag des Meisters Kong als solcher
geöffnet hat und sonst wie ein Museum gegen Eintritt zu
besichtigen ist. Zwar wird er an seinem Geburtstag wie ein
Gott verehrt und es werden ihm Opfer dargebracht. Dies ist
jedoch eher eine Art erweiterter Ahnenkult. Konfuzianismus
durchdringt das Sozialleben wie eine Grundmelodie im Dau-
erschleifenabspielmodus, eine Religion im engeren Sinne ist
er aber nicht.
Daoismus ist auf jeden Fall nicht nur eine Philosophie, wie
im Westen häufig angenommen wird, sondern auch eine
Religion, und zwar die einzige indigen Chinesische. Die Zahl

der Daoisten dürfte trotzdem nicht so hoch sein, wie zu erwarten wäre. Dies liegt daran, dass Daoist nur derjenige ist, der dies gelernt hat, will sagen ein Daoist ist zugleich ein Priester, ein Spezialist für Daoismus. Wenn man also jemanden fragt, ob er Daoist sei, fragt man quasi ob er Pfarrer oder gar Mönch sei. Menschen, die bei einem Daoisten Rat oder Ritual suchen, glauben zwar an die Macht und den Einfluss des Dao und seiner Anhänger, sie sind aber selber keine. Insofern sind Ausmaß und Verbreitung des Daoismus kaum quantifizierbar. Dazu kommt, dass man auch als Buddhist oder Christ bei einem Daoisten Hilfe suchen kann. Was bei dem letzteren der alleinige Gott dazu sagt, ist zwar nicht so ganz klar, dem Daoisten ist es jedenfalls eins.

Der Buddhismus kam in den ersten Jahrhunderten nach Chr. aus Indien nach China und mit ihm eine der ersten überlieferten Transsexuellen. In Indien noch Avalokitesvara, der Bodhisattva der Barmherzigkeit, wurde er in China zu Guanyin (die die Laute sieht), die Bodhisattva der Barmherzigkeit. Unbelehrbare Auktionshäuser und Kunstkataloge nennen sie zwar immer noch der Guanyin, aber Chinesen auf der ganzen Welt wissen es besser: Guanyin ist weiblich.

Eine Umformung anderer Art wiederfuhr dem Buddha Maitreya: er nahm ungeheuer zu und wurde zum lachenden Dickbauchbuddha. Er heißt Milefo und stellt eine sehr populäre lebensfrohe Variante des Buddhas der Zukunft dar. Gleichzeitig firmiert er als Glücksgott und soll sich im 10. Jahrhundert als dicker lustiger Bettelmönch namens Qici, genannt Budai (Hanfsack) inkarniert haben.

Als sich der Buddhismus in China ausbreitete, entstand eine Konkurrenz zwischen den Religionen. So hieß es dann, dass Buddha in Wirklichkeit Laozi, der sagenhaften Gründer des Daoismus sei. Als dieser auf seinem Ochsen nach Westen reitend hinter einem Gebirgspass für immer verschwand, sei er nämlich weiter nach Indien gegangen. Und nun sei die Lehre einfach wieder zurückgekehrt. Andersrum sollen Laozi und Konfuzius schlicht Buddhisten gewesen sein, die die wahre Lehre in China verbreiten sollten. Von den zum Teil heftigen Rivalitäten zwischen den Religionen spürt man heute nichts mehr. Man opfert Buddha im Todesfall und befragt

24

den Daoisten bei Geisterbefall. Milde lächelnd sitzt Guanyin in einem volksreligiösen Mazutempel und erschwert die Bestimmung der Religionszugehörigkeit des Tempels. Die beiden Religionen hatten sich aber auch damals nicht nur von einander abgegrenzt, sondern auch gegenseitig konstruktiv beeinflusst. Im 4.Jahrhundert entstand so der Chan-Buddhismus (japanisch Zen), ein Meditationsbuddhismus, in dem die blitzartige Erleuchtung möglich ist. Bei der Betonung intuitiven Erfassens gegenüber reiner Gelehrsamkeit, hört man die Daoisten durch.

Neben Buddhismus und Daoismus gibt es aber vor allem die Volksreligion. Ihr sind vermutlich die meisten Tempel auf Taiwan zuzuordnen. Tempel für Mazu, für den Erd- bzw. Stadtgott, für den Kriegsgott, für den Gott der Literatur etc. Das Pantheon der Volksreligion überschneidet sich mit dem der Daoisten, das buddhistische wurde zum Teil eingemeindet und so passt allerlei davon in einen Tempel. Die Frage, welcher Religion ein solcher Tempel zugeordnet ist, ist unwichtig, entscheidend ist für wen er ist. Die Gläubigen in der Nachbarschaft kümmern sich um ihn, ein kirchlicher Überbau ist weder nötig noch existent.

Dann gibt es noch neuere Entwicklungen wie zum Beispiel Falun Gong. Inwieweit es sich dabei um eine Religion handelt, ist wiederum umstritten. Vor allem handelt es sich um eine eklektizistische Ansammlung von Körperübungen, religiös verbrämt, umnebelt und verbreitet durch den autoritären Führer Li Hongzhi. Durch die Meditationsübungen soll man ein inneres Falun (ein Gebotsrad) von unendlicher Kraft bekommen. Dieses Rad soll, so man es denn erstmal kultiviert hat, eigenständig leben und im Gegenzug seinen Menschen kultivieren und ihm Energie aus dem Universum zuführen. Es dreht neunmal rechtsrum und holt Qi aus dem Universum und dann dreht es neunmal linksrum und gibt die Energie wieder ab. Und es heilt alle Krankheiten und was nicht alles und alles von selbst und die ganze Zeit. Das ist natürlich ganz wunderbar, aber offenbar machen das nicht alle Anhänger richtig und sie schaffen stattdessen so ein parasitäres Wesen, das das mit den Rechtsdrehungen nicht richtig verstanden hat. Denn das Häufchen, das hier abends öfter

auf dem Campus steht und übt, verbreitet mit ihrem miese-
petrigen Geschau und spannungsloser Haltung eine gewisse
Zahnschmerzenaura. Das ist für eine Menschenrechtstruppe
vielleicht nicht unangebracht, denn immerhin prangern sie
mit aufgestellten Plakaten auch Menschenrechtsverletzun-
gen an, die in der VR China gegen Anhänger dieser Bewegung verübt werden, aber im Hinblick auf kosmische Kraft
und Freude wirkt es doch etwas unüberzeugend.
Abgesehen von den Religionen oder all dem Religionsähnli-
chen gibt es noch die altchinesische wissenschaftliche Weltsicht allgemein, die chinesische Brille sozusagen: die Duali-
tät von Yin und Yang, die Fünfelementelehre, die Zyklizität
der Geschichte und all das.
Auf dem Dach meines frisch entdeckten Tempels stehen
zentral drei Figuren nebeneinander und messerscharf
schloss ich daraus, dass es sich um die Drei Einen handelt,
die höchste Instanz der Daoisten. Schön war er allemal.

5. Der Nationalheld Coxinga

Ich fuhr mit meinem schrottigen Fahrrad nach Anping,
dem westlichen, am Meer gelegenen Teil von Tainan. Also
was heißt schon Meer, gemeint ist die Straße von Formosa
oder hier schlicht: das Taiwan-Meer, das Wasser zwischen
Taiwan und dem nur etwa 160 km entfernten Festland
Chinas. Mit der Rostlaube dauerte das über eine Stunde
und ich verstand langsam, warum viele beim Rollerfah-
ren langärmelige Hemden oder Jacken wie ein OP-Nacht-
hemd, also mit der offenen Seite nach hinten anhaben,
zum Schutz gegen Staub und Sonne, ohne diese lästige
Extrawärmeentwicklung auf dem Rücken. Ich hatte aber
nur das eine Hemd an, daher musste die Sonnenmilch
reichen. Und zwar eine importierte ohne Bleichmittel.
Schließlich war ich da, hurra. Was fehlte, war allerdings die
typische frische Brise, obwohl die Luft zumindest besser war,
als in der Stadt. Der Blick war weit und auch schön, aber zu
wenig frisch und bewegt, um beim Blick auf das ewig rol-

lende Meer und der hypnotischen Betrachtung der Wellen-
bewegungen in Zeitvergessenheit zu geraten. Und was auch
fehlte, war eine Badegelegenheit. Die Küste mit Sandrand,
bei uns Strand genannt, war voll mit Strandgut aller Art und
sonst niemand da. Ich meine, es gab niemanden, der mich
gehindert hätte dort ins Wasser zu gehen, aber ehrlich gesagt, sah es zwischen all dem spitzen Bambusgerümpel
nicht sonderlich Vertrauen erweckend aus. Später zeigte
sich, dass dieses große Ausmaß der Vermüllung noch dem
Taifun geschuldet war. Am Badeverhalten änderte jedoch
auch ein sauberer Strand nichts.
Einmal war ich am extra so ausgewiesenen Strand von
Gaoxiong, der zweitgrößten Stadt Taiwans mit einem riesigen Hafen. Wieder mit der ausgeprägten Hoffnung auf
ein erfrischendes Bad. Ich musste jedoch dann feststellen,
dass Baden nicht nur verboten war, sondern dieses Verbot
auch noch respektiert wurde. Ein paar Taiwaner spielten
vollbekleidet im Sand und ließen sich hin und wieder von
Wellen überspülen, die Kinder benutzten einen in den Sand
gerammten Stock, um sich festzupflocken. Zugegeben, die
Küste fällt relativ schnell steil ab und es gibt allerlei starke
Unterströmungen und die See war doch zumindest als kab-
belig[3] zu bezeichnen. Aber ein bisschen mehr Wassersport-
enthusiasmus hätte ich schon erwartet. Allerdings war
wegen der hohen Wassertemperatur nicht mal das Fußbad
erfrischend.
Und so war es auch in Anping: Badewannentemperatur.
Stattdessen sah ich dann nur ein wenig den seitwärts tip-
pelnden Hochgeschwindigkeitskrabben zu.
Auf den Molen und insbesondere auf einer Brücke über dem
Zufluss zu einem ausgedehnten Binnengewässer standen
Angler aufgereiht. Das war ein bisschen wie in Brandenburg:
die Autos werden auf der Brücke geparkt und direkt daneben Angel und Sonnenschirm aufgestellt. Auch eine mino-
ritäre Frau war unter den Anglern, also alles wie zu Hause.
Ich kehrte dann dem Meer den Rücken zu und radelte zum
nahe gelegenen Fort Zeelandia. Anfang des 17. Jahrhunderts

---

3 kabbeln: nordd.: Gegeneinanderlaufen (von Wellen), zanken

war die Dutch East India Company sehr aktiv im Taiwan-Meer und baute dieses Fort, welches damals auf einer Halb-insel lag. Heute ist das Meer kaum in Sichtweite. Außer ei-ner Mauer ist nichts mehr davon übrig, aber die sei extrem haltbar, weil die Ziegel mit Mörtel aus Klebreis und Muschel-schalen zusammengehalten werden. Nach den Holländern haben alle möglichen Machthaber auf dieser Erhöhung Ge-bäude gebaut und wieder abgerissen, so dass außer einem Hügel mit Mischbebauung nicht viel zu erkennen ist.

Trotzdem ist dies die Stelle um die Geschichte des tai-wanischen Nationalhelden Coxinga zu erzählen. Die Chine-sen hatten, nachdem sie im Mittelalter bis Afrika gesegelt waren und die damals vermutlich größte Seemacht der Welt waren, im 15.Jahrhundert beschlossen, sich nur noch nach innen zu richten. Im Zuge dessen wurden alle hoch-seefähigen Schiffe, deren das Kaiserreich habhaft werden konnte zerstört. Erhalten blieben logischerweise die Pira-tenschiffe. Im 17.Jahrhundert beherrschte Zheng Zhilong, als „Abenteurer-Kaufmann" die Küste. Da die Mingdynastie wegen der aus dem Norden einfallenden Mandschus unter Druck geriet, wurde der Oberpirat Zheng zur Verteidigung der Küstenstädte angeheuert. Dieser war zunächst erfolg-reich und sogar noch erfolgreicher war sein Sohn Zheng Chenggong, dem deshalb der Kaisername Zhu verliehen wurde. Denn die Kaiser der Mingdynastie hießen Zhu mit Nachnamen und nicht Ming. Er wurde daraufhin Guoxing-ye genannt, was soviel heißt wie „Exzellenz mit dem staat-lichen Namen" und das wurde europäisiert zu Coxinga. Letztlich konnte aber auch Coxinga den Untergang der Ming nicht aufhalten. 1661 griff er dafür die Holländer in An-ping an, die 1662 tatsächlich kapitulierten. Und das macht Coxinga, den chinesischen Bezwinger der weißen Besatzer zu einem Helden ohnegleichen. Erst nach seinem Tod er-oberten die Mandschus, die ja im engeren Sinne auch keine Chinesen, sondern typische einfallende Nordbarbaren wa-ren, Taiwan. Was unter anderem zu dem Selbstmord eines Prinzen, fünfer Konkubinen und zweier Eunuchen führte. Danach sah ich mir noch ein völlig banyanverwachsenes koloniales Salzlagerhaus und ein Wachsfigurenkabinett in sieben Bildern an, das in einem ehemals britischen Haus zum Handel mit Zuckerrohr und Opium untergebracht war. Darin wurde die taiwanische Geschichte von der Urbevölkerung bis zur Kultivierung durch Landwirtschaft betreibende Chinesen etwas beschönigend dargestellt, auch einen ungeheuer Ehrfurcht gebietenden Coxinga vor demütigen Holländern gab es zu sehen. Ich versuchte meinen klimahalber schwer belasteten Kreislauf in Schwung zu kriegen und schlenderte in Probierlaune durch eine Marktstraße, kaufte zur ausschließlich optischen Erbauung eine entzückende Plastikgarnele in Lebensgröße, aß Oktopus am Spieß, frittierte Shrimpwantan, Fischbällchensuppe und würzige Pilze, ebenfalls frittiert. Als letztes probierte ich die als ungemein gesund angepriesene, braune Schale von uralten Pampelmusen, aber das war so ekelhaft, dass ich mich länger nicht davon erholte. So zur Heimfahrt gerüstet, kam ich auch fast dort an und beschloss kurz noch ganz mondän einen Kaffee trinken zu gehen, der mehr kostete als das Essen für den ganzen Tag.

6. Kulinarien

Kaum zu Hause erwischt mich Mama Zheng und wie so oft hat sie etwas für mich: Gestern war es eine Einkaufstasche, diesmal Plastiklatschen. Mein Einwand, dass ich in der Hinsicht bereits ausreichend versorgt sei, lässt sie genauso kalt wie die süßliche Bohnensuppe war, die sie mir vor zwei Tagen brachte.
Unsere Kommunikation ist leicht gestört, da sie mit stark taiwanischem Akzent spricht. Nach längerem Überlegen halte ich Taiwanisch statt Taiwanesisch für die richtigere Bezeichnung, zum einen weil diese Wortwahl auch bei dem taiwanischen Konsulatsersatz in Berlin[4] bevorzugt wird und zum anderen heißt es ja auch nicht Schwedinesisch. Oder eben auch nicht Pekinese. Mama Zheng sagt also sang,

---

4   Da Taiwan als Staat von der BRD nicht anerkannt ist, heißt es offiziell schlicht „Taipeh-Vertretung in der BRD"

statt shang (oben) und hong statt feng (Wind) und dergleichen mehr. Von dieser Problematik mal abgesehen, hat sie
außerdem so einen ungemein wohlmeinenden kontrollie-
renden Zug, der mich schier zum Wahnsinn treibt. Ich versuche dies interkulturell zu verarbeiten, denn schließlich ist
der Großteil davon einfach chinesische Gastfreundschaft.
Umgekehrt haben sich schon viele chinesische Besucher
im Ausland fremd und zurückgewiesen gefühlt, weil der
höfliche Privatsphärenabstand gewahrt wurde, der eine
Einmischung in die Lebensführung des Gastes verbietet.
Der vorsieht, dass der andere auch für sich sein kann. Kalt
und unfreundlich fühlte sich das für manch einen Chinesen
an. Und Mama Zheng fühlt sich für mich eben bevormun-
dend und einengend an. Dabei ist sie einfach nur höflich.
Das gnadenlose und immer gleiche Wetter erschöpft mich
zusätzlich. Selbst wenn in der Nacht Meere von Wasser vom
Himmel fallen, ist es am nächsten Tag nicht etwa frisch, oder
frischer oder es hätte sonst eine Veränderung stattgefunden,
nein, alles völlig unverändert. Mal mit blauem, mal mit be-
decktem Himmel, aber selbst das macht für mich keinen
fühlbaren Unterschied. Auswirkungen auf meinen Appetit
hat die Hitze allerdings nicht und so kann ich auf das Thema
Essen zurückkommen, was ich mit der Bohnensuppe einlei-
ten wollte. Essen ist in China und Taiwan gleichermaßen
köstlich wie problematisch. Es gibt ein komisches Phänomen aus eigener und ausgetauschter Erfahrung. Unabhängig von der Sprachkundigkeit wirken Lokale oder Imbisse
zu Beginn des Aufenthalts in einem der Länder völlig unzu-
gänglich oder sogar nicht existent. Man irrt hungrig durch
Straßen und ist der felsenfesten Auffassung, dass nichts Ge-
nießbares zu essen zu finden ist. Erst nach einer Weile, also
Tagen oder Wochen, stellt man fest, dass überall Köstlichkei-
ten offen angeboten werden. Da sich in dieser Zeit weder an
den Auslagen noch an den Speisekarten etwas geändert hat,
muss es sich um einen inneren Vorgang handeln. Vermutlich
um ein nur allmähliches Einsickern der fremden Welt durch
den Filter des kulturgeschockten Hirns. Warum aber gerade
das Angenehme, das Reizvolle abgeblockt wird, ist mir nicht
einsichtig. Später, wenn man sich dann schon die Qual der

Wahl erarbeitet hat, findet man es völlig unverständlich, wie man sich wie ein hungriger Geist durch diese Gegend hat mergeln können.

Einen offenkundigeren Grund gibt es natürlich auch. So kann ich die Zeichen auf den ausgehängten Speisekarten nicht schnell genug erfassen. Dies wird dadurch noch erschwert, dass manche von oben nach unten, manche von links nach rechts und wieder andere von rechts nach links geschrieben sind und ich so schon mal Zeit brauche, die wahrscheinlichste Lesart auszumachen. Dabei stehe ich auf diesen engen quirligen Straßen im Weg und möchte auch nicht hinein gewunken werden, um dann womöglich festzustellen, dass ich ausgerechnet in dem Laden gelandet bin, in dem sie nur Gekröse oder Entenfüße verkaufen. Und wie käme man dann da wieder hinaus, ohne dass eine Seite das Gesicht verlöre? Also gehe ich zuweilen mit nur halbverdauter Information unverrichteter Dinge weiter.

In der Nähe der Uni reiht sich zwar eine Garküche an die andere, aber das Angebot ist etwas eintönig. Erst dachte ich, es gäbe nicht mal Huhn und schob das auf die SARS-Hysterie ein Jahr zuvor. Nach einer Weile stellte ich jedoch fest, dass ich nur das Langzeichen für Huhn nicht erkannte. Das häufigste Gericht sind Nudelsuppen auf der Basis von Schwein und Rind, andere Lokale bieten nur Fried Rice, also einen Haufen gebratenen, leicht fettigen Reis mit verschiedenen Spurenelementen von Geschmacksbeigaben und Fleisch oder Schrimps an. Eigentlich dachte ich, das sei eine westliche Erfindung oder bestenfalls ein Resteessen. Dann gibt es noch Filialen der üblichen amerikanischen Fast-Food-Ketten. Ist das der Niedergang einer großen Kultur? Aber wenn nach einer Weile genug Fremdes durch einen durchgesickert ist, entdeckt man eben doch lauter Leckereien. Jiaozi, also Teigtäschchen, mit Shrimps und Spinatfüllung oder heißes Zwiebelbrot oder Pfannkuchen mit Thaibasilikum oder Reispäckchen mit geraspeltem Trockenfisch und so weiter und so fort. Trotzdem muss ich sagen, dass meine Erfahrungen in der VR China insgesamt besser waren, obwohl Taiwan sich rühmt, das Beste aller chinesischen Küchen zu vereinen. Dies dann aber außerhalb meines Budgets. Ich vermute den Grund darin, dass in Taiwan Mittagsmenü und Buffet sehr üblich geworden sind und es auch ein Trend zu Halbfertigprodukten gibt, während in der VR fast überall direkt und ganz frisch zubereitet wird. Ein solches, erst nach der Bestellung in den Wok geworfenes Gericht ist jedoch nicht alleine und nicht für einen alleine als Mahlzeit gedacht. Dies entspräche nämlich etwa der Bestellung einer doppelten Portion Beilage oder zweier Schnitzel ohne alles. Also bestellt man mindestens drei Gerichte (Schnitzel, Pommes, Salat), was von der Menge her wenigstens für zwei reicht. Essen ist schließlich ein soziales Ereignis. Weil dies aber den modernen Arbeits- und Lebensbedingungen immer weniger entspricht, werden sich laue Buffetspeisen und zu lang gegarte Menüs auch dort weiter ausbreiten. Oder eben Nudelsuppen.

Und dann gibt es halt noch das Problem mit den unterschiedlichen Vorlieben. In Shuili probierte ich zum Beispiel mal Dreibecherbambushuhn. Das sah auf dem Nachbarteller auch ok aus. Leider meinte es nicht Huhn mit Bambus, sondern offenbar ist Bambushuhn eine Art Wachtel, die dann in würziger Soße komplett zerhackt mich vom Teller aus ansah. Naja, also nur ein Kopf und vieleviele Beine und Flügel, kein Brustkorb. Mit dem Gedanken: stell dich nicht so an, biss ich an einem Bein rum, die Sehne entkam mir und schnalzte zurück in mein Auge auf die Kontaktlinse. Da die Soße sehr würzig war, tränte dann das Auge ziemlich und so aß ich eben einäugig weiter. In dieser köstlichen Soße hätte ich furchtbar gerne etwas weniger anatomisches gegessen. Dann gibt es noch so andere Spezialitäten, die mich nicht wirklich reizen. Das eine ist Xuedoufu, was kein Tofu ist sondern Schweineblutpudding. Und das andere ist „chou doufu", Stinketofu. Es gibt Leute, die mögen keinen Stinkekäse und finden, so ein Käse verpeste den ganzen Kühlschrank. Finde ich nicht, aber gut, mir schmeckt der Käse ja auch. Aber Stinketofu verpestet nicht einfach einen kleinen abgeschlossenen Raum, sondern ungelogen ganze Straßenzüge. Ekelhaft. Der Gestank mischt sich meiner Ansicht nach aus dem Odeur ranzigen Öls und abgestandener Kanalisation. Möglich, dass dieser Tofu seinen ganz eigenen Reiz hat, ich werde diesen sicher nicht ergründen. Frische Süßigkeiten gibt es dafür in Tainan überall. Kuchen ganz aus karamellisiertem Zucker oder mit braunem Zucker ausgekleidete aufgepoppte Teighüllen oder geschreddertes Eis mit einer Zubereitung aus roten Bohnen. Obst wird dagegen nicht an jeder Straßenecke angeboten, obwohl Taiwan subtropisch bis tropisch ist, zum Teil liegt dies aber auch an den immer wieder wiederkehrenden Taifunnachwirkungen. Als ich eines Abends mit einem skorbutähnlichen Gefühl herumlief, stieß ich überraschend auf einen Tempel für den Herrscher des südlichen Himmels mitten in meinem Wohngebiet, der derart gold und bunt funkelte, dass sich meine Stimmung unmittelbar entscheidend hob. Spirituell solchermaßen gestärkt, hielt ich an einer dieser Getränkestationen, an denen mutmaßlich Tee mit Schwüngen von Eiswürfeln in große Becher gezapft wird. Dies wollte ich nun ergründen und ich hatte Glück, denn bei meinem ausgewählten Stand ging es gar nicht um Tee, sondern um Saft und so bekam ich einen riesigen Becher frisch gepressten Westkürbis – also Wassermelonensaft. Zucker konnte ich abwenden, das Eis natürlich nicht, obwohl das ganz schön auf den Magen haut. Alles wunderbar und das Obstproblem war gelöst. Denn ab diesem Tag sah ich überall diese Stände, die frischen Saft und manchmal auch die ganze Frucht verkaufen. Und wieder war mir unerklärlich, warum ich sie vorher nicht, oder was ich stattdessen sah.

7. Der Gott der Literatur, das Mondholzorakel und die Schutzgöttin der Seefahrer

Nun wollte ich mein Mattigkeitsproblem angehen und da mir vor allem zu heiß war und das Fremde zu viel, hatte ich eine so simple, wie bestechende Lösung: Ich fahre in die Berge. Ich studierte eingehend Reiseführer und Karten, machte Pläne und fand Ziele. Zuvor wollte ich nur noch kurz zur Uni, weil meine Stipendiumsunterlagen plötzlich unauffindbar waren, und am nächsten Tag sollte es dann losgehen. Blöderweise fragte ich im Unibüro nach, wie es denn so mit dem Wetter aussähe und was antwortete mir Shuling, die wichtigeste Frau im Büro, strahlend: Taifeng. Und dass ich auf gar keinen Fall in die Berge sollte, weil es dort wegen Steinschlags viel zu gefährlich sei. Von diesem Tiefschlag musste ich mich erstmal ein wenig erholen. Samstagabend sollte es losgehen mit dem Unwetter, nun war Freitagnachmittag und ich auf einen Schlag ohne Aussichten. Also standen doch wieder Tempel in Tainan und weitere Essensexperimente auf dem Programm. Küchlein vom Stand mit so was Ähnlichem wie einer Apfelfüllung und Wintergurkentee, was immer das sein mag, denn der Geschmack ging in der Kälte des Eises völlig unter. Und Austernomelette mit Süßkartoffelmehl, was trotz seiner optischen Rotz-Ähnlichkeit gut schmeckte. Und dann fuhr ich zum Gegenstück des Fort Zeelandia, zum Chikanlou, der zweiten ehemaligen, 1653 erbauten Festung der Holländer. Das Meer reichte damals bis hier, heutzutage ist es Kilometer weit entfernt. Übrig geblieben ist wiederum eine einzelne Mauer. Aber später wurde dort ein Tempel für den Gott der Meere errichtet, der jetzt allerdings rein museal und ohne Figur da steht. Daneben befindet sich ein identischer Bau für den Gott der Literatur. Obwohl dieser Tempel eigentlich auch nur museal sein soll, werden schon die Kleinsten zu ihm geführt, soll er doch bei Prüfungen beistehen. „Literatur" trifft nicht ganz den Kern der Sache, da chinesisch: „wen" auch Kultur heißt oder sich einfach auf Zivilangelegenheiten bezieht. Dieser Gott hat eine etwas komplexe Genese. Einerseits geht er auf einen Zhang Ya in Sichuan zurück (4. Jhdt), der unter dem Namen Zitong Jun wegen militärischer (sic!) Verdienste verehrt wurde. Desgleichen auf einen großen Gelehrten um 700 der ebenfalls Zhang Ya hieß. Und diese beiden verschmolzen mit einer Gottheit namens E-zi, die (also der) sich Opfergaben per Donner holte, zum Gottkaiser Zitong. So oder so ähnlich soll diese Gottheit entstanden sein. Warum wer mit wem verschmolz erfordert vermutlich ein eigenes Studium, das vielleicht nichts Geheimnisvolleres aufdeckt, als den Zusammenschluss mehrerer kleiner Gemeinden und ihrer Götter. Diesem Konglomerat wurde im Jahre 1316 der Titel Wenchang Dijun verliehen, also Gott der Literaten oder Literatur. Verehrt wird in der Chikanlou ein alter Ego dieser Gottheit und zwar Kuixingshen. Dieser soll vor langer, langer Zeit ein auffällig hässlicher Prüfungskandidat gewesen sein, der die höchste Staatsprüfung bravourös als Bester bestand. Ihm hätte nun die Verleihung der entsprechenden Auszeichnung durch den Kaiser zugestanden, aber der fand ihn dazu zu hässlich. Und so warf sich der Kandidat aus Gram ins Wasser, um sich zu ertränken. Aber ein Meeresmonster rettete ihn und er stieg auf in den Himmel und ist nun Kuixing, eine Sternengottheit im großen Wagen. Von dort überwacht er die hiesigen Prüfungen. Seine Statue im Tempel trägt Pinsel und Tintenfass, steht mit einem Bein auf einer Schildkröte, oder von mir aus auf einem Monster, und mit dem anderen kickt er Sterne. Aber vielleicht liegt auch hier wieder eine Verwechslung oder Vermischung vor, denn Kuixing ist auch eine alte daoistische Sternengottheit, die mit Literatur gar nichts zu tun hat.

Anschließend saß ich im Schatten und nuckelte an einer Flasche Wasser, als ein älterer Taiwanese sich anpirschte. Nach einem eleganten, aber sonderbaren Schlängelzickzackkurs auf mich zu fragte er ganz plötzlich, wo ich her sei und da ich darauf antworten konnte, setzte er sich zum Plauschen zu mir. Nach weiteren Fragen musste er dann jedoch feststellen, dass ich doch nicht so viel verstand und befand sich jetzt in dieser misslichen Lage. Ich meine, wir hätten es ruhig noch ein bisschen probieren können, aber ich habe den Verdacht, er war auf ein gehobeneres Niveau aus und ich war sowieso eher maulfaul ermattet. Wir saßen dann also da und schwiegen. Ich so ein bisschen lethargisch, er irgendwie unbehaglich. Schließlich gab er sich einen Ruck, bellte laut irgendwas von „gehen", stand auf und stakste von dannen, drehte eine Verlegenheitsrunde, kehrte zurück und setzte sich an einen anderen Tisch. Direkt gegenüber des Chikanlou, von rosa Mauern umstellt liegt der Tempel für den Gott des Krieges, der quasi das Gegenstück darstellt, denn der Staat teilt sich traditionell in „wen" (Ziviles, Kultur) und „wu" (Militär, Krieg). Guandi, die

35

dort verehrte Gottheit, hieß historisch Guan Yu (um 200) und war als heldenhafter und loyaler Schwertkämpfer unterwegs. Das Kriegsglück war ihm aber zuletzt nicht hold und er wurde hingerichtet, weil er nicht die Seiten wechseln wollte. Sein Leben ist ein beliebter Stoff für Theater und Opern, insbesondere im Epos „Romance of the three kingdoms" wird ausführlich davon berichtet, doch davon später. Im Tempel war es voll und viele befragten das Orakel. Dafür hält man beim Beten ein Paar nieren- oder auch mondförmiger Hölzer und wirft sie dann auf den Boden. Aus ihrer Lage kann man die Antwort des entsprechenden Gottes ablesen. Liegen beide Klötzchen auf dem Bauch, sagt die Gottheit nein, liegen beide auf dem Rücken, lacht die Gottheit. Eins so, eins so: die Gottheit sagt „ja". Dieses „ja" muss man dreimal erreichen, zwischendurch immer schön beten und dann darf man ein Orakelstäbchen ziehen. Auf diesem Orakelstäbchen steht eine Nummer, die auf einen Schrank mit nummerierten Schubladen verweist. Dort kann man sich den dazugehörigen Zettel mit einem Orakelgedicht holen, das nähere Antwort bietet, so man den Inhalt versteht. Häufig sitzt auch ein Orakelkundiger herum, den man bei der Auslegung um Rat fragen kann. Man kann das Orakel auch mehrmals hintereinander befragen und es gibt sehr viele dieser Orakelhölzer im Tempel, so dass da drin ein ziemliches Gepolter herrscht. Ein Mann im schicken Anzug hat offenbar komplexere Fragen: Erst beten, dann Hölzer werfen, dann Glücksstäbchen rütteln, das gezogene Stäbchen (naja Stäbchen: die sind hier etwa einen Meter lang) auf dem Altar beiseite legen und wieder beten und Hölzer werfen und Glücksstäbchen ziehen... als ich ging, war er immer noch dabei und hatte das Glücksstäbchenfass schon bald geleert, aber seine gezogenen Stäbchen hübsch ordentlich aufgereiht. Er muss ein gutes Gedächtnis haben, wenn er die Antworten noch seinen Fragen zuordnen kann. Später erfahre ich noch andere, jeweils unbedingt einzuhaltende Orakelregeln. So sagt die kleine Schwester meiner Lehrerin Meimei, auf chinesisch also „Meimei de Meimei[5]"

---

5   妹妹 meimei, chinesisch: kleine Schwester

(wenn auch in unterschiedlichen Tonhöhen), dass man keinesfalls solange werfen darf, bis die angerufene Gottheit dreimal ja gesagt hat, sondern dass man schon mit der allerersten gegebenen Antwort fertig werden muss. Sie bedient sich daher gestaffelten, vorsichtigen Heranfragens. Zum Beispiel ob es denn ein bisschen schlimm wäre, wenn man....und wenn ja, vielleicht aber nicht ganzganz schlimm? und dann: aber ob es vielleicht stattdessen ginge, dass... ob denn das und das empfehlenswert wäre... und wenn nicht, vielleicht noch mal Bedenkzeit etc. Und nur bei komplexeren Fragen, sprich welchen, die man nicht mit ja oder nein beantworten kann, zieht man ein Orakelstäbchen. Jedenfalls befragt Meimei de Meimei die Götter wegen allem und jedem und wenn sie sagen: nein, – dann halt nicht. So fragte sie, ob sie die geplante Japanreise mit ihrem Mann antreten solle, aber da war die Gottheit dagegen, und so blieb sie eben zuhause. Zu allem Überfluss dürfen zwar niedrige Götter bei allgemein anerkannter zu schwacher Wirkweise verjagt werden, aber es ist absolut unziemlich, sich bei einem Gott, so niedrig oder unwirksam er auch sein mag, über einen erteilten Rat, der sich im Nachhinein womöglich als falsch herausgestellt hat, zu beschweren. Andere wieder erschütteln sich erst ein Stäbchen und fragen die Gottheit dann per Orakelwurf, ob dieses Stäbchen auf die Frage passt. Das erscheint mir ein wenig kleinmütig. Wichtig ist aber vor allem, dass man der Gottheit vorher seinen Namen nennt, damit diese weiß wem sie überhaupt antworten soll. Und wo man wohnt, um Verwechslungen auszuschließen.

Eine enge Gasse weiter steht ein sehr schöner und der älteste offizielle Mazutempel auf Taiwan. Mazu die Himmelsherrscherin (Tianhou) hieß ursprünglich Lin Moniang und war die überaus intelligente und fromme Tochter eines Beamten oder auch Fischers in der südchinesischen Provinz Fujian. Einmal schlief sie über dem Webstuhl ein und träumte, dass das Schiff mit ihrem Vater und den zwei Brüdern kenterte. Im Traum sprang sie ins Wasser und hielt je einen Bruder mit den Händen und den Vater mit den Zähnen an seiner Jacke fest. In diesem Moment wurde sie von ihrer Mutter geweckt und angesprochen und da sie als gute Tochter ant-

worten musste, öffnete sie den Mund und der Vater entglitt
ihr. Hätte sie mehr Zeit zum Nachdenken gehabt, hätte sie
dieses Pietätsproblem vermutlich andersherum gelöst. Tatsächlich überlebten die Brüder, aber nicht der Vater die Ha-
varie. Mazu starb nach dem Leben einer Heiligen mit 28 Jahren. Sie erschien im Folgenden oft Seeleuten und bewahrte
diese vor Unglück, bzw. rettete sie aus Seenot. Das machte
sie unter den südchinesischen Küstenbewohnern ungeheuer populär. Und so begann post mortem ihr sozialer Aufstieg.
Da die kaiserliche Administration religiöse Bewegungen ka-
nalisieren wollte, wurde Mazu mit Staatsopferrang 1314 zur
Himmelsprinzessin ernannt. Dies bedeutet, dass nunmehr
nicht nur die einfachen Gläubigen ihr huldigten, sondern
dass ihr auch offiziell von Staats wegen zur Wahrung der
kosmischen Ordnung geopfert werden musste. Während der
Qingdynastie, wurde ihr ein göttlicher Ehrentitel verliehen,
der im Kern Himmelsherrscherin heißt und im Volk wird sie
nun „Heilige Mutter im Himmel" (Tianshang shengmu) genannt. Und warum heißt sie Mazu? Ich habe keine Ahnung.
  Im Tempel war ein Aufpasser der so aussah, als würde er
mich demnächst aufspießen und rösten. Dabei hatte ich
ausnahmsweise nicht mal die Idee, ein Foto zu machen.
Na, doch, die Idee hatte ich schon. Jedenfalls ließ er mich
nicht aus den Augen und ich die Idee fallen, während er
zwei Taiwaner, vermutlich von auswärts, zu allen relevan-
ten Betplätzen führte. Aber das Aufgeben des Fotoplans
bemerkte er nicht oder vielleicht ging es ihm gar nicht darum, vielleicht kann er yang guizi (ausländische Teufel)
einfach nicht leiden, oder er schaut immer so und war nur
neugierig? Jedenfalls befinsterte er mich weiterhin und
das machte eine für mich etwas ungemütliche Stimmung
und so bekam Mazu wieder kein Räucherstäbchen von mir.
Der Himmel war nun ein wenig gelb geworden, aber immer
noch wehte kein Wind und ich fuhr nach Hause. Die ganze Nacht: nichts. Morgens traf ich auf Mama Zheng, die mir
Drachenaugen[6] schenkte und mich für nächsten Samstag
zum Grillen einlud. Und sie teilte mir mit, dass der Taihong,

---

6 litschie-ähnliche Frucht

wie sie ihn nennt, bereits vorüber gezogen sei. Schätzte ich mich also erst glücklich, gefragt zu haben und so nicht in ungemütliche bis gefährliche Situationen geraten zu sein, wenn mir die Antwort auch nicht gefiel, war es in echt nicht notwendig zu wissen, da der große Wind hier gar nicht längs kam, sondern in China ein weiteres Desaster anrichtete. Also dann eben jetzt, wenn auch nicht mehr im Frühtau, zu Berge ich zieh, fallera.

8. Regen, der auf Zedern fällt

Meine Reise in die Berge endete zunächst nach nur 40 Minuten und keinem Höhengewinn. Während der Zugfahrt wurde mir auf englisch und chinesisch per Laufband mitgeteilt, dass Bahnübergänge extrem gefährlich sind, insbesondere „if a car is stuck on the crossing"[7]. In diesem Fall waren wir alle aufgefordert sofort den Notbremsenknopf zu drücken. Ich sinnierte ein bisschen darüber, wie es sein kann, dass jemand von uns einen solchen Umstand vor dem Zugführer bemerkt und kam zu dem Ergebnis, das es sich vielleicht nur um ein Beispiel handelt, um zu veranschaulichen, wie schwer der Fall sein muss, bevor man diesen Knopf drücken darf. Auch wurde mir per Leuchtband mitgeteilt, dass feuchter und öliger Müll in den Eimer unter den Teekessel gehört. Ich fand später heraus, dass sich das mit dem Müll zwar auf die aktuelle Situation im Zug bezieht, das mit dem Auto jedoch den möglichen zukünftigen Fall meint, sollte man ein derartiges Ereignis an einem Bahnübergang außerhalb des Zuges beobachten. Dort gibt es dann so einen Rettungsknopf. Den soll man zuerst drücken und dann versuchen, das Fahrzeug zu entfernen, wie ich einer ergänzenden Tafel entnehmen konnte. Nun gut, ich sehe mich als für diesen Fall gewappnet an. Allerdings habe ich keiner Zeitung bisher entnehmen können, dass so ein Unfall eingetreten sei. Das muss an der guten Aufklärung liegen.

---

7 engl.: wenn ein Auto auf dem Bahnübergang feststeckt

Die Fahrscheinkontrolle für die Zugfahrt ist engmaschig. Bevor man den Bahnsteig betritt, wird das Billet kontrolliert, dann kann es passieren, dass im Zug noch mal jemand danach fragt, aber vor allem muss man es beim Verlassen des Zielbahnhofes wieder abgeben oder zumindest vorzeigen. Auch bei Busfahrten, muss man den Fahrschein am Ende wieder abgeben. Bis ich mich daran gewöhnt hatte, stellte ich häufig ein gewisses Aussteigehindernis dar, da ich hektisch erst in allen Taschen das kleine dünne Zettelchen wieder finden musste. Aber Ausnahmen wurden nicht gemacht, auch wenn sich der Busfahrer natürlich daran erinnerte, mich beim Einsteigen kontrolliert zu haben.

Wir kamen pünktlich und ohne Hindernisse auf den Schienen in Jiayi an, und zwar um 14.15 Uhr, aber der letzte Bus zu meinem Ziel Fenqihu, war um 14.00 Uhr abgefahren. Und so war, statt eines Autos, viel ungefährlicher ich: stuck. Und am meisten fiel mir in Jiayi der Smog auf, während ich eigentlich in Heidistimmung war. Das war ein schlechter Start für Jiayi und so blieb es auch, obwohl mir wirklich allerlei hätte gefallen können. Es gab quirlige Marktstraßen und viele Geschäfte mit allerlei chinesischem Zeug und Treiben: Obst, Gemüse und Lebendgeflügel, undefinierbare Lebensmittel, haufenweise Ingwer und Knoblauch, Messer und andere Eisenwaren, Reisigbesen, spitze Strohhüte, Kurzwaren und alles präsentiert in abenteuerlichen Stapelungen. Und statt der sonst üblichen T-Shirtläden gab es ohne Ende Läden mit buddhistischen Devotionalien und Gebrauchsgegenständen. Mir wurde fröhlich zugewunken, an einem Tempel in Kampfkunstmanier gegrüßt und in einen anderen Tempel für den Jadekaiser wurde ich zum Fotografieren und Glück aufladen förmlich hineingezogen. Buddhistische Nonnen hier und da, reizende Leute bei einem vegetarischen Buffet. Eine höchst spirituelle Stadt also, aber heiß und voll Smog und ich versuchte die Zeit totzuschlagen, wie nachts eine Mücke, die einen vom Schlafen abhält, die man aber ohne Kontaktlinsen nicht sehen kann.

Aber eines Tages wurde es doch anderntags und ich stieg um halb sieben in den Bus und sang dabei lautlos „aufi, aufi aufn Berg" vor mich hin. Nur 50 km und 1 1/2 h später war ich von etwa o auf etwa 1000 Höhenmetern und es war frisch und die Luft roch gut und alles war schön. Da schon am Tag vorher alles so religiös war, ging ich zur katholischen Kirche, um mich bei einer Schweizer Schwester in der Herberge einzumieten. Schlafsaal mit japanisch aufgerollten Betten auf einem großen Holzpodest, das war das Zimmer. Außer mir war niemand da.

Schwester Edmara fraß einen Narren an mir, machte mir am nächsten Morgen Frühstück (Toast mit für sie so kostbarer Erdbeermarmelade, achje) und schenkte mir später kleine christlich-chinesische Kalender. Sie ist seit 40 Jahren in Taiwan und seit 11 da oben. Eine sehr nette Person und sie hat kein einziges Mal den Herrgott und nur einmal die Muttergottes erwähnt. Und das auch nur weil der Hund bellte, denn da sagte sie: „ach, da geht nur jemand oben bei der Muttergottes (der Statue am Eingang) vorbei."

Ich schwelgte in Ruhe und frischer Luft und weiten Blicken. Trank grünen Tee und machte ein bisschen Qigong in der Morgensonne. Packte mein Ränzlein und wollte die Gegend erkunden. Und dann trat etwas ein, was Renao heißt. Renao ist der Gipfel des Vergnügens für Chinesen. Re heißt heiß und nao heißt laut. Es wurde also plötzlich sehr laut und verstärkte chinesische Musik erdröhnte, immer mal unterbrochen durch animatorische Ansagen. Ich beschloss fürs erste, das zu ignorieren und als sich diese Methode als unzulänglich, bzw. unmöglich erwiesen hatte, es als eine Art Filmmusik zu nehmen. Das ging dann eine Weile gut und ich konnte mich bei dramatischer musikalischer Untermalung den Schmetterlingen in Spatzengröße und farbverändernden Echsen und Zederngeruch hingeben. Der Ort der Filmmusik war gut gewählt, denn überall hörbar. Später erfuhr ich, dass die örtlich Gottheit (tudigong = Erdgott-Amtsperson) Geburtstag hatte, und ging also auch dorthin, zum Tudigong am Rande des Ortes, um Teil zu haben an Renao. Zeremonien in Kostümen, traditionelle chinesische Instrumente und eine Frau an der E-Gitarre, alle hielten Räucherstäbchen, der Platz quoll über vor Opfergabenkörben, die anschließend wieder mitgenommen werden. Ein Drache aus Reis mit Münzschuppen, der für eine gute Ernte sorgen soll, wurde in den Tempel modelliert. Ein Puppenspieler spielte in seinem Wagen, mit extra Verstärkeranlage inklusive hartnäckiger Rückkopplung und niemand schaute zu. Der Bürgermeister erschien, war wichtig und ging wieder. Immer wieder erklärte mir jemand irgendwas und dann gab es etwas Glibbriges, Farbloses mit Sirup zu essen, was aus Baumharz gewonnen wurde und als ganz besonders lecker gilt. Es schmeckte eigentlich nach nichts, aber das tat es ganz angenehm. Eine Frau bot mir eine in ein Blatt gewickelte Eichel an und ich verstand endlich, dass das Betel ist und verzichtete. Und fragte mich dann, ob Betel eigentlich schlecht für die Zähne ist, oder für den Lebensstil und daher mittelbar schlecht für die Zähne, oder ob der rote Saft das Unschöne an den Zähnen womöglich nur betont, weil: sie waren doch auffällig scheußlich, die Gebisse der BetelkauerInnen und das nicht nur, weil sie rot waren. Die Frau erzählte den Vorgang ihres Angebots und meiner späten Ablehnung ungefähr 37mal ihren Freundinnen und schüttete sich aus vor Lachen, und ich dachte, dass Betel offenbar eine ähnliche Wirkung hat wie Alkohol. Irgendwann ging ich wieder, aber Renao blieb, so summasummarum gehörte 12 Stunden. Zurück in „town" lud mich dann noch ein Souvenirstandbesitzer (Fenqihu ist ein kleiner, rühriger Außenposten im sonst etwas vornehmeren Alishangebirge, der auch fast ausschließlich vom Tourismus lebt) zu Ingwertee und Sonnenkuchen, einem runden, gefüllten Gebäck, ein und wir versuchten religiöse Fragen zu erörtern. Er jedenfalls betreibt nur Ahnenkult und hält nichts von all dem anderen, teilte er mir mit. Am nächsten Tag: kaum aufgewacht, schallte laute Musik, ich denke, oh, nein! Bitte nicht! Aber es war nur Animationsmusik für den Frühsport in der Schule und bald vorbei. Ich wandere an einem verfallenen Shintoschrein vorbei, der aus der japanischen Besatzungszeit (1895-1945) übrig geblieben ist, hatsche[8] endlos auf einer kaum befahrenen Straße und finde dann den Einstieg zum Datongberg, einer örtlichen Größe hier. Es ist neblig, ich kenne die Gegend nicht, der Berg macht sein Wetter, kein Mensch ist unterwegs, aber

---

8 bair.-österr.: langes, zähes und doch ergebenes Gehen

ich steige dann doch hinein in die grüne Feuchte. Taiwaner, oder Chinesen überhaupt, lehnen bis auf wenige, nahezu skurrile Ausnahmen die Fortbewegung zu Fuß grundsätzlich ab. Das ist etwas für arme Leute, die keine andere Wahl haben. Warum gehen, wenn man auch fahren kann. Wenn man auch essen kann. Wenn man auch einkaufen kann. Die Aussicht ist wegen Nebels gleich Null, alles tropft und trieft und während die Schmetterlinge spatzengroß sind, sind die Vögel schmetterlingsklein, verblühte Azaleen, Bambus und Zedern, grüngrüngrün. Manchmal tauchen im Dunst Ausschilderungen von Sehenswürdigkeiten auf, wie die „Höhle des hellen Mondes" (ein Abschnitt an dem man wegen starken Überhangs eine lange Weile lang gebückt eine Treppe hinabsteigen muss), oder die „Meteoritenklippe", wo ein Buddha steht usw. Das ist ein bisschen wie in Buckow, oder von mir aus auch im Harz: jede Auffälligkeit heißt nicht nur irgendwie, was ja Sinn macht, sondern wird auch so ausgewiesen und als Normalpassant steht man davor und denkt: wieso Meteoritenklippe? Aber vielleicht wenn die Sicht besser gewesen wäre? Zum Teil ist es so dunkel, dass ich mich frage: Soll ich da wirklich weiter, aber dann gaukelt einer dieser riesigen Schmetterlinge vorbei und ich denke, na, wenn dem nicht zu dunkel ist... Schließlich gerate ich auf Abwege, weil ich zu faul bin, einen Wegweiser fertig zu übersetzen, und mich mit Drachenwolke begnüge und erreiche so ein menschenleeres Urlaubsressort namens Drachenwolke. Ich esse dann erstmal getrocknete Erbsen mit Wasabiwürzung, die heitern und heizen auf. Und arbeite mich durch einen zwar ausgeschilderten, aber völlig zugewachsenen, steilen wilden Weg zurück zu meiner eigentlichen Tour. Es fängt an zu regnen und regnet und regnet, auf die duftenden Zedern und dann auf mich. Als ich schließlich wieder bei meiner Kirche ankomme, schenkt mir der mittlerweile andere, chinesische Gast mit seiner 80jährigen, bergsteigenden Mutter eine Tüte Reiscracker und huch: Darin befindet sich auch ein kleiner, getrockneter Fisch. Der laut Inhaltsangabe auf der Packung auch unbedingt dort hineingehört.
Dass ich allein unterwegs bin, verstärkt offensichtlich das Schenkbedürfnis an Ausländer. Denn dies ist ohnehin stark

ausgeprägt. Einmal war ich zum Beispiel mit Matt Kaffee-
trinken. Nachdem wir nach dem Austrinken unserer Getränke sitzen blieben und weiterquatschten, brachte uns
der Kellner aufs Haus zwei Eiskaffee. Als wir danach immer
noch blieben, wollte er noch schwarzen Tee bringen und uns
wurde langsam klar, dass wir vielleicht mal gehen müssen,
um den Laden nicht zu ruinieren. Auch im Kaufhaus wurden wir beschenkt. Eine Verkäuferin war so traurig, dass sie
den gewünschten Artikel, ein einfaches Baumwolllaken,
nicht bieten konnte, dass sie uns Süßigkeiten zusteckte.
Am nächsten Tag will ich dann doch noch AUF den Datongshan (ca. 1900 m) und nicht nur an ihm runter. Eine
Frau nimmt mich ein Stück der Straße auf ihrem Scooter
mit hoch und dann laufe ich los. Schließlich lichtet sich der
Nebel und ich erreiche den Gipfel und seine Aussichtsplatt-
form, es ist weit und offen, strahlend blauer Himmel und
klare Sicht. Und die Mücken, die mich an diesem Tag hart-
näckigst begleiten, mich umschwirren und kitzeln, obwohl
sie mich wegen meiner insektizidhaltigen Lotion nicht ste-
chen können, geben ein wenig Ruhe. Es ist wirklich schön
hier. Wieder in Fenqihu esse ich ein normiertes und be-
rühmtes Wandereressen bestehend aus verschiedenem
Gemüse, Tofu, Teeei (in schwarzem Tee und Gewürzen hart
gekochtes Ei), Reis und einer hauchdünnen Scheibe Fleisch,
was alles zusammen in einer portablen Sperrholzbox serviert wird. Danach kaufe ich so genannte Baumtomaten
und frage, wie man die isst. Nach der Erklärung, wo und
wie ich sie öffnen muss, um sie auszuzutzeln[9], kommt
ein chinesisches Paar und fragt mit genau den gleichen
Worten das gleiche. Und bekommt in gleichen Worten
Antwort. Und Chinesisch kommt mir plötzlich einfach
vor. Auf der Rückfahrt im Bus wird etwas gesprochen,
was für mich klingt wie Japanisch mit chinesischen
Einsprengseln und einem hawaiischen Unterton, vermutlich also eine der vielen indigenen Sprachen.
Nach insgesamt nur drei Stunden und drei Verkehrsmit-
teln bin ich wieder daheim. Und es ist wieder heiß, heiß,

---

9 bair.: aussaugen

heiß. Ich versuche zur Abkühlung mal Milch mit Mungo-
bohnengeschmack, aber das ist irgendwie unspektakulär.
Seufzend stelle ich wieder die Klimaanlage an, versuchshal-
ber mal auf 28 Grad, doch, ja, auch das fühlt sich noch vergleichsweise kühl an.

9. Mitteherbstfest

Anlässlich des Mittherbstfestes, auf Chinesisch Zhongqiujie
lud Mama Zheng Matt und mich zum Grillen ein. Das Fest
findet immer am 15.8. nach dem chinesischen Mondkalender statt, und das heißt immer an Vollmond und zwar angeblich am Schönsten im Jahr.
Natürlich mussten wir uns für diese Einladung mit einem
Geschenk erkenntlich zeigen, was eh schon nicht einfach ist,
wenn man jemanden fast nicht kennt, aber in China noch
mal besonders. Erstmal stellt sich die Frage was: Messer und
andere scharfe Gegenstände gehen natürlich gar nicht, aber
das war ja auch eher fern liegend. Auch Uhren darf man nicht
schenken, und zwar nicht deshalb, weil diese an Zeitablauf
und Endlichkeit gemahnen, sondern weil „Uhren schenken"
auf Chinesisch genauso klingt, wie frei übersetzt „den Eltern
das letzte Geleit geben". Ein solches Geschenk wirkt in etwa
so, als wolle man dem Gastgeber oder seinen Eltern ein bal-
diges Ende wünschen. Es lag nun auch nicht so nahe, eine
Uhr zu schenken. Aber es verunsichert, weil man ja nie weiß,
ob man nicht mit einer harmlosen Gabe einen anderen negativen Gleichklang trifft und der Gastgeber dann meint,
man würde ihm Tod und Teufel an den Hals wünschen. Vier
Dinge dürfen es deshalb natürlich auch nicht sein, wegen
des Gleichklangs von Vier und Tod. Alkohol fiel ebenfalls
aus, weil uns unklar war, ob die Familie welchen trinkt. Also
Süßigkeiten in einem großen Karton.
Dann muss man noch überlegen, wie teuer es sein soll. Da
ist mit Süßigkeitenkartons eine breite Spanne zu erreichen.
Denn das Überreichen von Geschenken verursacht Guanxi,
also Beziehungen, und muss früher oder später auf die ein

oder andere Weise entgolten werden. Positiv nennt man das
bei uns Netzwerk, negativ Filz. Die Freude über wirklich teu-
re Geschenke hält sich damit in Grenzen. Ich habe dazu eine
schöne Geschichte in „Eisen und Seide" gelesen: Ein Ausländer machte eine Zeichnung von der Dschunke einer eher armen Fischerfamilie, die dieser sehr gut gefiel. Also riss er sie
vom Block und bestand darauf, sie ihnen zu schenken. Es sei
doch nur eine Zeichnung. Es tagte daraufhin der Familien-
rat und beschloss, ihm im Gegenzug eines der Ruderboote
zu schenken. Der Ausländer wusste nun zunächst nicht, was
tun, denn es war offenbar ernst gemeint. Also sagte er, dass
er als Amerikaner ja eher gewohnt sei sehr offen zu sprechen und daher möchte er sagen, dass das Ruderboot zwar
sehr schön sei, er aber lieber etwas anderes hätte. Die Fami-
lienmitglieder wurden blass (vermutlich fürchteten sie um
die Dschunke), aber nickten tapfer, ja, er würde alles kriegen,
was er wolle. Er sagte dann, es gäbe bei ihm zu Hause einen
Aberglauben, dass man geschenkte Kunst nur mit ebenfalls
geschenkter Kunst vergelten dürfe und er sich von daher
wünsche, dass sie ihm ein Lied vorsängen. Felsen der Erleichterung polterten von den Herzen und sie befanden das als
edle Gesinnung und sangen dann voller Erleichterung und
Begeisterung.
Matt und ich wollten Mama Zheng ja nun wirklich nicht in
eine uns dann auch bedrängende Bredouille bringen. Also
investierten wir nicht zu viel, die Verpackung musste es
dann richten. Ich hatte ursprünglich aus Fenqihu gezuckerte
Süßkartoffeln als potenzielles Geschenk mitgebracht, aber
die waren nicht repräsentativ genug verpackt. Dafür waren sie köstlich. Da es üblich ist, Geschenke eher beiläufig
zu überreichen, warteten wir ab, bis sie mal neben uns saß
und natürlich machte wir unsere Gabe gehörig runter, es sei
klein und schäbig etc, bis sie es dann schließlich annahm,
aber natürlich nicht hineinsah, weil sich auch das nicht gehört. Ein Geschenk gleich zu öffnen gilt als gierig, und sich
vielfach zu bedanken gilt als unhöflicher Versuch, sich vom
Guanxi zu befreien.
So gesehen weiß ich natürlich nicht, ob ihr die beigelegte
Neuschwansteinkarte wirklich gefiel, sondern schließe dies

nur aus den Würstchen, die am nächsten Tag bei mir an der Türklinke hingen. Im Unterricht hatte ich gelernt, dass am Mittherbstfest alle an runden Tischen in Runden zusammensitzen und runde Dinge essen, alle zusammen und eben rund und wenn jemand fehlt lieber nicht an die arme Mondfee Chang´e denken, die mit ihrem Hasen da alleine auf dem Mond in ihrem Palast der endlosen Kälte hockt. Und das ist das Resultat einer überaus tragischen Geschichte.

Es gab nämlich vor langer, langer Zeit nicht eine, sondern zehn Sonnen und diese waren es leid, immer nur brav eine nach der anderen ihre Bahn zu ziehen und so beschlossen sie, von nun an zusammen über den Himmel zu gleiten. Das hatte für die Erde natürlich verheerende Auswirkungen, die Flüsse verdampften, die Erde verbrannte und Mensch und Tier suchte verzweifelt in Höhlen Schutz. Darunter auch Houyi, ein legendärer Bogenschütze und seine Frau Chang´e. Diese –nach anderer Überlieferung war es der sagenhafte Kaiser Yao- schlug dann vor, Houyi solle versuchen, die Sonnen herunter zu schießen. Er wollte erst nicht, aber Chang´e trietzte ihn so lange, bis sie zusammen aufbrachen und den höchsten Berg bestiegen, um möglichst nahe an die Sonnen ran zu kommen. Tatsächlich gelang es Houyi die Sonnen abzuschießen und hätte beinahe noch die zehnte mit runter geholt, konnte daran aber gerade noch gehindert werden. Die ökologische Lage entspannte sich darauf und die Menschen feierten Houyi als ihren Retter. Dem stieg nun der Ruhm zu Kopfe und er verlangte immer mehr von seinen Mitmenschen. Dass sie ihm ein Haus bauen, einen Garten, einen Turm. Wenn sie sich beklagten sagte er: war nicht ich es, der Euch allen das Leben gerettet hat? Und so bauten sie was er wollte, denn schließlich war er auch der Stärkste von allen, und mussten darüber ihr eigenes Wirtschaften vernachlässigen. Houyi war taub für Klagen und auch für die Vorhaltungen seiner Frau geworden. Stattdessen fand er sich mittlerweile so großartig, dass er sich unbedingt für die Ewigkeit erhalten wollte und zog los, um das Kraut oder auch den Pilz der Unsterblichkeit zu holen. Nach verschiedenen Abenteuern und einem Treffen mit der Königinmutter des Westens war ihm das auch gelungen und beseelt trug er die Phiole nach Hause. Chang´e, die die Gefahr eines ewigen Despoten und Blutsaugers erkannte, nahm die Phiole an sich, als er sich nach dem langen Marsch ausruhte. Doch er wachte auf und erwischte sie dabei. Sie rannte weg, aber er war natürlich viel schneller. Als er sie gerade ergreifen wollte, sah sie nur einen Ausweg: sie öffnete die Phiole und schluckte alles hinunter. In diesem Moment schwebte sie in die Lüfte, flog und flog und flog, bis zum Mond. Und da sitzt sie nun. Ganz alleine und für immer.

Nun, nicht ganz alleine. Sie wird häufig mit einem weißen Hasen zusammen abgebildet. Eine Überlieferung berichtet, sie habe ihn von der Erde mitgenommen, aber eine andere Geschichte erklärt seine Anwesenheit auf dem Mond folgendermaßen:

Einst lebten bei einem alten Mann ein Hase mit außerordentlich weißem Fell, ein Affe und ein Fuchs. Während einer großen Dürre wurde der Mann krank vor Hunger und die Tiere sorgten sich um ihn. So zog ein jedes los, etwas zu essen zu finden. Der Affe fand schließlich ein paar vertrocknete Früchte. Der Fuchs nur Brennholz und hoffte auf die anderen. Der Hase fand rein gar nichts. Die anderen waren schon vor ihm zurück und hatten das Feuer bereits entzündet, um darin das garen zu können, was der Hase ihnen sicherlich bringen würde. Als der Hase unglücklich und ohne Speise ankam, meinte der alte Mann, dass sie die paar Früchte mal lieber selber essen sollten, denn für alle wäre es nicht genug und er sowieso am Ende. Als der Hase das hörte, stürzte er sich ins Feuer, um sich selber als Braten anzubieten. Eine barmherzige Göttin (im Zweifel Guanyin) sah das und zog den Hasen unversehrt aus dem Feuer. Damit alle von dieser Loyalität Kenntnis nähmen, ließ sie ihn dann auf dem Mond wohnen. Und außerdem ließ sie es regnen, womit sie auch das Grundproblem löste. Jetzt zermörsert der Hase dort oben das Kraut der Unsterblichkeit. Außerdem gibt es noch die dreibeinige Kröte, die den Mond verschluckt und wieder auswürgt, wodurch sich die Mondphasen zwanglos erklären lassen. Zuweilen wird diese mit Chang´e gleichgesetzt. Und zu guter Letzt lebt auch noch der chinesische Sisyphus namens Wugang auf dem Mond. Vor urvordenklicher Zeit

lebte er auf der Erde und er war unermesslich stark. Er konnte Bäume wie Blumen pflücken und auch andere Arbeit kostete ihn keine Mühe. Aber er hatte nicht einen Funken Geduld. Schon allein deswegen kam ein Leben als Bauer für ihn
nicht in Betracht und er dachte sich, dass er eigentlich lieber
ein unsterblicher Gott sein wolle. So zwischen den Wolken
herumhampeln den ganzen Tag, das würde ihm liegen. Also
machte er sich auf den Weg ins Gebirge, denn jeder anstän-
dige Berg hat einen Unsterblichen, der auf ihm wohnt. Und
Tatsache. Der angetroffene Unsterbliche möchte Wugang
durchaus behilflich sein und macht ihn auch unsterblich. In
der Folge versucht er, Wugang ein paar einem Unsterblichen
gemäße Tätigkeiten nahe zu bringen, wie z.B. Heilkräuter
suchen. Daran findet Wugang natürlich weder Sinn noch
Freude. Auch der Versuch, ihn mit heiligen Büchern voller
Geheimnisse zu schulen und zu unterhalten scheitert kläg-
lich. Schließlich fragt der Alte Wugang entnervt: was möch-
test du denn eigentlich? Wugang: Zum Mond fliegen! Also
lässt ihn der Alte die Augen schließen und nachdem er sie
wieder öffnet, befinden sich beide in einer öden Wüstenei
mit einem einzigen riesigen Baum, einem Osmanthus. Die
Krone dieses gigantischen Baumes, ist übrigens das, was
man von der Erde aus auf dem Mond sehen kann. Wugang
ist enttäuscht. Es ist öde und leer und gar kein schönes Un-
sterblichen-Gecruise[10]. Er sagt zu dem Alten, er möge ihn
wieder zur Erde mitnehmen, es gefiele ihm hier nicht. Aber
der meint, es sei jetzt genug, er solle selber schauen, wie er
klarkäme, hätte ja auch alles in dem Buch gestanden etc.
Aber einen Tipp hätte er noch: wenn er den Baum umgehau-
en habe, könne er selber zur Erde zurückfliegen. Hocherfreut
reibt sich Wugang die Hände: Wenn´s weiter nichts ist... Der
Alte fügte hinzu: Allerdings müsse er dazu mit geduldigem
Herzen 300 Schläge gegen den Baum führen, und fliegt weg.
Wugang nimmt also die wie zufällig herumliegende Axt
und fängt an. Rastlos haut er auf den Baum ein. Kaum hält er
inne, verschwindet die Kerbe. Mit der Zeit versucht Wugang
ruhiger zu werden und geduldig, aber bis zum heutigen Tag

---

10 to cruise: engl.: umherfahren,- fliegen

ist es ihm nicht gelungen 300 Schläge hintereinander geduldig zu führen. Soweit also Wugang. Was allerdings der arme
Baum verbrochen hat, um derart prometheisch bestraft zu
werden, konnte ich nicht klären.
Wugang und die Mondgöttin leben in parallelen Mondwel-
ten, denn von einem Zusammentreffen beider ist nichts
überliefert. So kann man auch den Hasen auf dem Mond
nur statt des Osmanthus´ sehen. Und Chang´e, die Mondgöttin selber kann man gar nicht sehen, denn dazu bedarf
es daoistischer Rituale und einer Unmenge von Alkohol.
Die Geschichte von Chang´e gibt es in vielerlei Variation,
gerne mit ihr in der Rolle der verlogenen, stehlenden, gierigen Frau, was auch besser in die misogyne Geschichtsschreibung der Chinesen passt. Aber eigentlich lieben alle Chang´e,
die einsame Schöne im Mond und so mancher zauberkräf-
tige Daoist behauptet, mit ihr Wein getrunken zu haben.
Aber zurück zum Thema runde Tische, runde Speisen und
runde Runden. Tatsächlich saßen wir an eckigen Tischen
und eckigen Grillen auf dem Vorplatz des Tempels des südlichen Himmels. Wir, das waren Mama Zheng, ihr Laoban, ihre
Tochter, die zwei Enkelinnen, Matt und ich. An anderen eckigen Tischen Hunderte anderer. Ich persönlich halte Grillen
für die überflüssigste und unangenehmste Art der Essens-
zubereitung und -aufnahme und wurde auch diesmal nicht
enttäuscht. Erst gingen die Kohlen nicht an, dann saß man
im Qualm, erst hatten alle Hunger und es gab nichts und
dann gab es zuviel. Matt fragte Mama Zheng vorher, was es
denn gäbe und sie sagte immer: zi. Uns fiel kein Tier ein, was
zi heißt und dann meinte Matt wegen der Dialektfärbung:
vielleicht zhi (Spinne), aber da war sie natürlich empört und
nach Aufschreiben des Zeichens war dann klar: zhu, also
Schwein. Und so gab es Schweinswürstchen und hauchdün-
nes Schweinefleisch, womit dann eckige Toastbrote belegt
wurden, Schrimps, Muscheln und dann noch grüne Paprika,
Pilze und Bambusschösslinge, also was größeres, nicht so
Sprossen, wie wir sie kennen. All die anderen um uns rum
hatten mehr oder weniger das gleiche, es wurde auch zentral verteilt, und war offenbar von der Tempelgemeinde organisiert. In der Mitte stand ein Riesentopf Suppe mit Wachtel-

eiern, Mais und Fleischklößchen. Zwischendurch landeten auch drei viel versprechend aussehende Fische bei uns, die leider ungeklärt wieder verschwanden. Besonders auffallend war eigentlich, dass nichts gewürzt wurde, bis auf die Würstchen, die ohnehin schon gewürzt waren. Und so knabberte ich an ziemlich nüchterner Paprika und aß auch mal ein Würstchen. Lecker war allerdings der Bambus, das muss ich schon sagen. Wegen der ständigen Grillaktivität wurde eigentlich nicht gesprochen. Ich meine, den Alten kann ich ohnehin nicht verstehen. Die Enkelinnen haben beide sichtbar eine Essstörung, die eine isst zuviel, die andere zuwenig. Zwischendurch kamen örtliche Politiker vorbei und schüttelten Hände und verteilten Fächer bzw. Wedel für das Feuer mit ihrem jeweiligen Konterfei darauf. Ich konnte mich dann ausklinken und ein bisschen herumstreunen und tatsächlich: Der Vollmond schien. Es gab Feuerwerk und auf einer Bühne wurden Reden auf taiwanisch gehalten und kurz auch Karaoke gesungen. Und dann gingen wir wieder. Die an den Nebengrillen wurden langsam laut und lustig, sprich sie tranken Bier. Wir dagegen im lustigen Wechsel Kaffee, Tee, Cola, Saft, Limo, Suppe was auch immer uns irgendwer in unseren einen Becher eingoss. Keinen Alkohol zu schenken scheint die richtige Entscheidung gewesen zu sein.

10. Daoismus oder
die Einheit aller Dinge

Ich trug mich mit dem Gedanken mir ein Shouji, ein „Handgerät" zuzulegen, denn ohne Handy ist man eigentlich kein vollwertiger Mensch. Die Tarife und Folgen, die man tragen muss, sind auf Deutsch schon schwer zu verstehen, auf Chinesisch quasi undurchdringlich. Eigentlich dachte ich an so einen hässlichen Knochen mit Prepaid-Card, aber ein billiges Handy kostet ohne Vertrag dann doch noch 100 €. Es gibt noch eine Variante für Arme, aber die sieht nicht nur aus wie Spielzeug, sondern hält auch die Spannung nicht, ist also auch Spielzeug. Das Ganze scheiterte ohnehin fürs erste daran, dass unklar war, wie man als Ausländer eigentlich eine Nummer bekommt. Nach einer umfangreichen Recherche in verschiedenen Telefonshops stellte sich heraus, dass man für eine Nummer den Pass, das Visum, die Anmeldebestätigung und die Immatrikulationsbescheinigung vorweisen muss. Von wegen keine Bürokratie. Aber offenbar kann man allein mit der Telefonnummer Waren bestellen, was den Aufwand etwas erklärt. Diese Waren kann man sich dann in einen der zahllosen 24-Stundenläden liefern lassen. Auch Internetbestellungen laufen häufig so. In dem Fall kann man dort dann auch bezahlen und muss nicht die Kreditkartendaten im Netz angeben.

Aber schließlich wandte ich mich ohne Vollzug im Telefonbereich ähnlich mysteriösen, aber weniger technischen Dingen zu und ging zum Tiantan, dem Himmelsaltar, der hier zugunsten des Jadekaisers errichtet wurde. Ohne Figur, aber mit einer berühmten Kalligraphie der „eins" (also ein Querstrich) die die Einheit der Dinge symbolisiert. Im Kalligraphieunterricht hatten wir natürlich mit der Eins angefangen, was insofern sehr befriedigend ist, da sie schlicht alles bedeutet. Auf der anderen Seite ist es unglaublich frustrierend. Der Querstrich enthält alleine sieben Pinselstrichrichtungen. Und es wird einem gleich klar: Kalligraphie ist hartes Brot. Abgezirkelte Minibewegungen um etwas zu schreiben, das dann wie gedruckt aussieht, ach herrjeh. Die wunderschöne, unleserliche Kursivschrift ist hohe Schule und daher erst nach erheblichen Fortschritten in Normalschrift erlernbar, also hilft nur Geduld und Übung. Im Tempel hängt allerdings nicht eine Kalligraphie, sondern eine dreidimensionale Goldnachbildung und das sieht nicht soo toll aus, finde ich. Statt eines flüchtigen, konzentrierten, komplexen Pinselstrichs ein goldenes, schweres Geklotze, aber gut. „Eins" steht da auf jeden Fall und trägt seine Bedeutungen auch in diesem Gewand.

Der Jadekaiser ist einer der wichtigsten daoistischen Gottheiten. Er gehört zum obersten Triumvirat, das je nach Epoche und Schule die Drei Einen oder die Drei Reinen heißt. Ein anderer davon ist Taiyi, die Höchste Einheit, der der Polarstern ist, oder der, der auf dem Polarstern wohnt, oder aber

es handelt sich um den Ehrenwerten Himmlischen des ursprünglichen Anfangs. Der dritte ist meist Lord Lao, der ver-
göttlichte Laozi. Laozi lebte etwa 600 vor Chr, vielleicht auch
300 vor und vielleicht auch gar nicht. Er soll unter anderem
auch der Lehrer des Gelben Kaisers (-2697 bis -2597) gewesen sein, des mythischen Gründers der chinesischen Kultur.
Wichtig in diesem Zusammenhang ist vor allem, dass Laozi
als Gründer des Daoismus gilt. Ihm wird auch das Daodejing[11] zugeschrieben. Als er auf einem Büffel reitend nach
Westen ging, soll ihn der Wächter am Hanggupass mit Tee
bewirtet haben und auf seine Bitte hin schrieb dann Laozi
das Daodejing mit über 5000 Zeichen nieder und übergab es
ihm. Und verschwand.
Bei der Frage, was Daoismus beinhaltet kommt man natürlich nicht am ersten Satz des Daodejing vorbei: Das Dao
von dem man sprechen kann, ist nicht das wahre Dao. Oder:
Könnten wir weisen den Weg, es wäre kein ewiger Weg.
Oder: Das Wesen das begriffen werden kann, ist nicht das
Wesen des Unbegreiflichen. Oder: Der Sinn der sich ausspre-
chen lässt, ist nicht der ewige Sinn. Soviel zu einer kleinen
Auswahl von Übersetzungen der ersten sechs Zeichen. Quod
erat demonstrandum. Zusammenfassend lässt sich vielleicht
sagen, dass das Dao, wie immer man es übersetzt, ein Prinzip
ist, dass am Anfang des Universums steht und alles durchdringt und der Ursprung aller Dinge, Wesen und Wandlung
ist. Das Dao war die Ursache, warum das Chaos (Hundun) die
Welt hervorbrachte. Und man sollte weder Dao noch Chaos,
auch nicht wohlmeinend, zu zwingen versuchen, wie die folgende Geschichte aus dem Buch Zhuangzi, einem weiteren
daoistischen Klassiker, zeigt:
Der Kaiser des Südmeeres war Shu. Der Kaiser des Nordmee-
res war Hu. Der Kaiser der Mitte war Hundun (Chaos oder
Ungeteiltheit). Hu und Shu trafen sich häufig am Ort des
Hundun und Hundun behandelte sie sehr gut. Shu und Hu
wollten seine Güte vergelten und sagten: „Alle Menschen
haben sieben Körperöffnungen mit denen sie sehen, hören,
essen und atmen, nur Hundun hat keine. Wir wollen versu-

---

11 auch als „Tao Te King" transkribiert, eine mögliche Übersetzung des Titels: „Buch vom
Weg und Wirkprinzip"

chen, sie ihm zu bohren." Jeden Tag bohrten sie eine Öffnung und nach sieben Tagen war Hundun tot.

Vielleicht ist es noch hilfreich zu wissen, dass Hu und Shu jeweils so etwas wie „plötzlich, aufs Geratewohl" bedeutet und – so könnte man interpretieren – ihre Namen also gewillkürtes Handeln meinen, was das Gegenteil von einem weiteren Prinzip des Daoismus, dem Wuwei, dem Nichthandeln, dem nicht Eingreifen wäre.

Daoismus erklärend zu beschreiben ist ähnlich unmöglich, wie seinen Pantheon strukturiert zu erläutern. Zum einen wurden die alten schamanistischen Gottheiten eingemeindet, wie zum Beispiel die göttliche Wetterbehörde inklusive Fruchtbarkeitsgötter und Drachen, auch der Herr des Schicksals und die drei Beamten. Die Götter der Hölle, die Sternengötter, die Stadtgötter. Den Gott des Krieges, den der Literatur und natürlich eine der ganz alten und großen: Xiwangmu, die Königinmutter des Westens, die auch unter dem Namen Goldene Mutter vom Jaspisteich residiert und in ihrem Garten die Pfirsiche der Unsterblichkeit zieht. Diese Gottheiten sind meist lokal entstanden und haben sich mit der Zeit regional verbreitet. Und immer wieder verändert. Deswegen gibt es kein einheitliches System oder Gebilde, in das man die einzelnen Erscheinungen einsortieren könnte, wie das zum Beispiel mit dem griechischen Götterhimmel ohne weiteres möglich ist.

Ferner gehören rein daoistische Gottheiten und Heilige dazu und auch die 36.000 Götter des Mikrokosmos des menschlichen Körpers, die sich regelmäßig auf drei Körperabschnitte verteilen, was wiederum den Drei Einen im Makrokosmos entspricht. Sehr populär sind die acht daoistischen Unsterblichen, bei denen es sich zum Teil um historisch belegte Personen handelt, die das Dao fanden und unsterblich wurden. Sie sind sehr menschlich und konkret, so dass sie leichter zu bitten sind, als beispielsweise der Jadekaiser selbst.

Bei sehr vielen anderen handelt es sich um unpersönliche Götter gänzlich ohne Genealogie und Biografie. Entscheidend sind dann die Titel und ihre Wirkprinzipien. Und natürlich gab es über die Jahrtausende die verschiedensten daoistischen Schulen, die jeweils eigene Meinungen zu allem hatten. Ein Daoist verfügt über eigene Register, in denen unzählige Gottheiten aufgelistet sind, die er auswendig können muss. Und das ist auch besser so, denn wie soll sich da ein Normalsterblicher zurechtfinden? Und dann kann der Daoist niederen Gottheiten wie ein Kaiser befehlen, den höheren jedoch nur opfern und sie bitten.

Aber für den Hausgebrauch spielt es letztlich nicht die ganz große Rolle, denn: alles ist eins. Alles ist Dao.

Sogar Telefontarife.

11. Chinesische Namen

Während der Einstands-Teaparty an der Universität wurde uns beamerunterstützt all das nochmal vorgelesen, was wir schon schriftlich bekommen hatten. Besonderes Augenmerk wurde auf die Visa-Problematik gelegt und extra ein englischer Muttersprachler gebeten, alles zu erläutern, da offenbar immer wieder Studenten ausgewiesen werden und da ist das dann wie bei uns: nicht mehr lustig, mögen die Frauen bei der Ausländerpolizei noch so gerne scherzen und mag auch sonst alles sehr unbürokratisch sein. Ich hatte bereits ein Zertifikat, das mein Residieren als Alien für ein Jahr erlaubte (Alien Resident Certificate) und blieb von daher unbeeindruckt. Die ausländischen StudentInnen waren zu ¾ asiatisch, wobei Korea und Japan am stärksten vertreten waren. Das letzte Viertel teilten sich Europa (Ost und West) und Amerika (Nord und Süd). Anschließend wurden wir auf ein erschlagendes Kuchenbuffett losgelassen, darunter auch eingewrappte Chickenwings und Getränke, bei denen es mir irgendwie nicht möglich war, herauszufinden, ob es sich um Tee oder Kaffee handelte. Womöglich in einer Kaffeemaschine gekochter Tee. Dabei sollten wir untereinander fröhlich plaudern, mit dem mittelfristigen Ziel, dass sich die zusammengehörenden StudentInnen mit ihrer Lehrkraft treffen. Ich fragte nach, wer denn nun meine Lehrerin Huang Shuzhen sei: Die sei gerade nicht da, aber trage ein rosa T-Shirt. Das fand ich amüsant, denn mindestens jede Zweite trug

ein rosa T-Shirt. Shuzhen allerdings ein lindgrünes, wie sich
später herausstellte. Also sprach ich erst mit Ashley, einem
Schwarzen aus Südafrika, der mit Nachnamen Meier heißt,
weil sein Urgroßvater deutscher Missionar war und der nun,
nach fünf Jahren Taiwan und Heirat mit einer Taiwanerin
fand, dass er jetzt auch mal ein wenig chinesisch lernen
könnte. Konnte ich ihm nur beipflichten. Und dann stieß
Friedhelm zu uns. Er unterbrach das angeregte Gespräch und
es folgte ein längerer autistischer Vortrag. Über Gott und die
deutsche Welt, die meint eben jenen nicht nötig zu haben,
weshalb er nun die Taiwaner mit seiner Heilslehre beglücken
möchte. Ein Zeuge Jehovas, wie schön. Mit Blick auf meine nur
mühsam beherrschte Miene stellte er kategorisch fest, dass
er ja gar nicht so sei und sie ja niemanden in dem Sinne be-
kehren wollten, sondern nur wenn jemand ein offenes Herz
habe, auf der Suche sei etcetera und als er dann seine chinesische Bibel zückte, natürlich nur, um seine Methode des
Chinesischlernens zu erläutern, flüchtete ich zu bunten Sah-
netörtchen. Ashley machte den entscheidenden Fehler und
fragte ihn, was er mir da eigentlich auf Deutsch erzählt hatte.
Schließlich fand ich Huang Shuzhen in lindgrün und sie sagte uns, welches Buch wir kaufen sollten und das war es dann
im Großen und Ganzen.
Am nächsten Tag zog ich mit einer imaginären Schultüte los
und war gespannt auf meine Klasse. Ich hatte vorher versucht, von den chinesischen Namen aus rückzuschließen, ob
es sich um Frauen oder Männer handelt und womöglich aus
welchem Land. Zum Beispiel dachte ich bei einem Namen,
es handle sich um die phonetische Umsetzung von Nadja,
womöglich also eine Russin. Gut, gewagte These. War auch
falsch. Najia war ein mongolischer Halbstarker, der gar keine Lust auf Chinesisch hat, dafür aber eine echte Rolex trug,
sagte er zumindest. Bei einer Konversationsaufgabe erzählte er mir, dass sein Hobby schlafen sei. Prompt kam er am
nächsten Tag nicht. Ist ja schließlich ein ausschweifendes
Hobby. Bevor er was sagte, musste er sich immer aus seiner
tischnahen Gummihaltung rausbewegen, das wurde dann
so eine Welle beginnend in der mittleren Wirbelsäule, und
nuschelte dann so lässig und tief wie möglich irgendwas

und grinste sich distanzierend und doch eifrig. Das war zwar
schwer verständlich, klang aber sehr chinesisch, denn er hatte auch schon zwei Jahre in Shanghai gelebt.

Dann gab es beispielsweise noch eine Japanerin, die einen
Taiwaner geheiratet hat, oder heiraten wird und einen Roman
schreiben will. Sie konnte natürlich schon von zu Hause aus
eine Menge Schriftzeichen schreiben. Sie redete auch gerne,
wenn auch leise, aber die Aussprache war verheerend, ich
verstand kein Wort. Das kannte ich schon von den Japanern
in Berlin, die schwer damit kämpften ein „u" zu artikulieren.
Allerdings hat mir Matt versichert, dass die Japaner in seiner
best-off-Gruppe unheimlich akzentfrei sprechen. Ich finde,
das gibt auch Hoffnung für den deutschen Akzent!

Eine Engländerin, deren Eltern aus Hongkong stammen,
weiß nicht genau, ob sie nun lieber Chinesin oder Europäe-
rin sein will. Sie kann ohnehin kantonesisch, das heißt, nun
muss sie vor allem neue Laute lernen, weil die grammatische
Struktur identisch ist. Alle Worte werden aber anders ausgesprochen, es ist also vielleicht wie das Lernen einer anderen
Strophe zu der gleichen Melodie. Schriftzeichen hatte sie keine gelernt und plagt sich vor allem damit ab. Eine Koreanerin, so ein typischer asiatischer Girlietyp, laut mit schweren
Flipflops schlurfend, träge und lustlos wirkend, durchaus zu
lautem Sprechen fähig – im Lesesaal, ansonsten so leise wie
fast nicht da, kann immer alles auswendig runterrasseln.
Wenn sie ein Beispiel bilden soll, nimmt sie unweigerlich
das aus dem Lehrbuch, aber das dann in einem Affenzahn.
Dann haben wir noch Kristin aus Leipzig und Maxim aus St.
Petersburg.

Laut Liste fehlte noch ein Youli, was soviel heißt wie „Kraft
haben". Nach chinesischer Namenslogik muss das unbedingt
ein Mann sein. Später stellte sich heraus, dass er fälschlich in
unsere Gruppe einsortiert wurde, dabei hätten wir uns den
Namen wenigstens merken können. Denn ansonsten fällt es
allen schwer, sich die chinesischen Namen der anderen oder
überhaupt zu merken. Chinesische Namen werden einfach
aus Worten gebildet. Elegante Orchidee könnte zum Beispiel
ein Frauenname sein. Und energische Tatkraft ein Männername. Rote Fahne wäre in der VR China auch ein üblicher

Name, in Taiwan dürfte dieser eher selten anzutreffen sein oder fiele womöglich sogar unter das Verbot kommunistischer Propaganda. Aber von einer solchen Einschränkung abgesehen gibt es keine Restriktionen bei der Namensgebung. Einmal unterhielt ich mich in einem Café mit der Wirtin und fragte sie, was ihr Name Xiuting für eine Bedeutung habe. Xiu heiße hübsch, anmutig und ist damit typischer Mädchennamenbestandteil, ting heiße auch anmutig, aber ihr Vater habe ting gewählt, weil der Radikal, also der sinndefinierende Teil des Schriftzeichens, zwar Frau sei, aber der phonetische Teil des Schriftzeichens auf anhalten/stoppen verweist, sprich: Schluss mit den Mädchen! Schließlich war sie schon das zweite Mädchen, es sollte endlich ein Sohn werden, der dann im Übrigen auch kam. Und so heißt die arme Frau: „ganz hübsch, aber es reicht".

Aber irgendwie ist es mehr die Phonetik, die die Namen so schwer zu merken macht: Reihen von Shuxius, Shuhuis, Xiuhuis oder gar Chenxuans. Rongquan fand ich auch besonders schwer. Dabei ist es einfach nur Chinesisch. Vielleicht ist gerade das das Problem. Umgekehrt besteht das Problem im Übrigen genauso, weshalb alle Ausländer hier auch chinesische Namen haben. Meiner heißt frei übersetzt so etwas wie Haltung der Freude. Immer wieder gab es Diskussionen darüber, ob das nicht eher ein Männername sei. Und viele mussten auch über den Namen, den mir im übrigen eine Chinesin gab, lachen, ohne dass sie mir je verrieten, was daran so komisch sei.

Bei Nachnamen lässt die Vielfalt rapide nach. Was heißt schon Nachname, da sie vor dem Vornamen stehen, sind es wohl eher Familiennamen. 85% aller Chinesen teilen sich nur etwa 100 Nachnamen. Davon sind die häufigsten Wang, Chen, Li, Zhang und Liu. Im Falle einer Heirat behalten Frauen ihren Familiennamen. Bei der Anrede als Ehefrau wird jedoch der Nachname des Mannes benutzt. Wenn also Frau Müller Herrn Meier heiratet, bleibt sie Frau Müller, wird aber auch als Ehefrau Meier angeredet, also als die Meierin.

Im Falle einer Heirat ist außerdem dringend darauf zu achten, dass nicht nur die jeweiligen Geburtshoroskope zusammen passen, sondern auch, dass der und die Auserwählte nicht den gleichen Nachnamen haben wie man selbst. Denn da werden Missbildungen bei Kindern befürchtet. Und wie es bei uns dann heißt: Warum warst du nicht bei der Fruchtwasseruntersuchung?, heißt es dann dort im Ernstfall: Kein Wunder, ihr habt ja den gleichen Namen. Ein bitteres Los also, wenn Mann oder Frau Chen oder Li heißen, auch wenn es nicht so schlimm ist wie Nguyen in Vietnam. Aber vermutlich ist der Grund rein patriarchal: Denn Cousins und Cousinen mit anderem Nachnamen sind zumindest auf einer Seite nur durch mütterliche Linie verbunden und werden als äußere Verwandte bezeichnet. Während die gleichen Namens, also die väterlich verbandelten, die inneren Verwandten sind. Die Kinder der Brüder meines Vaters, also die inneren Vettern und Basen heißen Schneider, wie ich. Die Kinder der Geschwister meiner Mutter heißen anders. Wenn sie nun auch mit Mädchennamen Schneider geheißen hätte, würden auch zumindest die ehelichen Kinder ihres Bruders (nach altem deutschen Familienrecht) Schneider heißen, obwohl es sich doch um äußere Cousins handelt. Und wo kämen wir oder sie denn dann hin, wenn innere und äußere Verwandte trotzdem den gleichen Nachnamen hätten? Wenn all diese feinen Unterscheidungen nicht mehr griffen? Trotzdem lockert sich dieses Tabu langsam.

Anschließend begab ich mich noch in die rein chinesische Uniwelt, ins Huodong Zhongxin, ins universitäre Aktivitätencenter, um einen Taijikurs zu finden. Nach längerem Umherirren stolperte ich in ein Büro. Die Studenten dort versuchten mir zu helfen, erreichten aber zunächst nichts oder niemanden. Und damit begannen die Tücken der Kommunikation. Ich hatte noch kein „Handgerät", konnte also nicht angerufen werden. Daher schrieb ich meine Email-Adresse auf, diese wurde von dem freundlichen Studenten dann noch einmal sorgfältig darunter geschrieben, um zu überprüfen, ob er alles richtig gelesen hatte. Die Eindeutigkeit lateinischer Buchstaben hält sich auch bei Druckschrift für Chinesen ziemlich in Grenzen. Das dürfte ein weiterer Grund dafür sein, warum Ausländer hier chinesische Namen benutzen. Auch Zahlen sind schwierig. Beispielsweise wird die deutsche 1 wegen des Aufstrichs für eine 7 gehalten und die

7 wegen des Durchstrichs schlicht nicht verstanden. Jedenfalls sollte sich die Taijilehrerin bei mir per Email melden. Aber die Lehrerin kann kein Englisch. Und mein Computer kein Chinesisch. Weil der aber viel schneller lernt als ich, war es dann doch das schnellste und naheliegendste diesem die Schriftzeichen beizubringen. Und das dauerte keine halbe Stunde. Beneidenswert!

12. Fragen der Höflichkeit

Das Wetter ist furchtbar anstrengend. Es hat zwar nur ein paar Grad über 30, aber es ist immer extrem schwül und mein Kreislauf reagiert darauf mit kleinen Grätschbewegungen. Wenn es regnet, ergibt sich eine gewohntere Art der Luftfeuchtigkeit, sonst ändert es nichts. Aber es soll im Spätherbst besser werden, meinte Ashley, dem es hier trotz Südafrikagewöhnung und fünf Jahren Taiwan auch zu anstrengend ist. Zum Ausruhen ließ ich mir per Hörbuch von Fritzi Haberlandt Irmgard Keuns „Das kunstseidene Mädchen" vorlesen. Die Hauptfigur Doris möchte so furchtbar gerne ein Glanz werden und arbeitet hart daran. In Taiwan ist das wesentlich einfacher als weiland in Berlin. Fast egal was für ein Geschäft man betritt, man wird mit „huanyin guanglin" begrüßt, was man mit „willkommen ehrenwerter Glanz" übersetzen könnte und mit „xie guanglin", also „danke ehrenwerter Glanz" wieder verabschiedet. Manchmal von einer ganzen Reihe von Angestellten. Das hebt natürlich ungemein. Einmal war ich morgens die erste Kundin in einem Kaufhaus. Alle Angestellten standen extra aufgereiht da und krönten diese Begrüßung mit einer Verbeugung. Ich bemühte mich sehr, nicht peinlich berührt zu sein. In den ubiquitären 24-Stunden-Convenient-Stores leiern die Angestellten den Gruß verständlicherweise ziemlich. Und kurioserweise nicht zum Abschied, wenn beim Empfang des Wechselgeldes der Sermon: „sie haben mir 100 Kuai gegeben, ich gebe 45 zurück" gesprochen wird und man sich zum Gehen wendet, sondern erst wenn sich die Schiebetür öffnet und ein klingelndes Geräusch ertönt. Dadurch fühlt man sich dann doch irgendwie nicht so persönlich gemeint. Mit den Schiebetüren ist es so, dass sie sich erst öffnen, wenn man mit der Nase fast dagegen stößt, was wegen der allgegenwärtigen Air-condition (in Taiwan: „lengqi"= kalte Luft) sicher sinnvoll ist, bei mir am Anfang allerdings den Eindruck erweckte, die Geschäfte hätten gar nicht auf. Im Laufe der Zeit hatte ich mich dann so daran gewöhnt, dass ich manchmal etwas tumb eine Weile vor so einer Glastür stand, bis ich feststelle: oh, sie hat einen Griff zum selber öffnen.

Eine Frage der Höflichkeit oder Akzeptanz berührt auch eine bürgerinitiierte Kampagne zur Veränderung der chinesischen Zeichen für Islam, Moslem und Jude, weil diese diskriminierend seien. Ich habe mal gehört, dass die Zeichen für England (Blumen-, oder Heldenland), Deutschland (Land des allseitigen Wirkprinzips/Moral), Amerika (schönes Land) etc, nur deshalb so positiv seien, weil diese Umbenennung im Zuge der Opiumkriege seitens der Siegermächte verlangt worden war, vorher sollen das wesentlich despektierlichere Bezeichnungen gewesen sein. Dafür spricht, dass Chinesen alle anderen für Barbaren halten. Dagegen spricht, dass die fernen Länder auch gerne als Paradiesprojektionen herhalten mussten. So habe ich auch keine möglichen früheren Namen herausfinden können. Die Zeichen für Mongolen sind jedenfalls nach wie vor dumm und alt. Islam heißt derzeit noch Hui-Religion und das habe einen heidnischen Anklang. Das verstehe ich nicht, denn Hui ist einfach der Name einer in der VR China lebenden Minderheit moslemischen Glaubens. Aber vielleicht glauben sie nicht orthodox genug. Zumindest ist die Bezeichnung des Islams als Huireligion insofern zu kurz gegriffen. Gewünscht wird eine phonetische Umschreibung ohne eigenen Inhalt von Islam wie Yisilan (er/sie, vornehm, Orchidee), wie es in der VR China bereits üblich ist. Das bisher gebräuchliche Wort für Juden ist schon eine phonetische Umsetzung und wird youtai gesprochen. Das Problem ist jedoch, dass das Zeichen für you als definierenden Teil das Zeichen Hund enthält, womit eigentlich eine bestimmte Affenart bezeichnet wird. Das soll nun durch gleichlautend you (besonders), ersetzt werden.

Es ist typischer Ausfluss chinesischen Selbstverständnisses angrenzenden Völkern irgendwelche Tiere wie Hunde oder Schweine in die Namen zu schreiben und so die Barbarenstellung zu verdeutlichen. Und daran sieht man schon: Höflichkeit ist vor allem etwas für den inneren Kreis. Nur wenn man in irgendeiner Art Beziehung untereinander steht, und sei es der Besuch der gleichen Schule vor 30 Jahren, gelten alle die Regeln der Etikette, wonach man den anderen über den grünen Klee lobt und sich selbst als nichtswürdigen Kretin hinstellt. Was es so oder so aber nicht gibt, sind all die Formen von Ritterlichkeit und Galanterie gegenüber Frauen wie Türaufhalten, Sitzplatz anbieten, Frauen zuerst bedienen etc. Schließlich kommt der Wichtigste zuerst, und seit wann ist das eine Frau? Die Hierarchie ist insofern ungebrochener. Und natürlich sind Höflichkeiten auch hier dem Zeitgeschmack unterworfen. Ein anerkennendes „Du bist schön rund geworden", erfreut heutzutage kaum mehr jemanden. Als Ausländer ist man Gast und fällt damit meist unter eine Sonderregelung. In Taiwan insbesondere, weil der Umstand, dass man tatsächlich da ist, die fehlende Anerkennung als Staat ein kleines bisschen kompensiert. So kam es mir zumindest vor.

Während bei uns Politik für ein gutes Einstiegsthema in ein Gespräch gehalten wird, scheint dies in der chinesischen Welt weniger der Fall zu sein. In der VR China erklärt sich das leicht von selbst, aber auch in Taiwan hatte ich häufig das Gefühl, mit meinen schlichten politischen Fragen die Grenzen des Anstandes überschritten zu haben. Und bekam auch nur selten brauchbare Antwort. Eher kann man da über Verdauungsvorgänge reden, insbesondere im Zusammenhang mit der Auswirkung von Nahrungsmitteln und ihrer Zubereitungsart auf den Organismus. Es ist aber nicht so, dass formelle Höflichkeit den Alltag bestimmt, denn zum Beispiel meinte Shuzhen letztens, ich sähe wegen meiner Augenringe aus wie ein Panda. Wie immer beeinflusst auch hier der Beobachter die Beobachtung und nun weiß ich nicht, ob sie sich einer Taiwanerin gegenüber auch so ausgedrückt hätte. Insgesamt ist aber ziemlich direkter Humor durchaus möglich und beliebt.

Ländernamen neutraler Art gibt es natürlich auch. Und so ging ich mit Matt aus „Buchtkontinent" (Australien) und den Frauen aus „Wellenorchidee" (Polen) zusammen chinesisch essen. Da war es mir nun leicht unangenehm, dass die anderen auf geteiltes Bezahlen bestanden, denn das ist extrem unüblich, zumal wir alles zusammen gegessen hatten. Um nicht so sehr kleinkariert rüber zu kommen, hätte ich lieber hinterher einfach etwas zusammengeworfen. Aber nein: es sollte „holländisch" bezahlt werden. Mit Chinesen kann man so höchstens im studentischen Umfeld essen gehen und dann isst auch wirklich jeder nur sein Gericht. Denn eigentlich gehört der Kampf um die Rechnung zum guten Ton. Man muss erkennen, wann ein Essensgenosse nur pro forma behauptet an einen stilleren Ort zu gehen, aber eigentlich die Kasse ansteuert. Dann heißt es lossprinten und mit Geldscheinen wedeln. Mit lauten Rufen, dass man die Rechnung übernehmen wolle. Dass dies jenseits aller Diskussion liege. Es wird natürlich trotzdem die ganze Zeit diskutiert und an die Kasse gedrängelt, denn auch der andere will sich die Rechnung nicht nehmen lassen. Die Hartnäckigkeit der jeweiligen Kontrahenten hängt im Optimalfall davon ab, wer eigentlich tatsächlich dran ist. Und das bestimmt sich aus Hierarchie und Guanxi, dem Beziehungskonto.

Im Anschluss an das getrennt bezahlte Essen gingen wir noch zu Matt, der kurioserweise als Abendgestaltung seinen Fernseher einschaltete, obwohl er zum Beispiel auch Musik auf seinem Laptop hätte abspielen können. Gut, so kommen keine peinlichen Gesprächspausen auf und wir schauten etwas sinnentleert auf Chinesisch synchronisierte Amis in einem Camp unklarer Art. Es dauerte nicht lange und Mama Zheng klopfte, zwei Gläser mit Malventee in der Hand. Sehr freundlich und sehr fadenscheinig. So hatte sie auch noch die Gelegenheit ein zweites Mal zu kommen, nun mit Getränken für die Polinnen. Zum Abschied wurde ich dann noch unfreiwillig komisch, als ich zu Matt sagte: thank you for your hostility![12] Na, hat mit der Höflichkeit dann irgendwie nicht so geklappt.

---

12 engl.: Danke für Deine Feindschaft! Ich meinte eigentlich hospitality: Gastfreundschaft.

13. Torture-Cindy´s Taiji

Ich begab mich auf die Suche nach meiner universitären Taijigruppe. Als Ausländerin ist das relativ einfach. Ich stellte mich einfach etwas verloren wirkend am angegebenen Treffpunkt, nämlich auf dem großen Vorplatz der Universität hin und wartete darauf, gefunden zu werden. Und tatsächlich kam ziemlich bald Cindy oder chinesisch Xinniu, eine taiwanische Aboriginee und fragte ob ich ich sei. Und dann ging es auch gleich los. Ich war nun auf etwas eher ruhiges, wenn auch nicht unanstrengendes eingestellt. Aber damit lag ich völlig falsch und lief am Tag danach wie eine Neunzigjährige rum, die noch nie in ihrem Leben so etwas gesundheitsförderndes wie Taiji gemacht hat. War das eine Quälerei, Himmelarschundzwirn. Das Verb für Taiji ist im Chinesischen „schlagen", aber da man auch Telefone schlägt, wenn man telefoniert, hat das nicht allzu viel zu besagen.

Meine Erfahrungen mit Yoga beliefen sich damals auf ganze drei Stunden und in denen kam es immer mal zu so Momenten in denen ich dachte: Hoffentlich ist bald Seitenwechsel, und dann ergab ich mich wieder der Dehnung und dem damit einhergehenden Schmerz und spätestens beim dritten Durchlauf dieser Gedankenschleife war dann auch Schluss. Nicht so bei Cindys Taiji-Aufwärmen. Die nahm auf Dauer und Anzahl von Gedankenschleifen überhaupt gar keine Rücksicht. Länger als eine Stunde drehte sie uns mit einem Minimum an Stellungen durch die Mangel. Uns, das waren außer mir noch 15-18 taiwanische Studenten, hauptsächlich Jungs und 80% offene Brillenträger, während ich ja nur verdeckt kurzsichtig, aber dafür offen ausländisch bin. Die Muskeln zitterten, die Bänder quietschten. Ich bin überzeugt, dass ich nicht die einzige war, die heimlich darüber nachdachte, gleich jetzt auf dem Univorplatz zu sterben, um diesen Qualen zu entgehen. Und dann hatte der Himmel ein Einsehen und es fing an zu regnen. Aber wir hatten die Rechnung ohne Cindy gemacht. Es fand sich ein überdachter Durchgang und wir konnten fortfahren mit dem Aufwärmen. Und warm war mir in der Tat, der Schweiß floss in Strömen. Zu allem Überfluss quasselte und witzelte Torture-Cindy während dieser Zeit fast ununterbrochen. Vermutlich lenkte dies die anderen beim endlosen Stehen in schmerzhaften Körperhaltungen ab. Ich verstand dazu leider zu wenig, weil ich wenigstens meinen Sprachverarbeitungsteil im Gehirn ein wenig entspannen wollte. Immerhin sickerten die entscheidenden Botschaften dennoch durch: andersrum, rechtsrum, linksrum, nach vorne beugen, nach hinten legen, von außen nach innen etc. Und am Schönsten: aufstehen. Das hieß eine kurze Entspannung, auch wenn die verkrampften Muskeln nicht recht wussten, wie sie das mit dem Aufstehen oder besser: stöhnenden Aufrappeln hinkriegen sollten. In der nächsten, sich nahtlos anschließenden Stunde kam ein anderer Trainer und beschäftigte uns mit unterschiedlichen Ständen und zwischendurch ein paar erholsam flotten Tritten. Nach diesen zwei Stunden wurden wir wohl als endlich reif für Taiji angesehen und wir lernten die ersten Bewegungen einer Form. Zu guter Letzt kam noch ein weiterer Trainer und atmete bewegt mit uns, sprich machte Qigong. Nach dem Unterricht zählte Cindy: „drei zwei eins" und dann hieß es im Chor von allen: „Danke Meister!" Das ist auch sehr schön. Nur wer von den beiden der eigentliche Meister war, das blieb mir verborgen.

Auf dem Rückweg kaufte ich zunächst mit zitternden Händen eine Tüte Chips, da ich das dringende Gefühl hatte, meinen Salzhaushalt mit Schocktherapie in Ordnung bringen zu müssen.

Und dachte voller plötzlichem und unerwartetem Verständnis über eine Studie nach, die ich in der Zeitung gelesen hatte: 75% aller taiwanischen Karrierefrauen sind unzufrieden mit ihrer Figur, insbesondere mit den Oberschenkeln, aber nur 12% treiben regelmäßig Sport zur Verbesserung von Figur und Gesundheit. Die anderen sagten, sie seien zu faul, hätten keine Zeit oder niemanden mit dem sie trainieren könnten. So weit so gut. Aber von den 12% regelmäßig Trainierenden gaben zwar 21% immerhin Hulahoop-Reifen als Trainingsgeräte an, jedoch erklärten überwältigende 42% „Window Shopping" zu ihrer Trainingsmethode.

Trotz dieser Unzufriedenheit, die ja rein subjektiv ist, ist der Großteil der Taiwaner eher schlank, bis hin zu erschreckend zartgliedrig. Wohlstandsbäuche und Selbstzufriedenheitsfette breiten sich gleichwohl aus und natürlich sind auch die dicken Kinder im Kommen. Da insbesondere Südasiaten so schmal sind, hat das Schönheitsideal andererseits noch mal ganz andere grausame Maßstäbe. Eine erzählte mir, sie sei ja leider zu dick und ich dachte nur: Wo? Und ihre völlig fleischlose Freundin meinte: Darauf käme es doch gar nicht an, sie wäre doch ein ganz wunderbarer Mensch, was in diesem Zusammenhang doch eher ein zweischneidiges Kompliment war. Und so versicherte ich ihr, sie sähe ganz wunderbar aus. So Komplimente von stinkenden ausländischen Teufeln sind natürlich nicht so immens wertvoll, aber sie hat sich trotzdem gefreut.

Modisch wird wiederum alles getan, um diese dünnen Figuren zu kaschieren und so bauschen sich um die Mitte irgendwelche formlosen Schnitte. Alltagsnormal ist z.B. ein Rock aus schräg zusammengenähten und daher zipfeligen Stoffbahnen mit lila Karo, oben ein Leopardenlooktop aus Chiffonnichts mit bauschiger Mitte, dazu Pfennigabsatzklapperln, mit denen kaum eine zu laufen versteht. Männer tragen entweder T-Shirt, Hose und Turnschuhe, oder Hemd, Anzughose und Lederschuhe. Tendenziell ungemustert. Ist also nicht schlimm, aber auch nicht interessant. Aber zurück zum Taiji. Mit den Wochen gewöhnte sich der Körper an die Torturen und Cindy ließ auch im Programm etwas nach. Und ich begann mich zu fragen, ob ich vielleicht mit 38 Jahren doch noch Spagat lernen könnte, was mir als Kind nie gelang. Einmal hieß es dann, wir würden anschließend noch zusammen Bing essen gehen. Bing dachte ich, gesprochen im dritten Ton, irgendeine Art von Kuchen, eher gebraten oder frittiert als gebacken, mit Fleischfüllung oder auch Ananas, kann auch eine Art Pfannkuchen sein. Ich war da auf alles gefasst. Aber es war bing, 1.Ton, also Eis. Das macht im Ergebnis keinen erschütternden Unterschied, aber doch im Bezug auf mein Tonhöhengehör. Und beim Eis essen gab es dann wieder Renao. Lautlautlaut und alle mussten aufstehen und sich vorstellen, und bei dem Lärm habe ich echt nichts ver-

standen. Die meisten studieren wohl Maschinenbau oder
Physik. Als ich dann dran war, gaben plötzlich alle Ruhe,
selbst die kreischenden Twens an den Nebentischen, die mit
uns gar nichts zu tun hatten. Und ich durfte mich in die neugierige Stille hinein vorstellen. Sehr freundlich, wäre aber
nicht nötig gewesen.

14. Der Geburtstag des Konfuzius

Um drei Uhr früh klingelt der Wecker, denn es ist: kongzi de
shengri, Konfuzius´ Geburtstag. Und zu diesem Anlass treffen sich mitten in der Nacht in seinem Tempel ein Haufen
Leute, hauptsächlich Studenten. Ab vier sollte es losgehen.
Ich radelte also durch die fast ausgestorbene Stadt, wobei ich
mich davon überzeugen konnte, dass die 24h-Läden tatsächlich auf haben.
Als ich ankomme, wird gerade eine auf ein Holzgestell ge-
bundene Kuh abgeladen, die dann zwischen einem ebenfalls
aufgebockten Schwein und einer Ziege platziert wird. Diese
drei huldigen auch – offensichtlich gezwungenermaßen –
Konfuzius und zwar seit alters her, erzählt mir eine Studentin. Ich erfahre weiter, dass man später der Kuh Kopfhaare
ausreißen könne und das würde einen dann intelligent machen. Ich will schon einwenden, dass allein die Teilnahme
an diesem Brauch dagegen spricht, aber das ist mir dann
doch zu kleinlich. Jedenfalls mache ich mir erhebliche Sorgen, unter welche Art von Drogen diese Kuh wohl gesetzt
wurde und was das für eine Quälerei ist, aber dann stelle
ich erleichtert ihren Tod fest. Ich weiß nicht, warum ich sie
zunächst für lebendig hielt, aber alle drei Tiere waren tatsächlich kurz vorher getötet worden und ein paar Leute sind
damit beschäftigt, das immer wieder herabtropfende Blut
aufzuwischen.
Die Zeremonie zu Ehren des Konfuzius beginnt mit 108
Trommelschlägen auf einer Trommel, die so groß ist, dass
der Trommler um sie schlagen zu können auf ein Podest steigen muss. Anschließend werden im hinteren Tempelgebäu-

de Dozenten verschiedener Universitäten für besondere Verdienste geehrt, dann wird wieder vorne Stellung bezogen. Nach wie vor ist es stockfinstere Nacht. Ein paar Dutzend Honoratioren stellen sich in Carrés auf und bleiben stundenlang so stehen. Männer in langen Seidengewändern gschafteln[13] hin und her, rituelles Händewaschen hier, Schüssel herumtragen dort, sie verbeugen sich immer mal wieder, manchmal dürfen sich auch alle verbeugen und das ist eine wirklich willkommene Abwechslung bei dieser Beineindenbauchsteherei. Es kommen in lange Gewänder gehüllte und bekappte Knaben auf den Platz und stecken sich meterlange Fasanenfedern an die Brust. Stehen rum, gehen ein paar Schritte, verbeugen sich, stehen wieder. Alles in Reih und Glied. Das wird Tanz genannt. Pfadfinderartig gekleidete Teenager fungieren mit Stangen als lebendige Absperrgitter und es wird zeremoniert und zeremoniert und mit wichtigem Gesichtsausdruck herumgelaufen. Vielleicht liegt es ja an der Uhrzeit, dass es in mir wenig andere Atmosphäre erzeugt, als: habt euch doch nicht so wichtig, bloß weil ihr alle wisst, wo nach dem Hierarchiefreak Konfuzius euer Platz ist. Im konfuzianischen Gefüge habe ich als unverheiratete, kinderlose Frau ungefähr einen Stellenwert wie das letzte Haar am Schwanz der räudigen Hyäne, so dass ich mir mit dem Wohlwollen etwas schwer tue. Aber eigentlich herrscht doch eine schön feierliche Stimmung und wir werden von Glück verheißenden Fledermäusen umsaust.

Es ist eine eigenartige Sache mit dem Konfuzianismus. So stark einengend und hierarchisch er auch ist, ist er doch eine sehr zivile, ja nahezu pazifistische Angelegenheit. Konfuzius selbst lebte von 551-479 vor Chr. in einer Zeit der Wirren und Kriege. Die Zhou-Dynastie war nur noch eine fragile Hülle unter der das Reich durch die um Vorherrschaft kämpfenden Fürstentümer zerbrach. Konfuzius wollte eine Ordnung, die friedliches Zusammenleben auf Dauer sicherte, und Selbstkultivierung, Gelehrsamkeit und Angemessenheit waren seine Bausteine dafür. Ein Edler soll man sein, kein Krieger.

---

13 Bair.: demonstratives, wichtigtuerisches Tätigsein

Im Lunyu, dem fundamentalen konfuzianischen Klassiker, heisst es zum Beispiel: Zigong fragte nach der Politik. Der Meister (Konfuzius) sagte: „Für genügend Nahrung sorgen, für genügend Wehrkraft sorgen. Was nun das Volk betrifft, so bringe es dazu, Vertrauen zu haben." Zigong sagte: „Wenn man nun keine Wahl hätte und auf eines verzichten müsste. Welches von diesen dreien wäre das erste?" Der Meister antwortete: „Dann lässt man die Soldaten weg." Zigong fragte: „Wenn man nun keine Wahl hätte und auf noch etwas verzichten müsste, welches von den beiden wäre das nächste?" Der Meister sagte: „Dann verzichtet man auf die Nahrung. Von alters her müssen alle sterben. Aber wenn das Volk kein Vertrauen mehr hat, hat der Staat keinen Bestand." Das Lunyu ist die Bibel des Konfuzianismus auch insofern, als Dialoge mit dem Meister wiedergegeben sind, die aber erst von den Schülern in der zweiten Generation aufgeschrieben und zusammengestellt worden sind. Authentizität ist somit eine Glaubensfrage. Aber inhaltlich ist diese Stelle soweit eindeutig und passt gut zu dem chinesischen Sprichwort: „Aus gutem Eisen schmiedet man keine Nägel, aus guten Männern werden keine Soldaten".

Demgegenüber hat der Daoismus, der im Westen ja vor allem mit dem Individuum im Einklang mit allem, mit dem ungehinderten Fluss und Nachgiebigkeit und also auch mit Frieden assoziiert wird, in China durchaus Beziehungen zur Kriegskunst. Zumindest wird dem bekannten Buch Sunzi über die Kunst des Krieges mit all seinen Listen und Finten, eine vielfach daoistische Weltsicht unterstellt. Außerdem soll die Grundlage chinesischer Kampfkunst in der Qindynastie (221-207 v.u.Z.) von daoistischen Priestern geschaffen worden sein.

Und auch der friedfertige Buddhismus hat mit seinen Shaolinmönchen da doch eine recht weite Auslegung des Tötungsverbotes gefunden.

Aber schließlich haben die friedlichen Mannen des Konfuzius auszeremoniert und hell ist es auch geworden und nun stürmt alles zum Kuhhaar. Die Pfadfinder müssen ganze Arbeit leisten und lassen immer nur kleine Gruppen zur Kuh. Ich will natürlich auch. Denke ganz chinesisch: dümmer wird's schon nicht machen. Als ich endlich dran bin, kann sich eine ganze Gruppe Matronen im wahrsten Sinne des Wortes von der Kuh gar nicht losreißen, sie reißen an der Kuh und behaupten sich ganz unzivil gegen ihre Konkurrentinnen. Aber nun heiligt wohl doch der Zweck die Mittel, denn sicher soll dies der Karriere ihrer Schulbank drückenden Enkel dienen. Und ich möchte wirklich nicht wissen, wie die friedliche Kuh heute Abend aussieht.

15. Sonderbar sind immer die anderen

Ein immer wieder beliebtes Thema ist ja: Hunde und Chinesen.

Hundehaltung sieht hier so aus: Man hat einen und der wohnt dann vor der Tür. Bellen tun sie nie, außer nachts die von der Autowerkstatt bei mir nebenan. Die meisten Hunde befinden sich in irgendeinem Räudigkeitszustand, sind aber gut gefüttert. Auch das Sprachzentrum hat einen, in einem allerdings fortgeschritteneren Räudigkeitsstadium und auch sonst sehr phlegmatisch. Manchmal werden Hunde auch auf dem Roller mitgenommen, kleine im Korb vorne und größere auf der Plattform zwischen den Füßen. Diese taugt ja auch für beachtliche Großeinkäufe oder Kinder im stehfähigen Alter. Für die Kinder, die noch nicht stehen können werden dort kleine Klappstühle aufgestellt. Sitzt dort aber ein Hund, kann es sein, dass er bei einer roten Ampel absteigt, das Bein an der nächsten Wand hebt und für die Grünphase wieder an Bord schleicht. Das ist wohl das Gassi gehen.

„Aber" höre ich die Frage lauter werden, „werden die Hunde denn auch gegessen?" Dazu hatten wir im Unterricht eine sehr hübsche Diskussion, wobei die Mongolen das größte Unverständnis zum Genuss von Hundefleisch zeigten, weil der Hund nicht nur ein Freund des Menschen sei, sondern insbesondere des Mongolen. Und so beharrte Yongxin darauf, dass es ihr gleich komisch war, als sie mal bei Koreanern zum Essen war und Tatsache: es gab Hund. Hund soll nicht besonders eigen schmecken, sagte dagegen die Koreanerin, aber das Fleisch wärme sehr gut und sei ein gängiges Essen im Winter. In Taiwan ist Hunde essen wegen des Freundschaftsaspektes jedoch verboten. Wenn man aber unbedingt will, kann man in so kleinen Klitschen, die Ziegenfleisch anbieten, nach Hund fragen, die hätten gegen entsprechenden Aufpreis manchmal welchen. Sonstige Absonderlichkeiten würden hauptsächlich von Männern gegessen, meinte Shuzhen, zwecks der Potenz. Tigerhoden sei aber wegen des Artenschutzes auch verboten. Eigentlich sind Südchinesen dafür berühmt alles zu essen was Beine hat, von Tischen einmal abgesehen, aber offensichtlich sind sehr viele Nordchinesen nach Taiwan geflohen und so wird spätestens seit 1949 darüber gespottet, dass man auf dem Festland sich ja vor gar nichts grause, was das Essen anbelangt. Klar ist jedenfalls: Sonderbar sind immer die anderen. In der Taibei Times las ich nicht nur, dass der Taifun Longwang (Drachenkönig) auf uns zurollte, sondern auch, dass sich am nächsten Samstag die klassischen sonderbaren Anderen in Taibei zum Gaypride versammeln würden. Und so beschloss ich einen Kurzausflug zu unternehmen. Homosexuelle heißen hier tongzhi, also Genosse, und so fragte ich mich, ob es Zufall war, dass der Nationalfeiertag der VR China und der Gaypride in Taibei am gleichen Tag stattfanden. Es war dann alles sehr bewegend. Tausende Leute nahmen teil. Die ganze Zeit über wurde Mineralwasser in Plastikflaschen verschenkt und das war gleichermaßen fürsorglich wie wichtig, denn es war wie immer brüllend heiß. Sehr viele trugen Masken, nicht so sehr wegen des Kostüms, sondern um nicht erkannt zu werden. Und die ohne Masken gerieten in Hektik, sobald die Fernsehkameras in Sicht kamen. Es gab keine Musik und keinen Tanz, sondern immer wieder Reden und Parolen, auch Sun Yatsen musste als Republikvater herhalten, denn noch sei die Revolution nicht zu Ende. Es wirkte fast wie eine Mutprobe auch mal auf den Lautsprecherwagen zu gehen und etwas ins Mikrophon zu sagen und so tat es auch eine Studentin, mit der ich mich kurz unterhalten hatte. Aber sie wagte es erst, als keine Kameras mehr zu sehen waren. Und fiel anschließend vor Schreck über sich selbst gleich vom Wagen. Sehr mutig und offen liefen die schwulen Lehrer rum und hielten sich an ihrem Transparent fest. Eine Gruppe aus Hongkong war da und auch ein Goldschmied aus Tainan, den ich aber wieder aus den Augen veror. Ein Trüppchen Transsexueller mit ganz vielen kleinen Plakaten und schmetterlingsgeschmückt blieb immer eng zusammen. Es herrschte eine Stimmung aus Euphorie und Angst, denn die wenigsten sind offen am Arbeitsplatz oder gegenüber der Familie. Eine erzählte mir, sie hätte zu Hause kein Problem, denn sie seien ja katholisch. Darüber musste ich etwas länger nachdenken und vermute, dass bei gläubigen Katholiken der Ahnenkult weniger stark ausgeprägt ist und so der Fortpflanzungsdruck auf die Kinder ebenfalls geringer ausfällt. Aber bei der Arbeit im Krankenhaus, dürfe ihre sexuelle Orientierung natürlich nicht bekannt werden. Auch die, die sich in Szene setzten, waren häufig maskiert und irgendwie schüchtern. Ich traf ein hier absurd großes, dünnes, blondes Paar aus Holland, die auch ein paar Interviews geben mussten und den anderen viel Gelegenheit boten, ungesehen und ungefilmt an den Kameras vorbei zu kommen. Die Straße war nur auf einer Spur gesperrt und so mussten alle aufpassen, nicht vor ein Auto zu laufen. Bei der Abschlusskundgebung spielte noch eine Frauenband. Karaokegestählt machte es der Sängerin sichtlich nichts aus, dort zu stehen und zu singen, aber schon, ihr Gesicht zu zeigen. Und so trug auch sie eine Maske.

Später lernte ich in Tainan eine kennen, die sich ausgerechnet Erica als englischen Namen ausgesucht hatte. Da hatten die Eltern weiter nichts dagegen, aber als sie ihnen erzählte, dass sie lesbisch sei, schleppten sie sie erst zum Arzt, dann zum Psychiater, dann zum Sozialarbeiter. Die sich alle außerstande erklärten, daran etwas ändern zu können. Also schleppten sie sie noch zum Danggi, zu einem daoistischen Heiler und Exorzisten, obwohl ihrer eigenen früheren Meinung nach nur der ungebildete Pöbel diese konsultiert. All das Umblasen und Beräuchern änderte nichts. Das stimmt nicht ganz: Erica erlitt einen Hirnschlag und konnte einige Monate eines ihrer Augen nicht mehr kontrollieren. Danach gaben sie schließlich auf. Erica meinte, sie hätte noch Glück gehabt, weil manche Eltern sich nach dem Outing ihrer

Kinder umbringen. Lieber nicht leben, als ohne Gesicht. Ein Ehrenselbstmord statt des anderswo üblichen Ehrenmordes, aber auch von ausgesuchter Grausamkeit. Apropos Selbstmord. Als wir im Unterricht über steigende Selbstmordraten in Taiwan sprachen, die angeblich hauptsächlich wirtschaftliche Ursachen hätten, erkundigte ich mich auch nach der üblichsten Methode. Wohnung abdichten und Holzkohle in Einweggrills anzünden sei gerade en vogue, erfuhr ich. Gas käme wegen der Explosionsgefahr weniger in Frage. Aber nicht unbedingt wegen der Nachbarn, sondern weil der Körper auch im Tod vollständig sein muss, denn sonst gibt es irgendwelche unerfreulichen Entwicklungen mit der Körperseele. Auch Eunuchen hoben ja zur Kaiserzeit ihre abgeschnittenen Teile auf, um zumindest komplett bestattet werden zu können. Andererseits habe ich auch gelesen, dass die Aufbewahrung der jährlichen palastinternen Kontrolle diente, ob jemand auch wirklich ein Eunuch ist. Wenn man die Schachtel dann nicht vorweisen konnte, verlor man zusätzlich den Kopf.
Nach dem Umzug brach ich gleich wieder auf, denn ich befand mich im Wettlauf mit dem Drachenkönig und bekam glücklicherweise einen Sitzplatz im Zug zurück. Nur dass die Frau neben mir alle paar Minuten behaglich rülpste störte ein bisschen.Und am nächsten Morgen war er da, der Drachenkönig und raste kreiselnd über Taiwan und kein Bus und kein Zug ging und ich ernährte mich von Instantnudelsuppe, da nichts außer natürlich den 24h-Läden auf und ich außer einem Heißwasserbereiter auf dem Flur keine Kochgelegenheit hatte. Und schlief viel, putzte, hörte den Computerspielen meiner Nachbarn zu und las in der Zeitung, dass man in Frankreich seit Neuestem für die Entsorgung von Haustierkadavern selber bezahlen muss, was vorher interessanterweise staatlich finanziert war. Und so kam es dann womöglich unerwartet und vermehrt zu einem ragout du chien, bzw chien de chine[14] im Westen?

---

14 frz.: Hunderagout bzw chinesischer Hund

16. Taibei

Ich schwänzte einen Freitag, damit sich der Ausflug nach Taibei auch lohne. Zunächst fuhr ich zum Jiang Kaishek (auf Hochchinesisch eigentlich Jiang Jieshi) Erinnerungsmonument und da sitzt er dann drin, der olle Reaktionär und lächelt in Übergröße als eine Art Übervater im chinesischen Gewand milde und liebevoll auf einen herab. Und dieses milde Lächeln regte mich an, mir über die taiwanische Geschichte Gedanken zu machen. Tausende von Jahren lebten auf Taiwan austronesische Volksgruppen, die bis ins 14.Jahrhundert mehr oder weniger unbehelligt blieben. Ab dann kam es immer wieder zu chinesischen Auswanderungswellen, die nach Taiwan schwappten und die Urbevölkerung wurde in die Berge abgedrängt. Heute sind vielleicht 2% der Bevölkerung ursprünglich einheimisch und leben vor allem auf der unzugänglicheren Ostseite. 1544 kamen die Portugiesen und 1603 die Holländer und benutzten Taiwan als Stützpunkt für den Handel mit China. Im Zuge des Untergangs der Mingdynastie (1644) kamen wieder Tausende von Chinesen und Coxinga besiegte, wie bereits berichtet, die Holländer. Erst 1681 gelang es der neuen Qingdynastie Taiwan zu erobern. Ab dann gehörte die Insel nicht nur ethnisch und kulturell, sondern auch politisch zu China. Im Zuge der Opiumkriege (1839-1860) wurden die Häfen Taiwans zwangsweise für den Handel mit dem Westen geöffnet. 1894 kam es zum chinesisch-japanischen Krieg, der sich ursprünglich um die Frage drehte, wer denn in Korea das Sagen habe. Vielleicht suchten die Japaner aber auch nur einen Grund für den Krieg, weil sie militärisch weit überlegen waren und auch ein bisschen kolonialisieren wollten. China verlor auf ganzer Linie und musste unter anderem Okinawa und Taiwan an Japan abgeben. Auf Taiwan wurde dann schnell der Versuch gemacht, einen eigenen Staat zu gründen und es erklärte sich zur ersten Republik in Asien überhaupt, was sich Japan natürlich nicht gefallen ließ. Nach erheblichem Widerstand gewann Japan die Kontrolle und fing an, die Infrastruktur zu modernisieren und die Bevölkerung unter der Knute zu halten. Alle wurden gezwungen, Japanisch zu lernen und ich

74

traf einige, die zwar Taiwanisch und Japanisch, nicht aber Chinesisch sprachen. Taiwanisch ist eine Ausformung des südchinesischen Fujiandialektes und hat mit Mandarin, wie die meisten chinesischen Dialekte, nur die Schrift und grammatikalische Struktur gemein. Das bedeutet, man kann sich zwar Briefe schreiben, unterhalten kann man sich jedoch nicht.
1911 wurde auf dem Festland China Republik und Sun Yatsen Präsident und dieser Revolution wird am Doppelzehnten gedacht, dem hiesigen Nationalfeiertag. 1945 bekam China Taiwan zurück, aber in China herrschte Bürgerkrieg zwischen der Guomindang und den Kommunisten. Die Guomindang erwies sich als korrupt und brutal und verlor dadurch viel an Rückhalt und das, obwohl sie zeitweilig sowohl von den USA als auch von der Sowjetunion unterstützt wurde. Jiang Kaishek, der Generalissimus der Guomindang, ernannte Chen Yi zum Gouverneur auf Taiwan und dieser plünderte die Insel restlos aus, um Geld für den Bürgerkrieg zu beschaffen. Es kam zu Aufständen, bei denen Zehntausende starben. Letztlich gewannen 1949 die Kommunisten und verkündeten die VR China. Und Jiang Kaishek floh mit seiner Regierung und 1,2 Mio. Chinesen nach Taiwan. Dies sollte nur vorübergehend sein, bis das Festland zurückerobert worden wäre. Eigentlich sah es andersrum aus, aber da den USA im Koreakrieg auffiel, dass Taiwan als unversenkbarer Flugzeugträger von großer Bedeutung sein könnte, wurde es ihrem Schutz unterstellt. Theoretisch galt die demokratische Verfassung von 1947 der mittlerweile nur noch auf Taiwan existenten Republik China, diese wurde aber durch ein Notverordnungsrecht des Präsidenten schon 1948 praktisch außer Kraft gesetzt. Und diese Notverordnung galt bis 1991!
1971 beschloss die UNO die VR China und nicht die Republik China in die Vollversammlung aufzunehmen und Taiwan ersetzte daraufhin die Außenpolitik durch Außenwirtschaftspolitik. 1975 starb Jiang Kaishek, dessen Sohn seit 1972 Ministerpräsident war. Erst 1986 konnte sich eine andere Partei, die demokratische Fortschrittspartei, gründen, 1987 wurde der Ausnahmezustand und 1991 das Ermächtigungsgesetz aufgehoben. 1996 gab es die ersten vollwertigen Wahlen und der damalige Präsident Li Denghui im Amt bestätigt.

Im Jahr 2000 und 2004 wurde Chen Shuibian von der demokratischen Fortschrittspartei gewählt. Dauerstreit ist natürlich: Ist/Wird Taiwan unabhängig, bzw. erklärt es sich als solches, oder nicht? Und was sagt die VR China dazu und wird sie schießen? Es gibt immer wieder Demonstrationen für die Unabhängigkeitserklärung, aber die VR China hat ein Gesetz erlassen, das vorsieht, in diesem Fall Taiwan angreifen zu müssen. Und so bleibt offiziell dieser sonderbare Schwebezustand bestehen, dass sich beide Seiten zwar nicht darüber einig sind, ob China nun Volksrepublik mit Hauptstadt Beijing oder aber Republik mit Hauptstadt Nanjing und Exilregierung in Taibei ist, aber schon darüber, dass Taiwan eine Provinz Chinas ist, über dessen Umfang insoweit Einigkeit besteht. Genau diese Einigkeit wird von der VR China als entscheidend angesehen, obwohl diese ganze Konstruktion gerade für jüngere Taiwaner keinen Sinn ergibt. Landespapa Jiang thront also in aller demonstrativen Milde und Güte in seiner Erinnerungshalle und unten findet eine Wachablösung statt. Ich kann mir nicht helfen, aber Wachablösungen sind so ziemlich das Lächerlichste was mir einfällt. Da zeigen ein paar Soldaten, dass sie, ohne sich anzusehen, gleichzeitig ein Gewehr umdrehen und mit dem Fuß aufstampfen können. Sehr schön. Die Choreographie erweiterte sich auch noch auf äußerst manierierte Handbewegungen und gleichzeitiges kreiselndes Gewehrwerfen. Mit einem kleinen Lächeln und Musik könnte das vielleicht als nette Jongliernummer durchgehen, aber mit diesem Bierernst und Ehre und Vonwichtigkeitdurchdrungensein sieht es einfach nur absurd aus. Nun gut. Da es diese Wachablösungen fast überall auf der Welt gibt, habe ich wohl nur etwas Wesentliches nicht verstanden. Immerhin war draußen stimmungsvolle Abendsonne. Anschließend fuhr ich zum Longshan-Tempel, der Guanyin, der chinesischen buddhistischen Göttin der Barmherzigkeit gewidmet ist und den es seit 1738 gibt. Dort fand zufällig ein Tempelfest statt und nicht endende Reihen von prozessierenden Darstellern traten in den Tempel, erwiesen Referenz und gingen wieder raus. Gestalten, etwa drei Meter hoch mit schlenkernden Armen, Trommler, Drachentänzer, Löwentänzer und wieder von vorn. Chinakracher, schwingende offene Sänften mit Gottheiten darauf, Wesen mit langen Eckzähnen, ein knallbuntes und dank der Feuerwerkskörper knalllautes Treiben. Im Tempel selbst biegen sich die Tische unter den Opfergaben, überall Blumen über Blumen und es wird ganz still gebetet. Dabei werden die Hände über der Stirn zusammengelegt und leicht bewegt. Insofern jemand darin keine Räucherstäbchen hält, sieht es ein bisschen so aus, als würde er jemandem in Stirnhöhe die Hand schütteln. Und dazu glühte ein dramatisches Abendrot.

Nach Einbruch der Dunkelheit ging ich dann noch in eine Bar, in der außer mir und der Tresenfrau niemand war. Wir radebrachen und zeichneten uns kommunikativ durch den Abend. Sie ist 20, Babybutch[15], und stammt von Ureinwohnern ab. Wie alle Ureinwohnerinnen fügte sie den Zusatz an, dass sie deswegen so dunkle und daher – wie sie findet – hässliche Haut habe. Später kam noch jemand, nämlich die Polizei zur Razzia. Sie suchten Prostituierte, weil Prostitution in Taiwan vor ein paar Jahren verboten wurde, was zu einer prekären sozialen Situation der Prostituierten geführt hat. Aber bei uns Fehlanzeige und so blieb es lustig und mir machte nur Sorgen, dass die Tresenfrau um mich zu beeindrucken die Bierflaschen mit den Zähnen öffnete. Kurz bevor ich gehen wollte, kamen noch zwei Frauen und mir wurde immer wieder eingebläut, dass man nachts nicht alleine Taxi fahren solle, weil sich unter den Taxifahrern ein gewisser Bodensatz der Gesellschaft ansammle, wie z.B. Exhäftlinge. Der Gefahr sei nur dadurch zu begegnen, dass jemand außerhalb für den Fahrgast die Zulassungsnummer aufschreibe. Dies müsse so geschehen, dass der Taxifahrer nicht umhin komme, dies auch zu bemerken. Unverständlich fanden meine Gesprächspartnerinnen daher, dass in Deutschland eher die Taxifahrer Angst haben, von ihren Fahrgästen erstochen zu werden. Aber ich war in Laufnähe zu meinem Hostel und konnte mir das Austesten der Problematik für dieses Mal sparen. Tatsächlich hatte ich in Taiwan mit keinem einzigen Taxifahrer irgendein Problem, aber

---

15 engl.: junge Lesbe mit vorwiegend männlich interpretiertem Rollenverhalten

das mag mit meinem Ausländerstatus zusammenhängen. Und dann fing es an zu regnen und hörte nicht mehr auf. Es waren vielleicht 25°C, also beinahe kalt. Dabei hatte ich das langärmelige Hemd doch nur wegen den Klimaanlagen mitgenommen. Ich kaufte also einen Schirm und ließ mir nicht so einen wahnsinnig praktischen Schirm mit festem Stock und teleskopartiger Hartplastikummantelung, die man bei Gebrauch des Schirms bis zur Spitze hinaufschieben kann, andrehen. Praktisch kann ja sein, aber für was um alles in der Welt? Wo liegt der Vorteil der Umhüllung, die ja auch dem Regen preisgegeben ist und also auch nass wird? Ich kaufte stattdessen die Taiwanvariante eines Knirps und nahm – wie von mir erwartet wird – in Kaufhäusern eine Plastikhülle aus bereitgestellten Spendern und zog diese kondomartig über den Schirm, um keine Pfützen zu hinterlassen oder Waren zu befeuchten.

Es war also das richtige Wetter für das Palastmuseum, das unzählige Schätze zu bieten hat: von Jadekämmen von 4000 vor Chr. zu Kuriositätenschachteln von 1900 nach. Sehr viel, sehr voll, sehr beeindruckend. Es handelt sich um den Palastschatz, den die Guomindang bei ihrer Flucht nach Taiwan mitgenommen hat. Dass sich auch so viele Altertumsschätze im Kaiserpalast befanden, hängt damit zusammen, dass schon die Kaiser der Hanzeit (206 vor bis 220 nach) Trupps losschickten, um Kunstgegenstände zu beschlagnahmen. Einfach weil sie des Kaisers sind.

Ein eher modernes Exponat (19.Jahrhundert) ist nahezu grotesk chinesisch: ein kunstvoll in Form und Farbe geschnitzter Stein, der ein in Sojasauce mariniertes Stück Schweinefleisch inklusive Schwarte darstellt. Ich aß dann doch lieber einen aufgewickelten Frühlingszwiebel-Süßkartoffelmehlpfannkuchen mit grünen Kräutern, Omelette und Chilisauce. Und gebratene Shrimpsbällchen. Und schlurfte nach ausgiebigem Teetrinken in einem wohnzimmerartigen Etablissement vorsichtig durch die regenglatten Straßen.

Was bei einem Taibeibesuch auch auf keinen Fall fehlen darf, ist das 101, das bis Juli 2007 höchste[16] Gebäude der Welt

---

16 das Burj Dubai in Dubai hat das 101 zu diesem Zeitpunkt überrundet

(508m) und dem schnellsten Lift der Welt, denn der schafft 90 Stockwerke in 37 Sekunden. Die Architektur dieses Turms enthält allerlei reichtumverheißende Applikationen und hat sich den Wuchs eines Bambus zum Vorbild genommen. Die Sicht war bei dem Regen natürlich mäßig und etwa wie aus einem Flugzeug im Landeanflug.

Auch in Sun Yatsens Gedenkhalle wurde gerade die Wache abgelöst, als ich dort ankam und so suchte ich das Weite und schlitterte durch den abends stattfindenden Nachtmarkt mit dem festen Vorsatz, allerlei kleine Essensangebote wahrzunehmen. Der ausgewählte Nachtmarkt heißt im Reiseführervolksmund auch Snake-Alley, was mich misstrauisch hätte werden lassen müssen. Schon in der ersten Gasse rang allerlei Meeresgetier in Eimern und Aquarien um knappsten Sauerstoff und dann fiel mein Blick auf einen Teller, auf dem sich Schildkrötenköpfe wanden. Also die Hälse waren auch noch dran, sonst hätte sich ja nichts winden können. Einer bäumte sich richtig auf. Die Körper lagen zum Bestellen daneben. Ich wand mich ab und sah einen Koch, der eine aufgehängte, zappelnde Schlange häutete und ich dachte nur so was, wie „die lebt doch noch!". Der Appetit war mir dann vergangen und ich machte erst wesentlich später an einem vegetarischen Stand halt und aß schlicht Wantansuppe.

Taibei wirkte auf mich – von der U-Bahn bei Rushhour und den Nachtmärkten abgesehen – sonderbar leer, dabei ist es eine der am dichtesten besiedelten Städte überhaupt, heißt es. Vielleicht lag das am Wetter. Oder das Gedrängel spielt sich unter den Scootern auf den Straßen ab. Und die sind sehr breit. Ohne diese Frage befriedigend zu lösen, fuhr ich ins schwül-heiße Tainan zurück.

17. Teezeremonie

Das Wetter wurde im Oktober langsam „besser", was heißen soll, dass man sich tagsüber draußen eine Weile im Schatten aufhalten und nachts mit einem Laken zudecken konnte. Das war sehr entspannend. Etwas weniger Hitzedruck und etwas weniger extreme klimaanlagenbedingten Temperaturwechsel. Am 16.10. wurde in Tainan der Tag der deutschen Einheit gefeiert. Offiziell wurde dieser Tag natürlich am 3.10. stilecht in Taibei mit einer wiesn-ähnlichen Veranstaltung begangen. Aber in Tainan gibt es eine deutsche Community, die vor allem aus dem Musiker Axel besteht, der hier seit 15 Jahren lebt. Und der fand, dass es der 16.10. genauso tut. Man wird ja komisch im Ausland und ich ging also hin, in das griechische Lokal in dem die deutsche Einheit begossen werden sollte. Es waren kaum Deutsche da, außer ausgerechnet Gharieb, dessen frühere Frau ich bei der Scheidung in Berlin vertreten hatte. Wir erkannten uns zunächst nicht. Kunststück, Berlin war schließlich weit weg. Und so saßen wir schon am selben Tisch, bis es uns plötzlich dämmerte, weshalb wir uns gegenseitig so bekannt vorkamen. Die Scheidung damals war nicht ohne Schlammschlacht abgelaufen, aber nun behielten wir doch höfliche Umgangsformen bei. Ansonsten waren hauptsächlich Deutschstudentinnen da, die ein Deutschlandquiz bestreiten mussten und Anekdoten aus Deutschland erzählen sollten. Als Höhepunkt spielte Axels Band und dazu gab es schauderhaften Kartoffelsalat und schwarzrotgoldene Winkelemente. Yinjie, die neue Freundin meines ehemaligen Rechtsstreitgegners fand ich sehr nett (seine Frau mochte ich damals auch) und so fuhr ich noch mit in deren Kungfuschule und trank zeremoniell Tee mit ihr, während er Taiwanern die Arme verdrehte.
Ich hatte mich schon länger gefragt, warum Tee in so vielen Ländern „Cha" oder „Chai" heißt, was unaufwendig auf das chinesische „cha" für Tee zurückgeführt werden kann, aber bei uns und angrenzenden Ländern „Tee", „Tea" oder „Thé". Woher mag das Wort kommen, fragte ich mich. Und erfuhr endlich, dass Tee auf taiwanisch (was auf den südchinesischen Fujiandialekt zurückgeht) „De" heißt. Und so stieß ich

unerwarteter- und beglückenderweise auf ein taiwanisches Lehnwort, das im Deutschen so verankert ist, dass es nahezu keltischen oder germanischen Ursprungs sein könnte.

Die chinesische Teezeremonie ist eine feuchtfröhliche Angelegenheit. In eine winzige Teekanne werden erlesene Teeblätter geschaufelt und diese dann auf ein Tablett mit Wasserauffangbecken gestellt. Dann wird diese Teekanne so voll gegossen, dass das Wasser überläuft. Nach einer vom Tee abhängenden Ziehdauer wird der erste Aufguss in das Auffangbecken geschüttet und der Tee erneut aufgegossen. Dieser zweite Aufguss wird dann auf kleine, schmale Riechtässchen verteilt. Nach vielleicht einer halben Minute stülpt man auf die Riechtässchen ebenfalls winzige aber weitrandige Trinktässchen und dreht das ganze um. Im Idealfall ist der Tee nun im Trinktässchen und am Riechtässchen darf gerochen werden. Wenn es guter Tee ist, gehört diese Aromawelle mit zum Besten. Hat man Riechtässchen aus unglasiertem Ton benutzt, kann man sich diese anschließend noch über das Gesicht rollen, das pflegt Haut und Teint. Dann wird mit eleganter Handhaltung die Tasse mit drei Schlucken auf Glück, Langlebigkeit und Reichtum geleert. Währenddessen wird die kleine Kanne wieder bis zum Überlaufen gefüllt. Das kann bei entsprechender Teequalität etwa sieben Mal geschehen. Weil alle Gefäße so klein sind, herrscht eine Atmosphäre ruhiger Entspannung bei gleichzeitiger dauernder Aktivität. Und außer dem Essen von ein paar Kleinigkeiten wie zum Beispiel in Tee eingelegten roten Pflaumen und plauderiger Unterhaltung, kann man nichts anderes dabei tun.

Der bekannteste Tee Taiwans ist Wulong[17], besser bekannt als lautgleich Oolong, ein halbfermentierter Tee, der hier in den Bergen wächst. Und selbstredend tranken Yinjie und ich Wulongtee hervorragender Qualität.

Am nächsten Morgen stellte mich Gharieb auf meinen Wunsch einem alten Taijimeister namens Luo und seiner Ehefrau vor, die immer morgens am Konfuziustempel trainieren, was meinen Abschied von Torture-Cindy bedeutete.

---

17 chin.: schwarzer Drache

18. Taiji am Kongzimiao

Das Taiji am Kongzimiao, am Tempel des Konfuzius, ist ganz
anders als die Quälerei bei Torture-Cindy. Eher so, wie man
es sich vorstellt. Nach einem kurzen Aufwärmen werden
ruhig die Formen gelehrt und gelaufen. Anstrengend und
schweißtreibend wird es auf die Dauer zwar auch, aber es
bleibt ruhig und bedächtig. Unsere Taiji-Gruppe ist eine
Langschläfertruppe, denn wir beginnen erst um acht Uhr,
wenn die meisten anderen sportiven Gruppen gerade zum
Ende kommen. Zum Beispiel eine sehr große Anzahl ver-
streuter Leute in einheitlicher Sportkleidung, die sich zur
Ansage aus dem Radio oder Kassettenrekorder den Rücken
klopfen, die Augenbrauen walken und die Hände reiben. Etwas weiter weg eine eher konzentrierte „Aerobic“-Gruppe.
Sie machen mutmaßlich gesundheitsfördernde Bewegungen zu Musik, wobei die Musik traditionell chinesisch und
die Bewegungen anmutige Tanzschritte mit Gymnastikan-
klang sind. Und dann gibt es noch Gruppenlose. Eine klatscht
ausdauernd in die Hände, was ich wirklich am gewöhnungs-
bedürftigsten fand. Ein anderer mit panzerrundem Rücken
wirft stundenlang die Schultern hin und her und schlenkert
mit den Armen, wobei ich vermute, dass er dies wegen dem
Rücken macht und nicht, dass diese doch sehr einseitige Bewegung zu dieser Rundung geführt hat. Dann gibt es einen
mit schwarzgefärbtem, nach hinten pomadisiertem Haar,
der mit so einem Wichtigwichtigeileschritt über das Gelände
marschiert. Erst dachte ich, er eile tatsächlich irgendwohin,
wo er sich für dringend erforderlich hält, aber als er dann
doch so arg häufig vorbeikam, wurde auch mir klar: er ist ein
Walker. Alle möglichen Leute fuchteln mit Schwertern und
Fächern und Stöcken herum. In vermutlich fast allen chinesischen Parks kann man morgens ähnliche Szenen erleben.
Ob allein oder in Gruppen, das Qi wird bewegt, die Muskeln
gedehnt, die Gelenke bewegt. Gerne wird auch Standardtanz
geübt und manche bringen auch eine Karaokeanlage mit
und singen lieber nur. Und natürlich lungern Fachsimpler
herum.

Am Kongzimiao kann einer von diesen etwas deutsch, sprich: er kann „die Harmonie" sagen und das ruft er dann immer wenn ich vorbeigehe. Es gelingt mir nicht, mich mehr als zwei Mal darüber beeindruckt zu zeigen. Neulich behauptete er, wie immer völlig untätig auf der Bank herumsitzend, Meister Luo würde eine Form falsch laufen. Na, da wurde dieser freundliche alte Mann aber grantig, das gab ein Palaver. Wenn ich es mir recht überlege, wird er eigentlich recht schnell ungehalten, z.B. wenn seine Frau mir was beibringen will, die macht nämlich alles etwas anders und dann gibt es Streit, der für mich den Vorteil hat, dass er mir diese Bewegungen besonders ausführlich erklärt. Also vor allem zeigt, denn sein Taiwanisch verstehe ich ja nicht und sein Chinesisch ist nicht sonderlich klar. Er spricht wegen der japanischen Besatzung noch Japanisch, aber das hilft mir natürlich nicht weiter. Wir sind so vier bis acht Schüler, ein Vater mit 8-jähriger Tochter, eine Frau von der Ausländerbehörde und eine andere Frau, die immer so einen großkrempigen Hut aufhat, dass man sie kaum sehen kann. Eine kleine quirlige, die immer nach dem Einkaufen auf dem Markt kommt, ein Rechtsanwalt etc. Ein ganz reizender junger Mann mit Down-Syndrom fegt Blätter, die hier das ganze Jahr über fallen. Er bedankt sich regelmäßig und freut sich wenn man sich auch bedankt. Und kommt deswegen öfter. Die halbblinde uralte Tempel-oma putzt die Klos und sitzt sonst im Schatten und hat einen Verschlag voller Gerümpel, in dem ich mich manchmal umziehen darf. An manchen Tagen kommt ein Chinesenopa und schiebt seinen kleinen Enkel spazieren und an anderen ein Langnasenpapa und schiebt sein Kind. Am gleichen Tag habe ich beide noch nie gesehen.
Dann kommen die Wahlkämpfer und verteilen Papiertaschentücher an alle. Erstaunlicherweise herrscht trotzdem eine ganz ruhige Atmosphäre. Um herauszufinden, ob beziehungsweise wie viel ich meinem Taiji-Meister bezahlen muss, fragte ich erstmal den zufällig vorbeikommenden Gharieb. Der machte daraus eine ganz geheimnisvolle Meister-Schüler-Angelegenheit mit der Übergabe von einer unklaren, mir aber angemessen erscheinen sollenden Geldsumme und wirbelte furchtbar viel Staub auf. Das half also

nicht viel weiter und so fragte ich Wenxi, meine Sprachaus-
tauschpartnerin, deren Freund auch bei Meister Luo lernt.
Wenxi stellte mir dann die entscheidende Frage: Was hat der
Meister denn gesagt? Und daraufhin wurde mir klar, dass
ich mich von dem ganzen Meistergedöns und „das musst Du
wissen wie viel Dir das wert ist" und „er sagt ja nie was" und
„aber beleidige ihn bloß nicht" schlicht hab ins Bockshorn
jagen lassen und den direkten Weg übersah. Nun fragte ich
Luo Taitai, also des Meisters Frau, weil die besser Chinesisch
kann. Und es stellte sich schlicht eine Zahl heraus: 1200 Kuai
(30 €) im Jahr. Für den Tempel. Aber ich müsste nicht bezahlen. Na, das wäre ja noch schöner. Da sie noch extra sagte,
dass sie selber kein Geld wollen, und nicht etwa: ich könnte im Übrigen soviel geben wie mir angemessen erscheine,
nahm ich sie einfach beim Wort. Jetzt musste ich nur noch
herausfinden, mit was ich ihnen mal eine Freude machen
könnte. Ob sie Alkohol trinken, oder ob sie vielleicht wahnsinnig gerne Schokolade essen, wie z.B. meine Sprachlehre-
rin die eine große Schwäche für hier nicht existente 70%Ka-
kao-Bitterschokolade hat.

19. Ausländer in Taiwan

Es gibt ja Tage, da möchte man gerne unbemerkt und in Ruhe
gelassen sein. An so einem Tag fuhr ich wie meistens in der
Früh zum Taiji am Konfuziustempel. Dort bin ich für manch
einen asiatischen Reisenden zu einem beliebten Fotomotiv
geworden (natürlich nicht für Langnasen, denn die wollen
die exotische Szenerie natürlich nicht durch die Abbildung
von ihresgleichen verschandeln), aber man braucht ja nichts
weiter tun, als auch in diesem Fall in einem 45°-Winkel auf
den Boden bzw. ins Nichts zu schauen, und das Qi fließen
zu lassen. Ausgerechnet an diesem Tag wollte mich Meister
Luo als seine exotische Errungenschaft vorführen. Und immer wieder sollten alle schauen, was und wie ich da so laufe.
„Schaut mal alle her!" und zu mir „Und jetzt mach noch das
und das!" Es war alles sehr nett, aber entsprach nicht so ganz

meiner Stimmung. Dabei rief er dann gerne „hao piaoliang", was ich ganz lange in meinem Sprachzentrum als englisch-chinesisch „how piaoliang" verarbeitete. Piaoliang heißt „hübsch" oder „gut anzusehen". Und ich übersetzte bei mir wörtlich: „wie hübsch!" Dabei benutzt man im Englischen das how nicht auf diese Weise, behauptete jedenfalls Matt. Und erst ganz langsam, also Tage später dämmerte mir, dass er nur Chinesisch sprach, schließlich kann er gar kein Englisch. Hao wird hier als „sehr" gebraucht, so dass dies inhaltlich gar keinen Unterschied machte, aber Rückschlüsse darauf zuließ, dass es in meinem Hirn sprachlich ziemlich „luan", also chaotisch zugeht. Abgesehen davon kam ich mir an dem Morgen ein bisschen so vor wie eine Sechsjährige mit Blockflöte bei einer Kommteinvogelgeflogen-Darbietung. Aber damit nicht genug der unerwünschten Aufmerksamkeit. Nachdem wir in der Uni eine kleine mündliche Prüfung mit dem Thema Topographie des jeweiligen Herkunftslandes hatten, ging ich in der Mensa mit meinem Teller voller Gemüse, Tofu und einem toten Fisch und abweisendster Miene ins hinterletzte Eck. Gerade wollte ich zu essen anfangen, als ein Mann mit Filmkamera auf mich zukam: Er wolle mir ein paar Fragen stellen. Wie oft ich in der Mensa esse (2-3x die Woche), für wie viel (1 €) und wie ich es finde (gut). Das probten wir noch ein paar Mal und dann sprach ich mit meinem ausländischsten Lächeln fröhlich in die Kamera, dass das Mensaessen im Vergleich zu Deutschland sowohl besser, als auch billiger sei. Wirklich ganz köstlich. Dazu war nun wirklich keine Lüge nötig. Dann filmte er mich noch beim Essen und natürlich fiel mir das mittlerweile ziemlich kühle Essen ständig von den Stäbchen. Als ich dann am nächsten Tag im Büro gefragt wurde, ob ich wegen der kommenden englischen Woche für ein Foto posieren würde, war das nun wirklich meine leichteste Übung. Der zusammen gewürfelte Trupp von sechs langnasigen EuropäerInnen fragte sich dann natürlich: warum wir? Sind wir die Schönsten? Schauten uns an und verneinten. Sind wir die Hässlichsten, so dass sich die Taiwaner strahlend schön von uns abheben können? Nein, kamen wir selbstverliebt zu dem Schluss, da hätte es bessere Exemplare gegeben. Die Tschechin hat zwar tatsächlich eine recht lange Nase und der Schwede sehr wulstige Falten, aber die Russen und ich zeichneten uns nicht mal durch solche physiognomischen Besonderheiten aus. Aber egal, wir strahlten also um die Wette im Versuch nach English Native Speaker auszusehen und bekamen zum Dank einen zweifarbig schreibenden Kugelschreiber.

Wieder einen Tag später fragte mich Shuling, die Bürochefin, ob ich Lust hätte, am Sonntag zu einer Kochvorführung der Mutter einer Freundin im Rahmen irgendeiner Veranstaltung mitzugehen. Ich sagte zu und fand mich ein, um mich mit wem auch immer um halb drei zu treffen. Es stellte sich dann heraus, dass es sich um eine Veranstaltung zum 280. Jubiläum des Baus der Stadtmauern handelte, wozu man allerdings wissen sollte, dass es diese Mauern nicht mehr gibt. Vielmehr wurde das kleine Westtor in die Uni versetzt und die liegt im Osten. Und innerhalb des Campus´ wurde es interessanterweise auch noch in die östliche Mauer eingebaut. Das Osttor steht dafür noch da, wo es ursprünglich hingehörte und trägt auch noch seine ursprüngliche Aufschrift: Tor, das den Frühling begrüßt. Dazugehörende Mauern gibt es gar keine mehr. Direkt hinter diesem Tor kommt eine für Radfahrer schier selbstmörderische Unterführung von beispielloser Hässlichkeit. Sie ist extra für langsame Fahrzeuge, also Scooter und Räder gebaut worden und dementsprechend schmal, dazu wird die Hälfte der ohnehin tiefen Decke durch die Verkleidung irgendwelcher Kabel auf gefühlte 1,50m erniedrigt. In der Luft stehen die Abgase von Generationen und es ist eng, niedrig, laut, dreckig, und voller stinkender, rasender Scooter. Taucht man dann nach Unterfahrung der Eisenbahngleise glücklich wie aus dem Hades auf so einem gemütlichen Kreisverkehr mit nur etwa 7 Zufahrten wieder auf, durchflutet einen reines Glück. So einfach ist das.

Also, die Stadt, ihre Mauern und das Fest. Dieses Fest zum 280.Geburtstag von Mauern, die es nicht mehr gibt, fand im größten japanischen Kaufhaus (Mitsukoshi) der Stadt statt. Und dort stellte die Mutter der Freundin von Shuling Wangai, kleine mit Reisschleim und Früchten gefüllte Teigtäschchen her, ihre besondere Spezialität. Es gibt offenbar viel dazu zu sagen, von dem ich wenig verstand. Aber beim praktischen Teil war wieder alles nicht so schwer und als wir AusländerInnen mit Hand anlegten, gab es ein großes Blitzlichtgewitter. Man konnte dann noch Abreibungen von Holzmodeln selber anfertigen, Tee und kandierte Mango kaufen, in ein Bananenblatt gewickelte Reisspeise mit Obst? Gemüse? essen, was trotz der unklaren Zutaten hervorragend schmeckte und schließlich mit dem berühmten Reismuschelkleister Ziegel zusammenkleben. Es herrschte eine ganz herzliche Atmosphäre und alle freuten sich so über uns Langnasen und dann freuten wir uns wiederum, dass sich alle so freuten und machten Abreibungen etc und so war es ein sehr vergnüglicher Nachmittag. Und wieder verstanden wir nicht, weswegen eigentlich die Wahl auf uns, d.h. zwei Polinnen, einen kanadischen Zahnarzt und mich gefallen war. Natürlich sind wir alle außergewöhnlich nett, aber da hätte es auch noch andere gegeben. Aber es rettete mir das Wochenende und das war auch bitter nötig. Denn am Samstag begingen Gosia und Agnieszka, also die zwei Polinnen und ich den Fehler, auf eine Party gehen zu wollen. Einfach mal wieder tanzen. Eine Halloweenparty in Gaoxiong, was etwa eine Fahrtstunde entfernt liegt, gab es als Angebot. Und so beschlossen wir, auf unsere jeweils allererste Halloweenparty eben in Taiwan zu gehen. Ich erstand schnell eine Fledermausmaske. Da die Ankündigung auf Chinesisch und Englisch war, rechneten wir mit einer ziemlich gemischten Party und so dachte ich, dass die Maske im Zusammenhang mit meinem „Ausländer"-T-Shirt eigentlich furchterregend genug sein müsste. Auf diesem T-Shirt steht vorne „Waiguoren", also Ausländer in chinesischen Kurzzeichen. Damit konnte ich im Bereich der Erheiterung meiner Mitmenschen schon ziemliche Erfolge erzielen. Ich stelle mir das so vor: ein Chinese/Taiwaner sieht mich und denkt unwillkürlich: „Waiguoren" und nun sieht er diese unwillkürlichen Gedanken geschrieben, quasi verdinglicht vor sich, man könnte beinahe sagen ertappt. Das führt erst zu einem Stutzen und dann meist zu viel Gelächter. Ein Einheimischer sollte es aber wohl besser nicht tragen, da die Kurzzeichen nur in der VR China gebräuchlich sind und dies daher als Kommentar zur Unabhängigkeit oder Einheit der beiden Chinas missver-

standen werden und Schlägereien auslösen könnte. Ich bin
da glücklicherweise über jeden Verdacht erhaben. Hinten
auf dem T-Shirt steht noch Glück auf Chinesisch, was man
genauso liest wie Fledermaus, aber dieses unheimlich pas-
sende Detail wurde leider von niemandem bemerkt. Gosia
ging, nachdem sie ihren Hexenhut doch lieber abgesetzt
hatte, als hübsche Polin und Agnieszka als Wildkatze. Als
wir mit einem Haufen anderer, auch ziemlich dämlich gekleideter Leute auf den Bus warteten, schwante uns schon,
dass sich das ganze Unternehmen als Flop erweisen könnte. Es waren ausschließlich EnglischlehrerInnen, wahnsinnig gut gelaunte Partypeople, die sich qua Muttersprache
durch die Welt jobben und wenig Interesse für ihre jeweiligen Gastländer aufbringen, von eigenem Spracherwerb mal
ganz abgesehen. Die Musik war flach und immer gleich, die
Stimmung hysterisch lustig und die schließlich eintreffen-
den Taiwanerinnen relativ dürftig bekleidet und mit einer
sonderbaren Vorliebe für Billard. Ich vermutete, dass dies
an den interessanten Posen liegt, die man dabei einnehmen
kann. Wir gaben uns wirklich Mühe, uns den Abend nicht
verderben zu lassen, tanzten zum immer gleichen, wenig
treibenden Beat oder tranken Bier in der lauen Nacht, aber
nichts half wirklich gegen den Stumpfsinn. Schließlich fuhr
um vier der Bus zurück und ich konnte dann beim Heim-
radeln ein paar Frühsportler auf dem flutlichtbeleuchteten
Tennisplatz beobachten. Um die Uhrzeit besteht wenigstens
keine Gefahr braun, und damit hässlich wie ein Bauer oder
Ausländer zu werden.

20. Sag´s durch die Blume

Ein paar Tage später verbrachte ich einen Nachmittag im
zweiten Mitsukoshi-Kaufhaus, weil meine Sprachpartnerin
Wenxi sich dort etwas ansehen wollte. Zu Beginn des Ge-
sprächs und Englischaustausches scheiterte ich gleich an
dem Wort Rolltreppe und so nahmen wir den Lift mit freundlichem Liftgirl in Uniform. Wenxi lernt bei einem Meister
Feng Malerei und Kalligraphie und die Ikebana-Klasse des-

sen japanischer Mutter hatte dort im Kaufhaus eine Ausstellung. Chahua, also Blumenstecken heißt das auf Chinesisch. Es wurden z.T. eher Bäume gesteckt, also chashu? Wir verfangen uns im Gestrüpp von Blumen- und Baumnamen, rätseln und albern uns chinesisch-englisch durch die Botanik und ich erfahre, dass eine Bekannte von ihr die vornehme deutsche Kunst des Blumensteckens erlernt. Ich war und bin ratlos. Was für eine berühmte deutsche Blumensteckkunst? Gewürzsträuße binden? Grabkränze flechten? Zwetschgenmanderl[18] basteln? Es blieb ein Geheimnis.

Dafür wurde ich darüber aufgeklärt, dass man in Taiwan Chrysanthemen nicht zu einem Krankenbesuch mitnehmen sollte, weil sie häufig für Beerdigungen benutzt werden. Ja, stellte ich fest, bei uns sind es ja auch Herbstblumen und könnten insofern mit Vergänglichkeit assoziiert werden. Diese Bemerkung oder auch die, dass ein sehr trockenes Ikebana herbstlich aussähe, stößt auf absolutes Unverständnis. Herbst hat hier einfach nichts mit Vergehen zu tun, außer dass die Gefahren eines Hitzschlages und die eines Taifunes vergehen. Und die Bäume hier verlieren die Blätter nie alle auf einmal und sind ganzjährig grün. Ich gebe im Gegenzug Wenxi den Tipp mit den weißen Lilien, die sich an einem europäischen Krankenbett auch nicht so ausnehmend hoffnungsfroh ausmachen würden. Das kommt ihr fast noch spanischer vor als meine Bemerkungen zu herbstlicher Melancholie. Und so arbeiten wir hart an der Völkerverständigung. Nachdem ich ihr die englischen Wörter für Chrysantheme, Forsythie, Lilie, Orchidee und Rose beigebracht hatte, dürfte sie jetzt für ein Gespräch über Blumen mit einer englischen Landlady halbwegs gewappnet sein. Und ich weiß nun, dass Strelitzien auf Chinesisch Feuerkranich heißen. Auch ein sehr schönes Bild von Meister Feng hing da: auf die Bildhaftigkeit zurückgeführte Schriftzeichen von Wagen und Alkohol, dann ein liegendes „finden" und schließlich ein Pflaumenblütenzweig. Sehr kraftvoller Strich, sehr zarte Blüten und sehr viel Weiß. Und ich denke sofort: ja, den will ich kennen lernen.

---

18 Vorwiegend aus Dörrpflaumen und Draht hergestellte Männchen im Alpenland zur Weihnachtszeit

Wir gingen dann noch Kuchen essen und Wenxi fragte mich, ob in Europa tatsächlich auch häufig krause Petersilie zum Dekorieren von Speisen benutzt wird. Ich konnte nicht anders, ich musste lachen. Ja, brachte ich schließlich raus, aber nicht auf Kuchen oder Pudding, wie es hierzulande der Fall sei. Und rückte dem petersiliegeschmückten Flan zu Leibe. Auf dem Rückweg verabschiedete sich der Fremdsprachenverarbeitungsteil meines Gehirns und auch Wenxi konnte kaum noch englisch und es gelang uns nur mit Mühe und langer wirrer Debatte uns für die folgende Woche, gleicher Ort, gleiche Zeit zu verabreden.

Beim nächsten Treffen beschäftigten wir uns einige Stunden mit einem englischen Text über die Frage, wie Ausländer (also Amerikaner, denn genauso wie der Mörder immer der Gärtner, so ist der Ausländer immer der Amerikaner) das japanische Schulsystem finden und übersetzte den Inhalt ins Chinesische. Dazu passend waren wir Sushi essen. Fröhlich zogen die Tellerchen auf einem Laufband an uns vorbei. Dabei wurde wieder deutlich, dass Taiwaner einen gewissen Hang zur Mayonnaise haben, was ich im Zusammenhang mit Sushi besonders eigentümlich finde.

Wenxi lernt nicht nur Englisch, sondern übt auch begeistert Yoga, weswegen ihr Freund sagt, sie sei eine Banane: außen gelb und innen weiß. Weil sie sich nur für Westliches interessiere. Beim Thema Yoga passt aus hiesiger Sicht zwar westlich, aber weiß? So oder so lässt sie die Stichelei kalt. Während also die Tellerchen an uns vorbeizogen und wir uns immer wieder aus unserem persönlichen Heißwasserhahn Tee neu aufgießen konnten, versuchten wir uns – allerdings in festgeschraubten Tischen und Bänken eingeklemmt – an ein paar yogaspezifischen Verrenkungen. Die Frage aber, ob ich im Schneidersitz mit der Stirn auf den Boden komme, mussten wir auf ein andermal verschieben, das ging auf der kleinen Bank einfach nicht. Sie meinte, seit sie weniger Fleisch äße, sei das für sie auf einmal ganz leicht. Damit bezog sie sich aber nicht auf ihren Körperumfang, denn sie hat sowieso fast keinen. Ich hab es zuhause ausprobiert: Offenbar esse ich zuviel Fleisch. Vielleicht hätte ich das vor Taiwan gekonnt, denn seither kriege ich dauernd Fleisch aufgedrängt.

Als wir uns für diese Woche voneinander verabschieden schenkt sie mir noch eine riesige Pampelmuse. Für die einheimischen Pampelmusen gibt es ein eigenes Wort: youzi, aber die importierten heißen Putaoyou, also Grape[19]-you und ich weiß immer noch nicht, was Grapefruit genannte Pampelmusen eigentlich mit Weintrauben gemein haben. Es wäre doch nun wirklich nicht nötig gewesen, diesen ohnehin unverständlichen Begriff direkt ins Chinesische zu übersetzen.

21. Allein sein, heißt traurig sein

Wir machten universitätsorganisiert am Sonntag einen Ausflug nach Lugang, nach Hirschhafen. Dort gibt es heute allerdings weder Hafen noch Hirsch, das war alles in der guten alten Zeit. Mittlerweile sinkt Taiwan im Verhältnis zum Meeresspiegel jedes Jahr um Bruchteilszentimeter, aber irgendwann in den letzten 500 Jahren muss es sich auch mal beträchtlich gehoben haben, denn Tainan lag damals direkt am Meer, Anping war eine Insel und Lugang hatte einen Hafen. Das bringt mich überhaupt zu diesem sonderbaren Phänomen, warum um alles in der Welt ausgerechnet Taibei von der Guomindang zur Hauptstadt gemacht wurde. Seit Wochen regnete es da, wie fast den ganzen Winter. Aber nicht nur das: es liegt auch in einer Senke, was bei steigendem Wasserspiegel zu einem Problem zu werden droht. Aber, erfahre ich, Taibei sollte ja nur höchst provisorisch bis zur Rückeroberung des Festlandes Hauptstadt sein. Je nun. Ich kenne das gut, dass Provisorien Dauerzustände werden. Aber eine Erklärung ist es trotzdem nicht wirklich. Vielleicht, weil die Japaner Taibei bereits zur Großstadt ausgebaut hatten und die kamen nun mal von Norden.
Also Hirschhafen ohne Hirsch und Hafen. In der staubedingten Dreistundenanfahrt sehen wir so mitreißende Filme wie Jackie Chans Rushhour 2, während im anderen Bus Karaoke gesungen wird. Lugang ist berühmt für seine Altstadt und

---

19 engl.: Weintraube

seine alten Tempel. Für einen gemeinsamen Museumsbesuch wurden wir allein in die freie Wildbahn geworfen und
die desorientierte Masse setzte sich nur zäh in Bewegung.
Auf mich wirken alle Arten von Reisegruppen wie eine sofort einsetzende Gehirnwaschung und ich verliere Antrieb
und Selbstständigkeit. Ein offenbar weit verbreitetes Phänomen und so lungerten wir eine lange Weile in Erwartung
einer nicht erfolgenden Ansage herum. Schließlich raffte
ich mich auf und wagte es ohne Aufforderung das Museum zu betreten, ein alte Villa einer wohlhabenden Familie,
mit vielen schönen und interessanten Exponaten aus der
Qingdynastie. Unter anderem auch Tische in den bekannten Tangrammformen. Für ein Spiel in größerem Rahmen.
Auf Chinesisch heißt das dann „Sieben-trügerische-Tische".
Schließlich hatte ich alle Bekannten aus den Augen verloren
und fand nach einem mühsamen Anstottern meines eigenen Hirns, nicht nur zur Selbstständigkeit, sondern auch zur
Selbstorientierung zurück und wandelte durch eine wirklich
sehr chinesische Stadt mit Markttrubel und Touristenrenao.
Plötzlich lief ich in Lie, eine Japanerin, die mit zwei Chinesischlehrerinnen unterwegs war und die zusammen an dem
ausgeschriebenen Fotowettbewerb teilnahmen. Aufgabe
des Wettbewerbs war, die eigene Gruppe in irgendwelchen
Posen vor allen, auf einer Liste aufgeführten Sehenswürdigkeiten zu fotografieren. Es war den dreien nicht begreiflich
zu machen, dass es nicht unbedingt ein unglaublich trauriges Unterfangen ist, alleine durch eine Stadt zu laufen und
so gab ich widerwillig nach und schloss mich ihnen an. Und
damit begann auch für mich der Fotomarathon. Am Nachmittag war ich totgelächelt, hatte in Tempeln, vor halben
Brunnen, in engen Gassen, vor bemalten Türen, in immer
anderer Besetzung und Aufstellung posiert. Glücklicherweise hatte ich schon einiges besichtigt, weil zum Anschauen
nun nicht mehr viel Zeit blieb. Ganz wichtig in Taiwan ist
auf jedwedem Foto das Victoryzeichen. Ohne weiteren Sinn,
es ist halt eine ach so witzige Geste. Und alle setzen perfekte
Fotogesichter auf, da kann ich wirklich nicht mithalten. Aber
sie arbeiteten mit ansteckender Begeisterung und so gab es
viel zu lachen.

Letztlich ist die freundliche Zwangsgemeinschaft um Längen besser, als das unfreundlichste was man in Taiwan treffen kann: den reisenden Westler. So genannte Traveller. Nur mit aggressivst freundlichem „Hello!!!" und breitem Grinsen, kann man auch nur ein kleines Zeichen des Gesehenwordenseins erreichen, wobei es sich in der Regel um einen abschätzigen Blick handelt. Ich vermute, das liegt daran, dass man ihr Selbstverständnis untergräbt. Sie sind doch nicht einfach nur Reisende, sondern ganz tief ins Land eingedrungen und eigentlich selber chinesisch, irgendwie. Sie kennen sich aus, wissen wie´s geht und reisen tief unter der Oberfläche. Jetzt kommt da so ein dämliches Langnasentrampel, verkennt sie schnöde als Westler und grüßt, einfach nur so. Tarnung dahin. Womöglich wird noch unterstellt, man sei auf Kontakt mit Ausländern (igitt!!) angewiesen. Da kann nur mit Verachtung gestraft oder am besten: ignoriert werden. Ignoriert den Ignoranten. Vermutlich ist es auch ein bisschen so, wie der allgemein bekannte Gedanke: oh nein, Deutsche!, der auch mich zuweilen auf Reisen befällt. Offenbar beeinträchtigt es das Gefühl der Exklusivität und verrät einen gewissen Selbsthass. Na, wie dem auch sei, mit den Leuten, die länger hier sind, ist es natürlich ganz anders, da tut auch niemand so, er oder sie wäre nicht angewiesen auf das Vertrautere. Als wir zurück waren, wollte ich trotzdem endlich alleine und in Ruhe in einem Café Kaffee trinken. Teehäuser sind selten und eine eher kulturelle, zeremonielle Angelegenheit für ziemlich viel Geld und einem gewissen Anspruch. Kaffee hingegen ist profan und nur mittelmäßig teuer. Eigentlich also ideal für eine Pause. Mit dem inneren Bedürfnis nach Ruhe und Schweigen. Ich könnte stattdessen auch in die Badewanne gehen, aber da ich nur einen am Waschbecken befestigten Duschkopf habe, fällt das aus. Wie berichtet, riss ich am Geburtstag des Konfuzius der toten Kuh Kopfhaare aus und damit sollte nun eigentlich eine Zunahme der Intelligenz verbunden sein, aber das klappt irgendwie nicht. Erstens werde ich in meinem Bad ganz oft nass, weil ich den Wasserhahn aufdrehe und vergesse, vorher den Knopf zum Wechsel von Dusche auf Hahn zu betätigen und zweitens, weil ich immer in Cafés gehe, um meine

Ruhe zu haben. Der Lerneffekt ist gleich null. In der Regel lerne ich in Cafés Leute kennen und komme überhaupt nicht zum Schweigen. Zumindest Wirt oder Bedienung möchten sich mit mir in der Regel unterhalten. Oder sie tun es aus Höflichkeit. Denn alleine schweigend herumsitzen sieht für die meisten Chinesen einfach nur traurig aus. Genauso wie alleine durch die Stadt zu laufen. Die Freude daran scheint den meisten völlig unbegreiflich zu sein.

Die eine will mit mir auf chinesisch die Unterschiede zwischen deutschen und taiwanischen Backwaren erörtern, der andere gerät in Begeisterung, weil wir gemeinsame Vorfahren haben müssen, weil wir beide Shi mit Nachnamen heißen, dann muss wieder das Alter geraten werden und neulich wurde ich dann noch in eine Diskussion über Nutzen oder Schaden der Legalisierung von Cannabis in Europa verwickelt. Die Krönung war, als ich bei einer solchen Gelegenheit einen Professor für Chemie, der in dem Café auch kochte und wunderbar englisch sprach, die Tresenkraft mit einer Leidenschaft für Kaffee, die eigentlich Pianistin ist und einen Bratschist, der in Wien studiert hatte und längere Zeit im philharmonischen Orchester von Gaoxiong spielte und nun an einer Mittelschule unterrichtet, kennenlernte. Es entspann sich eine deutsch-englisch-chinesische Unterhaltung, in deren Verlauf Wörter wie Schweinshaxe und Eisbein, oder Chemie, Kemie oder Schemie eine Rolle spielten. Sowie der Umstand, dass Fahrrad in der VR China Zixingche (also selber-gehen-Gefährt und auf Taiwan Jiaotache (also Bein-treten-Gefährt) heißt. Auch dass Kartoffel in Taiwan nicht wie auf dem Festland Erdbohne heißt, was ja auch dem deutschen Erdapfel oder der Grundbirne sehr nahe käme, sondern Pferdeglockenwurzel, wurde erörtert. Erdbohne wiederum meint hier die Erdnuss. Dann fand die Frau am Tresen, dass ich unbedingt ihren kolumbianischen Kaffee probieren müsste und der war auch wirklich sehr gut. Und den Kenianischen. Und der Herr Professor, der währenddessen immer mal von Studenten aufgesucht wurde, schenkte mir jeweils einen Keks dazu. Und ich fuhr dann kaffeeberauscht nach Hause, machte die Tür hinter mir zu und hoffte, dass nicht Mama Zheng vorbeikäme.

22. Tuschmalerei

Ich nahm bei drei verschiedenen Lehrern Unterricht in chinesischer Tuschmalerei. Auf Chinesisch heißt die Technik einfach Wassertuschebild. Es gibt drei große Richtungen bzw Motive: „Bergwasser", also Landschaft, „Blumen und Vögel" und „Schönheiten". Traditionelle Landschaftsmalerei ist eine sehr langwierige Angelegenheit und stark daoistisch beeinflusst. Berge werden auf Berge getürmt und Menschen werden, wenn überhaupt, als kleine Details ins große Ganze eingefügt, als Teil der Natur. Das Qi, diese universale Energie soll auf den Bildern spürbar werden. Dann gibt es noch allerlei schulspezifische Regeln, zum Beispiel dass es eine Stelle mit Aussicht geben solle, einen Weg zum Gehen und einen Ort zum Wohnen. Oder so Spitzfindigkeiten über die obligate Anzahl der Hauptäste eines Baumes. Die Bilder sind nicht unbedingt für die Totale gedacht, sondern laden den Blick zum wandern, zum schweifen ein.

Lehrer Zhang und Lehrer Li unterrichten beide Landschaftsmalerei. Und so male ich bei Lehrer Zhang Steine und Berge, bei Lehrer Li hingegen Bäume. Drei Stunden am Stück Hirschgeweihbaumstämme und Krebsscherenbaumstämme und Doppellinienbaumstämme. In den nächsten drei Stunden malte ich dann an solche Baumstämme gefiederte, senkrechte und waagrechte Blätter. Schön ist natürlich, dass sie alles anders erklären. Während der eine abgeschnittene Plastikflaschen als Wasserbehälter empfiehlt, möchte der andere, dass für die Tusche echter Reibestein aus Schiefer verwandt wird, auch wenn man diese nicht selber reibt. Und das allein ist eigentlich schon ein Zeichen der Kulturlosigkeit. Die Beurteilung meiner Pinsel reicht insofern auch von „ganz wunderbar" bis zu „geht gar nicht", weil es reines Wolfshaar sein müsse, meiner aber zusätzlich einen Schafshaarmantel hat. Wie lang man den Pinsel vorher einweicht, oder gar nicht, wie man das Wasser kontrolliert, jeder macht es anders und natürlich nicht so, wie ich es in Berlin bei Rita Böhm[20] gelernt habe. Und so erweitern sich

---

20 Rita Böhm, www.sumi-e-berlin.de

für mich die Möglichkeiten in der Technik aber auch in der Konfusion.

Nachdem ich bei Lehrer Li[21] Tausende von Blättern, rund gefüllt, kreisförmig, dreieckig, vertikal, horizontal, gefingert, gefiedert, gedreht, gestachelt etc an Bäume gemalt hatte und er endlich mal fand, dass ich genug Blätter an einen Baum gemalt hatte, diese also nicht so mickrig – nach meiner Auffassung herbstlich – aussahen, wollte er mich nun ein ganzes Bild malen lassen, sagenhaft! Doch dann entdeckte er, dass mein Übungsblatt noch gar nicht ganz voll gemalt war und so musste ich erst noch mal ein paar Übungsbäume auf Felsen mit vielenvielen Blättern malen, aber schließlich war auch das geschafft und ich konnte mit dem Bild beginnen. Zunächst natürlich im Zentrum: Bäume auf Felsen mit gaaaanz vielen Blättern. Aus etwas unerklärlichen Gründen bereitet es mir dennoch Vergnügen.

Lehrer Lis Vergnügen ist allerdings mehr das Sammeln von Motorrädern. 30 Stück hat er. Als einmal eines davon, ein deutsches Modell, aber keine BMW kaputt war, fragte er mich, ob ich ihm mit dem Ersatzteil helfen könnte, weil die Website auf Deutsch sei. Ich, vollmundig: „Kein Problem!" Bei Wörtern wie Menge, Bezeichnung und Anzahl ging es ja noch gut, aber bitte was ist ein Schwungscheibenanker und wie heißt das Ding auf Chinesisch? Aber er meinte höflicherweise, ich hätte ihm sehr geholfen. Und lachte.

Zu dem Motiv „Blumen und Vögel" gehören außer den Blumen und den Vögeln nicht nur Bambus und anderes blütenloses Strauchwerk, sondern auch Gemüse und Insekten. Es gibt in diesem Genre auch sehr fein und detailliert gemalte Bilder, aber im Kern handelt es sich eher um eine vom Zen-Buddhismus (chinesisch: Chan-Buddhismus) beeinflusste Richtung. Mit wenigen schnellen Pinselstrichen soll das Motiv in seinem Wesen getroffen sein und die Lebendigkeit und Tiefe des Hier und Jetzt abbilden. Es kann aber lange dauern, bis das Hier und Jetzt des Künstlers mit dem des Motivs zusammenfallen und dazu gibt es folgende Geschichte: Vor sehr langer Zeit hörte der Kaiser von einem Meister der

---

21 李尚青，畫畫+畫室，指導老師，台南市北區，北成路80巷22弄16號；
Tel.：00886-6-2812988

Malerei. Dessen Bilder seien von einzigartiger Schönheit und Ausstrahlung. Also schickte der Kaiser einen Boten zu diesem Meister und erteilte den Auftrag, ihm einen Hahn zu malen. Der Meister sagte zu. Nachdem ein Jahr vergangen war, schickte der Kaiser einen Boten, um sein Bild abzuholen. Der Meister beschied ihm jedoch, dass er noch nicht fertig sei. Dies wiederholte sich einige Jahre und der Kaiser war langsam weniger als nur not amused. Der Sohn des Himmels ist es schließlich nicht gewohnt, dass man ihn hinhält. Aber eines Tages war es so weit. Als der Kaiser schon über ein Hinrichtungskommando nachdachte, erschien der Meister aufgeräumt mit einer Papierrolle, Pinsel, Stangentusche und Reibstein vor dem Palast. Nach allen notwendigen ehrerbietigen Präliminarien entrollte er vor dem Kaiser das Papier, das noch unbemalt war, rieb die Tusche und malte mit nur wenigen Strichen im Nu einen Hahn, der so lebendig und einmalig war, dass alle aus dem Staunen nicht mehr herauskamen. Als der Kaiser fragte, warum er dieses Bild nicht schon vor Jahren gemalt habe, es sei doch ganz schnell gegangen, sagte er nur, dass Hahn und Zeit eben noch nicht reif gewesen seien. Der Kaiser war entzückt und belohnte den Meister reich.

Das dritte Motiv, die Schönheiten, umfasst auch Helden und Heilige, obwohl letztere häufig eher in der schnellen Art von Blumen und Vögeln gemalt werden. Schönheiten und Helden dagegen sehr feinlinig mit vielen Faltenwürfen in komplizierten Gewändern und einzelnen Fingern und Schmuckstücken.

Wenxi stellte mich ihrem halbjapanischen Kalligraphie- und Mallehrer Meister Feng[22] vor: großartig! Jeder Pinselstrich ein Wunder. Die meisten Schüler lernen Kalligraphie bei ihm, auf einem für mich völlig unerreichbaren Niveau. Aber er nahm mich als Schülerin für „Blumen und Vögel" an. Er schenkte mir die erste Stunde, weil er fand, dass ich so gut male, oder auch nur, weil ich eine lange Nase habe, wer weiß. Das hat natürlich mehr Charme, als tausend Blätter auf die letzte freie Ecke des Übungspapiers malen zu sollen, um ja nichts zu verschwenden. Tatsäch-

22 馮憲民，台南市省初書畫研究學會，台南市，永康市大橋一街139巷44弄35號；
Tel: 00886-6-2311105; Fax: -2312498

lich blieb es auch weiterhin beim kostenlosen Unterricht. Apropos lange Nase: Die ist öfter geldwert. Z.B suchte eine Polin einen Job als Englischlehrerin und behauptete, ihre Mutter sei Kanadierin und nach Polen emigriert, haha. Hat aber geklappt. Während eine echte Amerikanerin mit taiwanischen Vorfahren zu hören bekam: „mei you banfa", nichts zu machen, die Nase ist für Englisch einfach zu kurz. Meister Feng wollte mich aber in Zukunft in seiner Fortgeschrittenenklasse sehen, wo nicht gemalt wird, sondern wo man das, was man zu Hause gemalt hat, mitbringt um es von ihm kritisieren zu lassen. Als ich mir das erste Mal ein Herz fasste und zu diesem Unterricht erschien, wollte ich am liebsten Mäuschen spielen, was eigentlich ganz gut gelang, wenn man von einer neonfarbenen Maus in Hundegröße ausgeht. Die Schüler sind hauptsächlich Männer im besten Alter, gerne Lehrer und alle kalligraphieren, nur die eine andere Frau (Lehrerin) malt auch. Für die Korrektur fuhrwerkt er mit Tusche und Pinsel zur Erläuterung im mitgebrachten Bild herum und auch eines meiner in stundenlanger Fitzelarbeit hergestelltes Landschaftsbilder segnete so das Zeitliche.

Beim zweiten Mal schenkt mir die eine Mitschülerin befremdlicherweise eine Uhr in Fischform, obwohl „Uhr schenken" „song zhong" genauso klingt, wie „Eltern das letzte Geleit geben" und daher als Geschenk strikt verboten ist. Allerdings kriegten auch die anderen eine und es entstand ein belustigtes Songzhong-Gemurmel. Sie beeilte sich zu versichern, dass es ja keine Zhong, also Uhr wäre, sondern ein Fisch mit Weckerfunktion. Fisch „yu" ist wiederum gleichlautend mit Überfluss und somit ungeheuer Glück verheißend.

Mir wurde eine weißhaarige Dame als die Mutter von Lehrer Feng vorgestellt und als ich ihr Ikebana lobte, das ich auf der Ausstellung gesehen hatte, lächelte sie freundlich und alle anderen lachten, denn: Sie kann kein Chinesisch, sondern nur Japanisch und Taiwanisch. Das wieder. Aber diesmal wegen Immigration von Japan nach Taiwan. Alle seine Eleven schwören auf Meister Feng, was ich verstehen kann. Gleichzeitig beiläufig und schnell und konzentriert und treffsicher, korrigiert er die Kalligraphien mit den unterschiedlichsten Schrifttypen. Ich habe zur Beurteilung natürlich zu wenig

Ahnung, aber das was er macht, ist überzeugend. Phänomenal. Es wird geraucht, Schnaps getrunken und in Chili eingelegte ganze Fische gegessen, so dass alle schwitzen wie verrückt. Eine angenehm aufgeräumte Stimmung und auch mal nicht so studentisch.

Alle meine drei Lehrer haben natürlich von der Herangehensweise völlig unterschiedliche Vorstellungen. So ist es zum Beispiel Lehrer Zhang völlig egal, was und wie wir malen, solange wir ihn großartig finden. Ein Umstand, der letztlich dazu führte, dass ich den Unterricht bei ihm abbrach. Lehrer Li hingegen besteht auf dem Kopieren von Bildern, die so gemalt sind wie es der Senfkorngarten vorgibt. Dieses um 1700 herum erschienene Buch in vier Bänden ist eine umfassende Anleitung für Tuschmalerei und gleichzeitig eine Erläuterung der zugrunde liegenden geistigen Haltung im Sinne des philosophischen Daoismus. Meister Feng wiederum verlangt eigene Naturbeobachtung und legte mir dabei auch ans Herz, mal ein paar Hühnerfüße auf dem Markt zu kaufen, als ihn ein meinerseits gemalter Hahn nicht überzeugte. Ich müsste sie ja nicht essen.

Insgesamt führt die Tuschmalerei in der modernen chinesischen Welt ein Nischendasein unter Intellektuellen. Und da auch nur auf Platz 2. Denn die große, die wirkliche Kunst, das ist die Kalligraphie.

Was gesamtgesellschaftlich aber wirklich zählt, ist Erfolg und zwar messbarer Erfolg. In der Uni schrieben wir den (gefühlten) 43. Test und im mündlichen Teil hatten wir das schöne Prüfungsthema: Sind Prüfungen sinnvoll? Ich rang mich zu einem entschiedenen einerseits und andererseits durch, was auch gut zu den Redewendungen passte, die wir dabei verwenden sollten. Interessanterweise fand vor allem die Koreanerin, die immer unheimlich hohe Punktzahlen erreicht, Prüfungen schädlich, denn der Leistungsdruck sei zu hoch. Also das Ausbildungssystem hier (vielleicht ist Korea da ähnlich) scheint mir auch ein wenig fraglich zu sein: Alle werden gedrillt, der/ die Beste zu sein, pro Klasse, pro Jahrgang, im Landesjahrgang, aber: Es kann nur einen geben. Deshalb gibt es auch die Buxiban, die Ergänzungsschule, um auch am Abend noch die kleinen Gänschen zu stopfen.

Die Polin, die nun in einer Buxiban 10jährige unterrichtet, erzählte, dass niemand ihr zuhöre und alle rumschrien. Das kann ich irgendwie verstehen. Die Kinder bei meinem Lehrer Li sind dagegen ganz brav, aber müssen unentwegt irgendwelche Stillleben zeichnen oder malen. Sie lernen dabei sicher was, aber ob es ihnen Freude macht, könnte ich nicht sagen. Wenn Frau Li nach 1 1/2 Stunden ruft, dass die xiao pengyou, also die kleinen Freunde, wie Kinder hier in der Regel genannt werden, nun Pause machen müssten, dann holen doch tatsächlich ein paar davon ihre Schulhefte hervor und fangen an zu lernen. Bei so einem Drill muss jede Kunst zwangsläufig ein Nischendasein führen.

23. Alishan

Die Universität feierte Geburtstag und das war mein großer Tag als Deutschlandvertreterin. Glücklicherweise stellte sich heraus, dass das zu tragende T-Shirt und die Mütze nicht in Landesfarben gehalten waren, sondern sprachzentrumsintern einheitlich. Landestypisch musste ich nur ein Fähnlein in den Wind halten. Tage vorher war Shuling aus dem Büro schon ganz aufgeregt und fragte, ob wir auch ja kämen. Ich denke, es hat für Taiwaner eine gewisse Bedeutung, wenn Leute aus so vielen verschiedenen Ländern bei ihnen ihre Fähnchen schwenken, weil sie ja in fast keinem dieser Länder als Staat anerkannt sind und wir aber so doch ein bisschen als Landesvertreter auftreten. Und für Shuling, die die ganzen Ausländer verwaltet, ist es natürlich noch mal insbesondere bedeutsam, weil wenn wir nicht kommen, hat sie ein Gesichtsproblem. Und so erschienen denn auch die meisten und nahmen ihre Fähnchen in Empfang. Es gab so vereinzelte Erscheinungen wie einen Kolumbianer oder einen Schweden oder einen Australier oder eine Tschechin oder einen Tibeter, und dann Dopplungen wie zwei Polinnen, zwei Deutsche, zwei Russen, zwei Amis und so weiter und dann die großen Gruppen Japaner und Koreaner. Erstere zum Teil mit ihr Nationalgefühl betonenden Stirnbändern, letztere mit selbst mitgebrachten Riesenfahnen. Wir anderen waren da doch national weniger enthusiastisch. Nach langer Sammlung hielten wir dann, eigentlich in gut sortierten Viererreihen, tatsächlich jedoch in loser Formation, fähnchenschwenkend Einzug in das mäßig besetzte Stadion, wedelten frenetisch, wurden abgefeiert, bestaunt und willkommen geheißen und bogen nach 200m ab, um auf dem Fußballfeld auf all die Formationen der anderen Fachbereiche zu warten und zu jubeln und all das. Es war also sehr schön und spielte sich im Übrigen um 8 Uhr morgens ab. Und nachdem wir noch mit einer Flasche Aufbaugetränk verabschiedet wurden, stellten wir fest, dass so Wörter wie Elektrolyte die Verständigung im europäischen Sprachraum sehr vereinfachen, weil sie überall fast gleich heißen. Für´s Chinesische nützt das natürlich nichts. Dort wird das Wort zwar bedeutungsverwandt mit Elektrolyseflüssigkeit übersetzt, aber gesprochen wird es dianjieye.

Und dann machten Agnieszka und ich uns auf den Weg in die Berge. Hoch fuhren wir mit einem der drei letzten Steilalpinzüge der Welt und zwar 74 km von 30m üNN auf über 2200m und brauchten dafür 3 ½ Stunden. Die Lok war hinten und schob uns hoch. Die Strecke wurde 1912 von den Japanern errichtet, um das Holz besser abbauen zu können. Mir kam die Fahrt nur wie eine Einestundenfahrt vor, es war einfach schön vom subtropischen Palmenbananenwald in gemäßigte Zonen hochgeruckelt zu werden. Als Agnieszka schließlich aufs Klo musste, war dies mittlerweile kaputt und ihr wurde vorgeschlagen, in den anderen Waggon zu gehen. Das hätte aber bedeutet raus aus dem Waggon auf ein offenes Trittbrett zu gehen und sich bei schlingernder Bewegung über tiefe Abgründe auf das andere unverbundene, sich separat bewegende Trittbrett zu schwingen, dort die Tür nach außen zu öffnen, etc. Die Fahrgäste unseres Waggons diskutierten also länger Agnieszkas Drang und entschieden, sie solle besser durchhalten. Und am nächsten Tag trafen wir eine Frau wieder, die auch prompt fragte, ob sie es denn habe halten können. Man muss feststellen, dass uns nicht mit Gleichgültigkeit, sondern vielmehr mit Detailinteresse begegnet wurde. Angekommen standen wir in dieser wunderbaren Bergluft

und da der Bahnsteig aus Zedernholz gezimmert war, dufte-
te es besonders. Wir sahen dem Sonnenuntergang über dem
Wolkenmeer zu und hatten mit dem Zug und diesem Blick
bereits die Hälfte der Must-see-Punkte abgearbeitet. Nachdem wir in Erfahrung gebracht hatten, dass das preiswerte
katholische Hostel geschlossen war, ließen wir uns von einer
Frau in ein Hotel abschleppen, die uns auch an der Rezeption
vorbeischleuste und das Geld für eine Nacht kassierte. Ein
bisschen verwirrt liefen wir dann noch durch den hässlichen
Ort, genossen die Luft und schließlich das taiwanische Fern-
sehprogramm. Besonderes Augen- und Ohrenmerk richte-
ten wir auf Interjektionen, also Ausrufeworte. Netterweise
werden alle Sendungen mit chinesischen Schriftzeichen
untertitelt, damit auch die, die nur z.B. taiwanisch sprechen,
dem Programm folgen können. Und wir nicht nur die Laute,
sondern auch ihre Schreibweise lernen konnten. Während
bei uns irgendwelche ah, ohs, hms etc einfach nach Lust und
Laune verwendet und verändert werden können, ist das auf
Chinesisch nicht so einfach, weil es für jeden dieser Laute ein
eigenes Schriftzeichen braucht und somit die Anwendung li-
mitiert ist, aber auch spezifiziert. Und diese studierten wir
nun. Da alle Sendungen, dabei eine über Polen, moderiert
waren, kam es zum Gebrauch sehr vieler Interjektionen.
Denn Moderatoren müssen frisch, jugendlich und modern
wirken und das kann man offensichtlich durch eine Häu-
fung von Ausrufeworten erreichen. Im Gegenschluss ergibt
sich daraus, dass wenn man formeller oder korrekter sprechen möchte, diese tunlichst vermeiden sollte. Und noch
etwas fiel auf: Man lässt Sätze nicht gerne mit einem Konso-
nanten enden. Das übten wir dann am nächsten Tag: xiaoxi-
nah (*oh*, pass auf/sei vorsichtig), statt xiaoxin und haopiaoli-
anglo (*ah*, wie schön!) statt haopiaoliang etc. Aber vor allem
wanderten wir am nächsten Tag. Leider in größerer Anzahl,
also wir zwei und sehr viele andere. Gepflasterte Wander-
wege mit Sehenswürdigkeiten und das heißt Fotospots alle
zweihundert Meter. Zum Beispiel zwei Teiche, die Schwes-
ternteiche heißen, weil vor langer Zeit zwei Schwestern den
gleichen Mann liebten. Keine wollte das Herz der anderen
brechen und so ertränkten sie sich beide in nebeneinander

liegenden Teichen. Auch eine Form der Solidarität. Die Teiche waren allerdings so flach, dass sie hochgradig betrunken gewesen sein müssen. Und so werden zwei relativ belanglos aussehende Tümpel zu herzbewegenden Fotostationen. Am Ufer des Großeschwesterteichs stehen dann noch die Dreibrüderzypressen, die heißen aber nur deshalb so, weil sie so ähnlich und einträchtig nebeneinander wachsen. Dann eine Baumgeistpagode, die die Japaner errichtet hatten, weil sie da oben im Wald furchtbaren Kahlschlag betrieben und jahrtausendalte Zypressen und Zedern fällten, deren Baumgeister besänftigen oder zumindest geehrt werden mussten. Dementsprechend riesige Baumstümpfe stehen herum, ein paar übrig gebliebene 1000-2000 Jahre alte Bäume, ein Götterbaum (besonders alt und speziell), der jedoch in den 90ern vom Blitz getroffen wurde und schließlich fiel und nun an der Götterbaumstation herumliegt und langsam verschwindet. Ein paar kleine Tempel. Das war alles wirklich schön, aber eben auch beliebt. Und mit Standortkarten nur so zugepflastert, die allerdings immer die Ausrichtung der Himmelsrichtungen wechselten, so dass ich mich ohne sie eigentlich besser zurechtfand. Doch wie es der Zufall wollte, fanden wir noch einen Weg, der zum Tashan (Pagodenberg) führte und siehe da: tausende von Stufen und keine Menschenseele. Es ist eine chinesische Unart, auf möglichst allen Bergen Treppen anzulegen, was den Aufstieg endlos erscheinen lässt und das Absteigen wegen der monoton gleichen Muskelbelastung zur Qual macht. Aber dennoch. Leider hing der Nebel im Berg und so hatten wir nur eine mysteriöse, stimmungsvolle Sicht. Und waren glücklich.
Schließlich schlurften wir nach insgesamt acht Stunden Fußmarsch zurück und dachten vor allem Dinge wie: Schuhe ausziehen, aufs Bett legen, duschen, essen. Und erreichten glücklich unser Hotel. Dort fanden wir unsere Habseligkeiten in Plastiktüten verpackt in der Lobby vor und ein erboster Rezeptionist wies uns auf die Auscheckzeit (11 Uhr) hin. Wir wiesen ihn nicht minder erbost darauf hin, dass wir nicht beabsichtigten auszuchecken, schließlich seien wir ganz offensichtlich für das Wochenende gekommen. Es sei nun aber alles belegt, nämlich reserviert gewesen und außerdem viel

teurer. Es gab ein endloses Palaver und zunächst schleppten wir uns zum mittlerweile geöffneten katholischen Hostel. Dies war aber ebenfalls belegt und so marschierten wir zurück. Unter vermutlichem Verlust sämtlicher Gesichter beharrte ich renitent darauf, dass sie das Problem nun lösen müssten, denn schließlich ging es mir gerade weniger um ein Gesicht, als um ein Bett. Und so stolperten wir wieder der Frau hinterher, die uns das und sich uns eingebrockt hatte und pendelten von dem aus zwei Teilen bestehenden Dorf immer hin und her, rauf und runter, denn entweder war alles belegt, oder zu teuer. Denn 40 € zahle ich vielleicht für einen fensterlosen Raum in Hongkong, aber doch nicht dort in den Bergen! Mittlerweile war ich so geladen und Agnieszka zog brav mit, dass wir beschlossen in der Hotellobby (da standen immerhin vier Stühle) zu übernachten, wenn sie uns nichts Bezahlbares fänden. Das war ein sehr entlastender Gedanke. Schließlich wollten wir eh um 4 Uhr aufstehen, zwecks des Sonnenaufgangs. Solange hätten wir zur Not schon Rumlümmeln können. Auf Chinesisch streitet es sich eigentlich ganz gut, konnte ich feststellen. Speziell Wörter im vierten Ton kann man wunderbar herausspucken.

Nach drei Stunden des Rauf- und Runterschlurfens brachte uns die Frau, mit der ich im Rückblick natürlich großes Mitleid habe, in die Wohngegend der ansässigen Bevölkerung und wir konnten in einem ziemlich schmutzigen Raum, der aber wenigstens ein Fenster hatte und einem mit anderen versprengten Taiwanern geteilten Bad für 25,- € bleiben. Wir waren dann doch glücklich über das Bett und nachdem ich Agnieszka ihr überlebensnotwendiges Verlangen nach warmem Waschwasser mittels Gasherd (mir war mehr nach Tee) erfüllen konnte, war alles wieder gut. Und ich wunderte mich nur noch müde darüber, dass sie den ganzen Tag in kühler Luft in Hotpants herumläuft, aber abends das Fenster auf jeden Fall geschlossen werden muss, weil sie sonst friert. Als um vier der Wecker klingelte, stellten wir fest, dass alle anderen schon aufgebrochen waren, sie müssen für Chinesen ungewohnt leise gewesen sein. Wir standen auf, schwangen uns auf die Straße und liefen in stockdunkler Nacht (naja, es gab ein paar taktisch angebrachte Lampen, Chinesen insgesamt neigen ja eher zur gezähmten Natur) und völliger Einsamkeit den Berg hoch, einen gut ausgebauten Pfad mit allerlei Treppen natürlich. Schließlich tauchte in dieser Stille und Dunkelheit ein beleuchteter, völlig überfüllter Zug auf und ratterte völlig bezugslos an uns vorbei, und verschwand wieder. Außer uns lief kein Mensch. Auf dem Gipfel auf etwa 2400m Höhe war dann schönstes Frühstücken im Gange und hunderte von Leuten warteten auf den Augenblick, in dem die Sonne erschiene. Dies passierte zunächst nicht, sondern es erschien ein Mann mit Megaphon, der uns erklärte, dass wir alle an der falschen Stelle stünden und die Masse setzte sich in Bewegung und gesellte sich zu einer anderen, bereits richtig stehenden Masse auf einer ein paar Treppen höher gelegenen Plattform. Nachdem wir dann alle richtig aufgestellt waren, unterhielt er uns mit dem Anpreisen der Schönheit des Sonnenaufgangs und wann die Sonne im Laufe eines Jahres wo aufgeht und dass es 6 Tage lang zu wolkig war für den Sonnenaufgang und dann pries er einheimische Produkte (vor allem Wasabi) an. An diesem Tag ging die Sonne hinter dem Gipfel des Yushan (Jadeberg), dem mit fast 4000m höchsten Berg Taiwans auf, es war also schon lange hell und Gedrängel und Gelaufe und Gequatsche, aber plötzlich erschien ein kleiner Schein der Sonne und die höher stehenden raunten schon und dann wurde es mehr und alle konnten sie sehen und ein Raunen ging durch die ganze Menge und es war fast religiös. Alle schauten ganz verzückt und eine Minute später war die Sonne aufgegangen und alles quirlte und schnatterte bergab. Wir auch. Das Bedürfnis nach einem Heißgetränk stillten wir im Ort bei einem Teeprobeausschank, der uns dann auch zum Kaufen anregte. Ich holte mir noch tränentreibende Wasabi-Erdnüsse. Und dann verließen wir dieses sonderbare Dorf, das von Samstag auf Sonntag überquillt und wegen des Sonnenaufgangs seine Bewohner zu einem Nachtleben zwingt, billig und schnell mit dem Bus. Vermutlich gibt es hunderte von schönen Plätzen für einen Sonnenaufgang und ich argwöhne, dass diese besondere Popularität von Alishan (benannt nach Ali, einem begnadeten Jäger; shan heißt Berg oder Gebirge) vor allem am Zug liegt, an der Minimierung der Laufstrecke, aber wer weiß.

Zurück zu Hause saß ich wieder in der Hitze und atmete nur noch aus Gewohnheit und nicht aus Genuss und lernte Vokabeln für den kommenden Test, von denen ich mir lange nur „Militärdienst leisten" und „Frau des Bruders der Mutter" habe merken können.

24. Töne und Zahlen

Letzten Montag traf ich mich wieder mit Wenxi. Ich werde den Verdacht nicht los, dass sie mir zumindest im schriftlichen Englisch einiges voraus hat, aber gut, wir treffen uns ja zum Reden. Diesmal besprachen wir Empfehlungsschreiben für eine Uni in London, die sie selbst schreiben muss, weil die einschlägigen, sie empfehlenden Personen kein Englisch können. Glücklicherweise meinte sie, das Englisch müsse nicht richtig, sondern bloß verständlich sein, na das war möglich. Anlässlich des bevorstehenden Vollmondes, kamen wir darauf, dass die Mondphasen in westlichen Kalendern in der Regel auch vermerkt sind und ich versuchte ihr zu erklären, dass wir auch mondabhängige Feiertage haben und nahm Ostern als Beispiel, aber sie wollte das alles kaum glauben. Vielleicht war auch mein Ausdruck im Chinesischen etwas vage. Sie erzählte mir dann, dass einige ihrer Bekannten um Vollmond rum fasten, um die Kriminalitätsrate zu senken. Denn wir bestünden ja hauptsächlich aus Wasser und hätten auch Ebbe und Flut, und bei Flut, die durch den Vollmond noch verstärkt wird, sei dann der innere Druck sehr hoch, was sich häufig gewalttätig entlade. Wenn nun einige ihre Flut durch Fasten unterwandern, sei insgesamt mehr Raum da und der Druck würde nicht so hoch, also auch bei anderen nicht, so als wären wir alle ein Meer und ein paar würden kleine Überläufe schaffen. Sie jedenfalls glaubt das nicht, bzw. fastet zumindest nicht und so aßen wir Glasnudeln aus Mungobohnensprossen in einer Suppe mit bunten Scheibchen mit rosa Blumen drauf, die mal irgendeine Art von Fisch dargestellt hatten und tranken Tee mit lustigen braunen Perlen drin, die zwar geschmacklos,

aber essbar sind. Diese Perlen im Getränk sind sehr beliebt, was mir irgendwie unverständlicher ist, als die Vollmondgeschichte. Also sie waren nicht schlimm, aber warum waren sie überhaupt? Ich bin wohl doch zu konservativ, denn am liebsten trinke ich Tee heiß und ohne alles. Oder eben Saft. An dem Stand, an dem ich mir nun meine tägliche Ration frischen Saft hole, gab es letzte Woche eine Vertretung, vermutlich die Mutter der sonst so schnellen und effizienten Verkäuferin und Saftpresserin und Eisschauflerin und Sich-allesgleichzeitigmerkerin. Nun ist diese Mutter gehörlos und muss immer hinterm Tresen hervorlaufen, während die Kundschaft auf die vorne aufgemalten Schriftzeichen deutet und ich frage mich, ob es überhaupt möglich ist, eine Tonhöhensprache von den Lippen abzulesen, es fehlt ja ein ganz entscheidender Teil der Information. Z.B. die Silbe ji: in meinem kleinen Wörterbuch, gibt es für ji im 1. Ton 22 Bedeutungen mit eigenen Schriftzeichen, im 2. Ton 19, im 3. Ton 6 und im 4.Ton 23. Wenn eine Gehörlose also ji an der Lippenbewegung erkennen kann, gibt es für sie 70 Bedeutungsmöglichkeiten, und natürlich auch für Hörende, wenn ich mit ihnen spreche, befürchte ich manchmal. Glücklicherweise basiert modernes Chinesisch auf meist mehrsilbigen Wörtern, so dass durch die Kombination eine entscheidende weitere Information geliefert wird. Auch für den Saftstand. Denn li im zweiten Ton heißt Birne, im dritten Pflaume und im vierten Litchi. Aber man spricht Birne nur Li, Pflaume Lizi und Litchi Lizhi. Eine Kastanie wäre wiederum Lizi. Und dann kommt es natürlich auch noch auf den Zusammenhang an, denn Li kann zwar neben etwa 60 weiteren Bedeutungen auch Pest oder Flusskarpfen heißen, aber damit ist an einem Obststand doch weniger zu rechnen.
Mit Wenxi diskutierte ich noch ein bisschen über chinesische Malerei und vergriff mich bei der Erwähnung eines Baumstammes im Ton, so dass sie mich erst nicht verstand. Und dann sagte sie ganz leise: ach so, „shugan", wobei sie das „gan" im vierten Ton aussprach. Und ich laut, im vierten Ton nachsprechend: „achso: gan!" und sie: „psssst!" Es stellte sich also heraus, dass „gan" im vierten Ton außer Stamm mit einem anderen Schriftzeichen so etwas heißt wie „ma-

chen, tun", und das wird wie „fuck" gebraucht. Offenbar ist es hier nicht so wie in Amiland (wenn man den Filmen glauben darf), wo „fuck" quasi in einen normalen Satz gehört, sondern es ist EXTREM. Das führt also dazu, dass man auch Baumstamm nur flüstern darf. Mir leuchtete das nicht so ein, aber ihr war es so ernst, dass ich Baumstamm eben auch nur noch hauchte. Aber selbst das war ein kleines bisschen peinlich. Die armen Bäume. Für chinesische Muttersprachler sind Silben in einem anderen Ton ein ganz anderes Wort, aber mir fällt diese Unterscheidung doch wesentlich schwerer und unentwegt ist man deshalb (freundlichem) Hohn und Spott ausgesetzt. Bei der Silbe si wird hingegen eine Ausnahme gemacht. Wie schon erklärt, heißt si im vierten Ton „vier" und im dritten „Tod, sterben", weswegen es fast keine vierten Stockwerke gibt. Und ich habe erfahren, dass wenn man zu viert essen geht, auf die Frage des Platzanweisers nach der Personenanzahl dreipluseins sagt, bloß um dieses schreckliche Wort zu vermeiden. Dabei kann sogar ich meist den vierten vom dritten Ton unterscheiden. Aber offenbar ist Tod so gewaltig, dass er sogar die Tonhöhengrenzen umreißt.

Man kann aber auch einfach die vier Finger ohne Daumen hochhalten. Das wird auch verstanden. Allerdings liegt auch hier Potenzial für Missverständnisse, da Chinesen mit den Fingern anders zählen als der gemeine Westler. In der Volksrepublik zeigt man beispielsweise Acht mit dem Daumen und dem Zeigefinger einer Hand, weil das so ähnlich aussieht, wie das Zeichen für Acht. Der Taiwaner dahingegen meint damit Sieben, weil er die Ähnlichkeit mit dem Zeichen für Sieben für größer hält. Für acht wird dann noch der Mittelfinger dazugetan. Aber nie sind damit Zwei oder Drei gemeint, denn die muss man wieder ohne Daumen zeigen. Zehn kann man mit der Faust zeigen, aber meistens machen sie hüben wie drüben doch eine Geste, als wollten sie einen Vampir abwehren. Das liegt daran, dass die chinesische Zehn aussieht wie ein Kreuz. Und bei den ganzen gegenseitigen Fragen zu Vollmond und Kalender und Ostern erfahre ich auch, dass kreuzigen „an ein 10er-Zeichen-Gestell nageln bis zum Tod" heißt, ein Ausdruck der auf Chinesisch

mit nur fünf Zeichen auskommt. Und ohne saisonalen Bezug, dass Brezeln 8er-Zeichen-Brot heißen, was sich der ara-
bischezahlenschreibenden Welt ja ohne weiteres erklärt.
Und vor allem musste ich diese ungeheuerliche Kulturlosigkeit gestehen, dass Unsereins schon zum Zeigen für Sechs
beide Hände braucht. In Taiwan spreizt man dafür von der
geschlossenen Faust einfach Daumen und kleinen Finger
ab. Wahlweise kann man damit, genau wie bei uns auch, die
Aussicht auf ein zukünftiges Telefonat andeuten.

25. Geistergeschichten

Der Banyangarten auf dem Universitätsgelände, in dem ich
– seit es nicht mehr so heiß ist – meine Pausen verbringe,
war der Richtplatz der japanischen Besatzer und auch die
Guomindang hat dort mal ein Gemetzel unter Taiwanern
angerichtet. Deshalb treiben sich dort außer spielender Kinder, essender Studis und sporttreibender Anderer noch ein
ganzer Haufen Geister rum. Um diesen negativen Einflüs-
sen entgegen zu wirken, soll ein Gebäude auf dem Campus
so gebaut sein, dass es von oben wie das Schriftzeichen für
Mensch aussieht, erzählt mir eine Studentin. Überprüft habe
ich es nicht. Aber ich frage mich: Wissen die den Garten nut-
zenden Nichtgeister das nicht, oder sind sie unerschrocken?
Oder gibt es Taiwaner, die durch und durch nicht abergläu-
bisch sind? Und was sind chinesische Geister überhaupt?
Meine Recherche ergab, dass der Mensch nach chinesischer
Auffassung zumindest zwei Seelen hat, obwohl sich auch
Differenzierungen in fünf oder zehn Seelen belegen lassen.
Aber wenn es denn zwei Seelen sind, die, ach, in eines jeden
Brust kämpfen, dann sind dies die Po-bzw- Körperseele, die
Yin ist und die Hun- bzw. Geistseele, die Yang ist. Die Hun-
Seele steigt in den Himmel auf und wird womöglich Shen,
ein Wort was Geist eher im Sinne von Gott bedeutet. Die
Po-Seele hingegen steigt hinab zu den gelben Quellen und
kehrt – insbesondere bei gewaltsamem Tod oder schlechter
Ernährung durch die Nachkommen – womöglich als Gui, also

Geist im Sinne von Dämon zurück. Diese Po-Seelen sind selber auch sterblich, können aber bis dahin als hungrige Geister einen Haufen Ärger anrichten. Und deswegen wird sich vor ihnen normalerweise ordentlich gefürchtet. Gerade kinderlose, unverheiratete Frauen sind diesbezüglich besonders gefährdet, da die gestorbenen Frauen üblicherweise auf dem Ahnenaltar der Familie ihres Mannes mit versorgt werden. Deshalb gibt es Geisterhochzeiten, in denen ein unverheirateter Toter eine ebensolche Frau heiratet. Oder ein Lebender nimmt einen Geist zur Zweitfrau. Ich habe auch von dem Trick gehört, einen Ring herumliegen zu lassen. Wer diesen dann aufhebe, habe – ob er wolle oder nicht – einen Geist geheiratet. Wenn man bedenkt, dass normalerweise allerlei Hochzeitsriten zu vollziehen sind, ist das aber möglicherweise nur ein Ammenmärchen.

Wenn die Po-Seele also auch sterblich ist, sind die Geister im Banyangarten vielleicht alle schon gestorben und es wurde allgemeine Entwarnung gegeben? Aber das würde bedeuten, dass das Geisterleben nach dem 1. Tod im Durchschnitt kürzer wäre, als das davor und das kommt mir doch reichlich unplausibel vor. Vielleicht liegt es nur daran, dass helllichter Tag ist und damit Yang, was die Yin-Seelen weniger Furcht einflößend macht. Aber Banyanbäume sind Yin und auch Schatten ist Yin, und Nacht und Dämmerung und Dunkelheit. Und deshalb sitzt abends, wie ich dann feststellte, tatsächlich fast niemand unter den Banyanbäumen bei den Po-Seelen-Geistern. Immer wieder wird deutlich, dass Chinesen und Taiwaner Yin nicht mögen und es nur notgedrungen als notwendige Ergänzung zum Yang akzeptieren. Also ist immer Platz genug, abends. Und ich dachte, das liegt an den Stechmücken. Die sind wahrscheinlich auch Yin.

Besonders gefürchtet sind Wassergeister. Und dass das keine Ammenmärchen sind, an die eigentlich keiner so recht glaubt, wurde in einer Tragödie deutlich. Denn zwei Gymnasiasten ertranken an einem Strand in der Nähe von Tainan. Vier Jungen und vier Mädchen wollten einen schönen Tag am Meer verbringen. Zwei der Jungs waren im Wasser und planschten rum, die anderen beiden standen auf so einer Art Pier daneben auf gleicher Höhe. Eine überraschend große Welle kam von hinten und warf die zwei auf dem Pier ins Wasser, es gab einen starken Sog und alle vier wurden raus aufs Meer gezogen. Einer konnte sich selber retten. Der zweite wurde von einer Engländerin namens Suzie und einer Kanadierin gerettet, als diese feststellten, dass es sich nicht um übermütiges Rufen und Planschen, sondern um einen Ertrinkenden handelte. Während der ganzen Zeit saßen die vier Mädels am Strand und bekamen ihre Hintern nicht hoch, nicht mal um einen Krankenwagen zu rufen, als einer ihrer Kumpels sich kotzend und mit letzter Kraft an Land gerettet hatte. Oder ihm vielleicht menschliche Zuwendung zu geben. Ok, ist ein schwieriges Alter und zäh und langsam, aber das kommt mir schon ein wenig deformiert vor. Traditionell chinesisch bedeutet ein Schock, dass die vielteilige Seele unter großer Belastung in noch mehr Teile zerspringt und nicht alle ad hoc den Weg zurück in den Menschen finden. Dafür braucht man dann im Ernstfall einen Daoisten, um die versprengten Teile zurückzurufen, ihnen den Weg zu weisen. Dies wäre ein Grund für die Geistesabwesenheit.

Suzie versuchte, die komplett seelenversprengten Mädchen nun mit wildem Geschrei und natürlich mit dem Problem schockhalber selber den chinesischsprechenden Seelenteil verloren zu haben, zum Herbeitelefonieren eines Notarztes bewegen. Derweil ertranken die anderen zwei. Weil die Jungen alle vollbekleidet im Wasser waren und offenbar nicht oder kaum schwimmen konnten, gab es nun in allen Zeitungen den Hinweis, dass man nicht in Straßenkleidung ins Wasser sollte. Ist sicher richtig. Aber da ist ja dann wieder das Prüderieproblem. Hilfreich wäre auch der eine oder andere Schwimmunterricht, denn kaum jemand kann das hier. Suzie erzählte mir später, dass sie sich Vorwürfe mache, weil sie die zwei anderen nicht hatte retten können, obwohl das natürlich zeitlich gar nicht möglich gewesen wäre. Dass sie vorher noch nie einen Toten gesehen hatte und anschließend von der Presse gejagt wurde wie ein zweiköpfiger Panda, machte die Sache auch nicht leichter. In den Zeitungen wurde sie fälschlicherweise als blond abgebildet und mit Heldenepen besungen. Zu allem Überfluss wurde sie von ihren taiwanischen Freunden wohlmeinend und immer wieder gewarnt: Sie müsse nun wirklich gut aufpassen, am besten solle sie zum Danggi gehen und exorzieren lassen. Denn: Wassergeister gelten als besonders böse und rachdürstig und wenn einer ertrinkt, sie dem Wasser also einen neuen Geist schenken können, können sie selber das Wasser verlassen. Nun hat Suzie ihnen also eine Brücke ans Land gestohlen. Von daher: Alarmstufe rot. Tatsächlich wurde Suzie nervös und fing an, sich zu fürchten. Nach verschiedenen grauslichen Alpträumen mit Geistern und Angstzuständen und Schlaflosigkeit beschloss sie schließlich für sich, dass es sich um nur angstauslösenden Aberglauben handelt. Und weg waren die Geister.

Viele Taiwanerinnen und Taiwaner gehen mit solchen Träumen aber offenbar anders um. Kristins taiwanische Mitbewohnerin träumt häufiger schlecht und das bedeutet eben die Anwesenheit eines Geistes. Nach einem Traum in dem sie gewürgt wurde, taperte die ganze WG allen Ernstes zu einem Tempel. Dort wurde mit den anwesenden Frauen diskutiert, wo wem wie viel Opfer zu bringen sei, um diesen Geist loszuwerden und die WG tauchte alles in weitere Schwaden von Räucherwerk. Ist ja auch gefährlich, ein würgender Geist. Man könnte auch fragen, was macht mich für den Geist so attraktiv, oder was will er mir sagen etc, aber wenn ich das richtig verstanden habe, geht es einfach darum, den Geist loszuwerden.

Leben retten ist für Chinesen oder Taiwaner von daher ein wirklich riskantes Unterfangen. Und schließlich heißt es: Warum soll ich über die Kinder anderer Leute weinen? Die sind zahllos. Soviel zu den negativen Auswirkungen des Clansystems. Dafür hält es die Sozialausgaben niedrig. Aber ich muss zugeben, dass ich mich in letzter Zeit immer öfter fragte, ob ich nicht auch dauernd Geister sehe. Denn es ist ja so: vor Tempeln und auch vor normalen Eingängen finden sich Schwellen. Geisterschwellen. Denn es heißt, dass Geister diese Schwellen nicht überwinden können. Mein Hauseingang hat auch eine, nicht besonders hoch und außerdem mobil (man könnte also auch sagen, dass vor der Tür ein Vierkantholz herumliegt), damit zum Beispiel der Gasflaschenausfahrer die Gasflaschen per Sackkarre reinfahren kann. Es stellt sich nebenbei die Frage, ob Gasflaschenfahrer wohl von ganzen Trupps von Geistern verfolgt werden, weil man hinterm Gasmann womöglich schnell ins Haus schliddern kann? Ich weiß nun schon seit vielen Jahren nicht, warum Geister nicht über die Schwellen kommen. Ob sie so flach sind, oder nur die Füße nicht heben können. Und dann dachte ich letztens: Ja, das muss es sein! Es gibt hier ausgesprochen viele Leute, die ganz offensichtlich ihre Füße nicht heben können oder wollen. Ursprünglich dachte ich, vielleicht ist das eine daoistische Gesundheitsübung. Wie zum Beispiel Rückwärtsgehen verjüngt, so bringt extremes Schlurfen vielleicht auch gewisse Vorteile. Es gibt schließlich auch eine Form der Andacht im Tempel, in der vor bestimmten Figuren lautes und wiederholtes Rülpsen gefragt ist. Aber mittlerweile denke ich, nein nein. Das sind sie, die Geister, unter uns, wie ja die Taiwaner nicht müde werden sich zu fürchten. Die Beschreibung passt. Denn Tote werden ja erst mit der Zeit leichter und unsichtbarer bis sie schließlich wieder sterben und mit dem Geschlurfe kommt man nicht über die kleinste Schwelle. Und werden kulturübergreifend Zombies in der westlichen Welt nicht auch immer so schlurfend dargestellt?

26. Karaoke

Im Kurs für Zeichenanalyse spricht der Dozent ein solches Englisch, dass ich mir wünsche, er würde chinesisch sprechen, aber es ist ihm ein großes Anliegen „tuu takka away our feala falom of chaeinisa chalakatarsi", und uns „intolodusen"[23] und immer nimmt er erst den falschen Stift, um etwas an die Tafel zu malen. Warum der Stift falsch ist, ist nicht ersichtlich, jedenfalls ist immer der Stift, mit dem er zuerst an die Tafel schreiben will, der falsche, was ihm auffällt, wenn er ihn angesetzt hat und dann muss wieder

---

23 so etwas wie engl., sinngemäß: er möchte uns die Angst vor chinesischen Schriftzeichen nehmen und uns einführen

die Kappe drauf und der andere geöffnet werden und sein
Hosenbein ist auch schon ganz bunt. Gelernt habe ich z.B.,
dass sich Mandarin von man-da-ren herleitet, wobei „man"
die Mandschus bezeichnet und „da-ren": Großer/wichtiger
Mensch, also z.B. Beamter. Es ist damit die Sprache der hö-
fischen Mandschus gemeint, die ja (als Qing- und letzte Dynastie), ihre Hauptstadt in Beijing hatten und insofern ganz
richtig der Pekinger Dialekt damit bezeichnet wird. Aber warum Mandarinen Mandarinen heißen, weiß ich leider trotzdem nicht und er wird dies auch nur schwer beantworten
können, weil sie auf Chinesisch juzi heißen. Vielleicht wegen der kaiserlich gelben Farbe? Das ethymologische Lexi-
kon verweist allerdings auf das Spanische Naranja, was ich
nur mittelmäßig ähnlich finde. Abgesehen von manch nütz-
licher oder erhellender Information, hör ich ihm furchtbar
gerne zu und verstehe mittlerweile, dass bei ihm calatikals
classics[24] heißt. Und wenn er dann strahlend als würde er
ein Überraschungsgeschenk präsentieren sagt: „It´s a life!"
und meint knife[25], das ist einfach wunderbar. L und N ist für
viele Taiwaner übrigens schwer zu unterscheiden.
Die Japaner hielten es in seinem Kurs allerdings nicht lange aus, vielleicht weil er doch zu sehr darauf rumritt, dass
eigentlich alle Kultur aus China gekommen sei und Japan
mehr so eine Art Derivat sei. Aber vielleicht wollte er genau
das erreichen? Denn seit keine Japaner mehr kamen, ist auch
von Japan einfach keine Rede mehr. Er stammt vom Festland
und dort hat die japanische Armee im zweiten Weltkrieg so
furchtbar gewütet, dass eine Aversion zumindest verständlich ist. Jedenfalls ist er ganz furchtbar beseelt von seiner
Liebe zur chinesischen Kultur und den Schriftzeichen insbesondere. Und er bewies uns unwiderlegbar (er geht nicht
davon aus, dass man außer nicken und lächeln irgendwas
zu seinem Unterricht beiträgt), dass China ursprünglich ein
Matriarchat gewesen sei, da das Zeichen für Frau ein Bild
und damit älter als das Zeichen für Mann – ein zusammen-
gesetztes Zeichen aus zwei Bildern – sei. Na, soll mir recht
sein, sie haben sich aber bitter gerächt, die Jungs hier in den

24 engl.: Klassiker, hier sind die Werke in klassischem Schriftchinesisch gemeint
25 engl.: it´s a life: Es ist ein Leben; knife: Messer

letzten Jahrtausenden, für was auch immer. Und dann erzählt er noch, dass Chinesen früher sehr gerne getanzt hätten, sogar große Tänze mit zigtausend Leuten habe es gegeben, aber als die erste Mongolenherrschaft errichtet worden war, wäre ihnen die Lust daran vergangen. Also ich muss sagen, von diesem Trauma haben sie sich heute noch nicht erholt, denn tanzende Chinesen sehen in der Regel nicht so aus, als hätten sie den oder irgendeinen Rhythmus im Blut. Aber das muss am Körpergefühl und nicht am Rhythmusgefühl liegen, weil Singen schließlich gar kein Problem ist. Beim Thema Singen und Japaner fällt einem zwangsläufig Karaoke ein. An der Uni gab es denn auch eine Chinesischfürausländerkaraokewettkampfveranstaltung. Erstmal das Wort: Karaoke ist natürlich japanisch und Kara der gleiche Bestandteil wie in Karate und heißt leer. Und Oke ist der Instrumentalteil eines Liedes. So weit so gut. Japaner benutzen drei Arten von Schriften: Kanji, das sind die chinesischen Schriftzeichen, Katakana, das ist eine eckige Lautumschrift, die vor allem für ausländische Namen gebraucht wird und Hiragana, ebenfalls eine Lautumschrift, das sind diese Kringel und die braucht man für das normale Japanisch, z.B. um einem unschuldigen chinesischen Schriftzeichen durch Anhängen verschiedener Grammatikformen eine Art Flexion angedeihen zu lassen. Für das Kara in Karaoke gäbe es nun ein hübsches Kanji, also chinesisches Schriftzeichen, aber das wird nicht benutzt. Sondern im Falle von Karaoke wird Kara in Hiragana geschrieben, vielleicht um zu demonstrieren, dass es sich um etwas originär Japanisches handelt? Die Chinesen benutzen für das Wort eine teilphonetische Umschrift, also ein Schriftzeichen mit der Aussprache Ka, eins mit La und dann wird einfach „ok" in Lateinischen Buchstaben angehängt, also 卡拉 ok. Das mit den phonetisch genutzten Zeichen ist ohnehin häufig verwirrend: Nachdem ich öfter in einem Aufzug verständnislos auf die Schriftzeichen „Nutzen, Glück, besonders" geschaut hatte, verstand ich endlich: Da steht einfach Lifute, die phonetische Umsetzung von Lift! Na, so was ist täglich Brot. Zurück zum Karaokewettbewerb: Im Hintergrund liefen per Videobeamer übertragene Skifahreraufnahmen aus der

Schweiz und manchmal verweilte die Kamera versonnen auf so exotischen Wörtern wie: Güterbahnhof. Zwei chinesische Lieder mussten gesungen werden und der Text von einem vorgelesen. Das ist deswegen von Bedeutung, weil man die Tonhöhen naturgemäß nicht mitsingen kann und ein gelesenes Lied daher ganz anders klingt. Natürlich nahmen wesentlich mehr Kurznaserte als Rundäugige teil, aber tatsächlich nicht nur. Ich war allerdings feige, obwohl ich mich ja sonst immer mal gerne auf eine Bühne stelle, aber zum Singen? Ich ergriff lieber einen Tag nach dem Wettbewerb die Gelegenheit der noch aufgebauten Anlage und sang fröhlich und allein „Yueliang daibiao wo de xin" ins Mikrophon. Mehr Lieder kann ich auch gar nicht. Der Titel bedeutet: „Der Mond beweist meine Liebe", und da es weiter geht: „Meine Gefühle ändern sich nicht", sehen Chinesen das wohl anders als der Shakespeare-verdorbene Westler, denn: Ich bin nicht wie der Mond, der Wandelbare, der ständig seine Scheibe wechselt, so ähnlich äußert sich doch Romeo zu diesem Thema.

Karaoke ist in Taiwan außerordentlich beliebt. Der Rückgang von Karaokebars soll auch mehr damit zusammenhängen, dass sehr viele eigene Karaokemaschinen zu Hause haben. Für das Liedchen zwischendurch. Und eigentlich habe ich bisher nur eine Chinesin getroffen, der öffentlich zu singen peinlich war und die lebt schon seit Ewigkeiten in Berlin. Eine Alternative zu Karaokebars ist KTV. KTV ist im Unterschied zu Karaoke eine Veranstaltung im privaten kleinen Rahmen. Wir hatten einmal so ein muffeliges, schallgedämpftes kleines Zimmer gemietet, mit KTV-Anlage und zwei Mikrophonen. Und glücklicherweise einen Taiwaner dabei. Denn während wir noch damit beschäftigt waren, die illegal eingeschleusten Bierflaschen mit Feuerzeugen zu öffnen, um uns ein wenig aufzulockern, fing Tianli schon mal zu singen an. Wir anderen kämpften noch eine Weile weiter mit Peinlichkeitshürden und Sprachproblemen, weil drei Leute kein oder fast kein Chinesisch konnten und Takashi dafür kein Englisch. Aber schließlich sangen wir noch alle bis zur Heiserkeit und darüber hinaus, auch wenn es sich nicht immer gut anhörte. Den Wettbewerb gewann mein Kumpel Takashi, der ganz entgegen seiner üblichen Schüchternheit im Fummel wie wild geworden durch den Saal raste und wirklich hervorragend sang. Und er ist natürlich Japaner.

27. Wahlkampf beim Göttergeburtstag

Am Sonntag fragte mich Mama Zheng, was ich am Montag vorhätte, denn sie wolle mich im Zusammenhang mit einem Tempelfest zum Essen einladen. Nun war ich mit Wenxi in einem japanischen Fastfood-Restaurant zum Riceburger-mit-Seetang-essen verabredet und meinte daher, dass das nicht ginge. Sie meinte daraufhin, dass ich mich ja mit meinen Freunden an jedem Tag in der Woche treffen könnte, aber morgen müsste ich nun mit. Sie ließ keinen Widerspruch gelten und ich hatte den Eindruck, wenn ich nicht meine Wohnung verlieren will, täte ich gut daran, mich einladen zu lassen. Und so trabte ich dann mit Matt am Montag zum Tempel des südlichen Himmels, weil der dort verehrte Gott Geburtstag hatte. Es wurden ihm große Schildkröten aus Reis und Frühstücksflocken geopfert. Mama Zheng trug wie alle anderen dem Tempel in irgendeiner Form Dienenden einen leuchtend gelben Jogginganzug und verkaufte Opfergeld. Eine Gruppe in schwarzglänzenden Satin gehüllter Frauen sang, bzw. rezitierte. Vor lauter Räucherstäbchen konnte man kaum atmen und immer wieder gingen ein paar Böller los, also Renao vom Feinsten, wie gehabt. Unten auf dem Vorplatz waren unter Zeltdächern (es regnete seit zwei Tagen immer wieder) runde Tische gedeckt, so zwischen 30 und 50 und an einen dieser Tische wurden wir dann mit Mama Zhengs Familie platziert. Sie selbst saß allerdings bei wichtigeren Leuten. Dafür war eine Frau aus dem Unibüro mit ihren zwei Söhnen (chinesisch 10 und 8 Jahre alt, für uns 9 und 7, denn chinesische Kinder kommen schon mit einem Jahr auf die Welt.) ebenfalls eingeladen und so alberten wir eine Weile herum und dann ging das Essen auch schon los. Schweinefleisch mit Nudeln, Kalamares in scharfer Soße, Fischkroketten, Fischrogen, gekochte Pilze, ein ganzer gebratener Fisch, dann in Teig gerolltes Irgendwas, eine Mischung aus Fisch und Obst, ölige Reisröllchen, eine Suppe mit Ei und Shrimps, eine Platte Obst, Pilze und fischige Seltsamkeiten in Pilzform mit Brokkoli und Paprika, Riesenshrimpse, also wirklich große und dann noch eine Suppe. Ich identifizierte die Einlage zunächst wiederum als Pilze – davon gab es tatsächlich welche, aber das meiste waren doch sehr eigenartige Tierteile, so dass ich an dieser Stelle die Nahrungsaufnahme aufgab. Ich hatte eh schon länger einen Eiweißschock. Ganz untraditionell gab es dann noch ein Eis am Stiel zum Nachtisch. Der letzte Gang ist üblicherweise eine klare Suppe und keine Süßspeise. Aber mir war es recht, denn so konnte ich doch wieder mitessen, obwohl ich mein Schüsselchen nicht leer gegessen hatte und wegen der Seltsamkeiten darin auch nicht leer essen wollte.

Während dieser ganzen Zeit wurden auf der Bühne, die man wegen des Regenschutzes kaum sehen konnte, Reden gehalten, auch der Bürgermeister erschien und sagte ein paar warme Worte und miniberockte Mädchen sangen zu Hintergrundmusik aus der Dose, sprich Karaoke. Die Bühne selbst war mit einem dörflichen Bühnenbild ausgestattet und die gemalten Dächer waren mit unzähligen bunten Glühbirnensträngen ausgestattet, die abwechselnd aufblinkten. Dann kamen immer wieder unermüdliche Wahlkämpfer an die Tische, verschenkten Taschentücherpäckchen und Werbematerial und wir mussten natürlich mit ihnen anstoßen. Ich entschied mich spontan für die Nummer 8 der Wahlkampfliste, da er auf dem Foto weniger künstlich aussah und vor allem: Er hatte sich auf einem Fahrrad abbilden lassen! Sehr gewagt, sehr innovativ und mutig angesichts des deklassierten Standes der Radfahrer. In natura war die Nummer 8 dann nicht sonderlich Aufsehen erregend, aber ich darf ja eh nicht mitwählen, obwohl sich alle Wahlkämpfer immer besonders um uns Langnasen zu bemühen schienen.

Da man unablässig von kleinen Propagandawagen beschallt wurde, war ich froh, als diese vermaledeiten Wahlen endlich vorbei waren. Zuvor wurde noch ein Gesetz zur Erhöhung der Strafandrohung für Stimmenkauf oder Stimmenverkauf erlassen. Was natürlich deshalb wenig nützt, weil die Strafe zwar hoch ist, aber keine ernsthafte Verfolgung droht. Auf jeden Fall sei es in der älteren Bevölkerung üblich, die zu wählen, die am meisten zahlen. Aber ein paar Gymnasiasten hatten große Protestplakate gegen Stimmenkauf aufgehängt. Das war schon mal sehr erfreulich.

Das öffentliche Wahlkampfgewese steht in absonderlichem Widerspruch zu tatsächlich stattfindenden politischen Diskussionen im privaten Bereich. Denn wenn ich jemanden frage, wen sie wählten und warum, heißt es: Weiß Nicht, geh nicht wählen, keine Ahnung, wusuowei (sprich: Ist doch egal, macht eh keinen Unterschied). Ich gehe davon aus, dass sich dies innerhalb von Familienverbänden anders abspielt, mich geht es aber offenbar nichts an. Die Guomindang hatte in der Wahl dann ziemlich abgeräumt, was dem regierenden Präsidenten von der Fortschrittspartei nun ein paar Probleme machen dürfte. Das mit den parteipolitisch bedruckten Papiertaschentuchpäckchen war trotzdem noch nicht vorbei, denn nach der Wahl fuhren schon wieder alle rum, um sich bei den Wählern zu bedanken. Und ich befürchte sie gehen gleich in irgendeinen nächsten Wahlkampf. Nach der Wahl ist vor der Wahl.

Aber das Fest fand noch vor der aktuellen Wahl statt und wir standen auf und stießen mit den Politikern an und setzten uns wieder und standen wieder auf etc. So waren wir alle während des Essens sehr beschäftigt und ich stellte erst im Nachhinein fest, dass ich halb unter der Zelttraufe saß und meine Kapuze nun schwer von herabtropfendem Wasser war. Kaum war das Essen beendet, kramten alle ihre sieben Sachen zusammen und gingen wie üblich sofort, daran konnte auch die mittlerweile nur noch mit einem leopardengemusterten Bikini bekleidete Sängerin nichts ändern. Eine chinesische Essenseinladung endet gleichzeitig mit dem Essen selbst. Weil mir nach diesem Gelage dringend nach einem Kaffee war, ging ich noch einen trinken und bekam prompt ein Stück Kuchen (Schwarzwälderkirschtorte) geschenkt, aber das landete dann erstmal im Kühlschrank.

28. Deutschunterricht

Letzte Woche sollte ich nun Yinjie Deutschunterricht ertei-
len, weil das mit Gharieb, ihrem deutschen Mann, als Lehrer wohl nicht so gut klappte. Dieser sollte am Abend jedoch
vier kleine Kinder um die drei-vier Jahre alt in Kungfu unterrichten, wobei Yinjie für den Fall mit musste, dass eines
zu weinen anfinge. Denn dann muss da eine Frau für die
Tröstungen bereitstehen. Wir fuhren daher zu einem Haus
mit 23 Stockwerken, in dem sehr reiche Tainaner wohnen.
Sechs Wachleute saßen in der Lobby an unzähligen Monito-
ren, blitzend geschliffener Steinfußboden, die Wände holz-
getäfelt, die Aufzüge verspiegelt und messingbeschlagen,
ein Schwimmbad, ein Sportraum, eine Bibliothek, alles vom
Feinsten, oder zumindest so, dass offensichtlich ist, dass es
teuer war. Wohnen sollen da z.B. Besitzer von berühmten Im-
bissbuden, erzählt Yinjie. Zu viel mehr kamen wir nicht, weil
sie einerseits das Lehrmaterial vergessen hatte und andererseits ihr Mann dauernd kam und etwas erzählte und dann
weinte erst das eine, dann ein anderes Kind. Und schließlich
verschoben wir den Deutschunterricht und redeten lieber
Chinesisch. Mich beschleichen leise Zweifel an ihrem Ent-
schluss Deutsch lernen zu wollen. Beim nächsten Treffen
dann prompt: Sie hätte noch nicht gegessen und sie würde
Freitagmittag immer mit ihrem Mann in demunddem Lokal
essen, weil ihr Mann den Wirt mal wundergeheilt habe oder
was auch immer. Ich fragte mich nur wenig überrascht, warum sie sich mit mir zu einer Zeit verabredet zu der sie weiß,
dass sie da immer was anderes tut, aber gut, wir watschel-
ten also hin und ich schaute ihr und dann auch ihrem Mann
beim Essen zu, denn ich hatte natürlich davor schon gegessen. Der Unterhaltungswert wurde stark gesteigert, als der
Wirt ihrem Mann Gharieb einen Kumpel vorstellen wollte,
der auch Kungfu macht. Blutunterlaufene Augen, Fluppe im
Mund und betelrote Zähne. Der Mann hat offenbar das eine
oder andere Problem oder sagen wir: Laster. Aber er kann
seine Handfläche so auf einen Flaschenboden drücken, dass
er diese dann mit offener Hand mit der Flasche nach unten
heben kann, und das geht auch mit einer vollen Glasflasche,

Das ganze Jahr über setzt in Taiwan die Dämmerung zwischen halb sieben und sieben Uhr ein. Auch in der alten Hauptstadt Tainan ist dies eine der beliebtesten Zeiten für einen Einkaufsbummel.

Religiosität ist in Taiwan keine Altersfrage. Der funktionierende Austausch zwischen den Welten geht alle an.

Es dauert eine ganze Weile, bis man das angebotene Essen als solches erkennt und zu schätzen weiß. Aber Reispäckchen mit den hier – unter anderem – abgebildeten getrockneten Fischfasern und sauer eingelegtem Gemüse sind ein wirklicher Genuss.

Zum Mitteherbstfest versammeln sich Hunderte vor den Tempeln, um in Familienverbänden zusammen zu grillen.

Der Berg Datongshan bei Fenqihu hüllt sich nachmittags meist in Nebel und Wolken. Weil Taiwaner üblicherweise nicht gerne zu Fuß gehen, kann man die stimmungsvolle Landschaft alleine genießen.

Der Gaypride in Taibei führt auch am 101, einem der höchsten Gebäude der Welt und Wahrzeichen der Hauptstadt, vorbei.

Zur Prozession rund um den Longshantempel (Taibei) gehören auch die mit Trommeln angefeuerten Drachentänzer.
Die Drachen spielen mit der Perle des Glücks.

Das morgendliche Taiji am Konfuziustempel mit Meister Luo
gehörte für die Autorin zu den entspannendsten Momenten
ihres Aufenthalts in Taiwan.

Besiedelbare und bebaubare Fläche ist knapp auf Taiwan. Und so wird auch mal in der Innenstadt Taibeis Gemüse angebaut.

Der Alishan (2190 m) umgibt sich mit einem Meer aus Wolken. Sein Qi, also seine Lebensenergie oder Atem, soll besonders günstig sein.

Nicht alle Tempel und Götter sind gleichermaßen wirktätig.
Der Wenwu-Tempel am Sonne-Mond-See muss zu den besonders wirksamen gehören, da Gläubige unzählige rotgol-
dene Votiv-Anhänger beschriftet und aufgehängt haben.

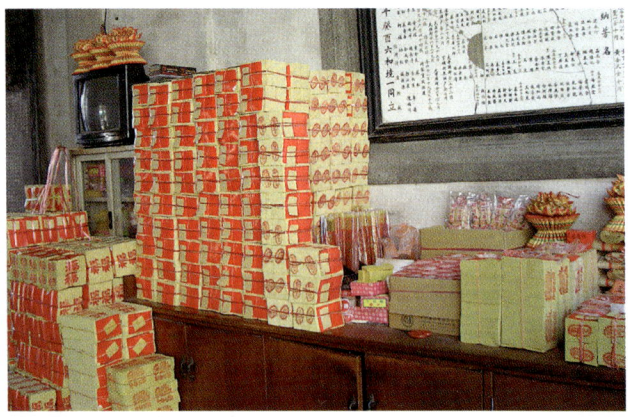

Um einerseits den gegenseitigen Austausch zwischen Göttern und Menschen zu pflegen und um andererseits die eigenen Ahnen zu versorgen, wird Opfergeld nicht nur bündelweise, sondern stapelweise verbrannt. Der Fernseher dient der Unterhaltung der im Tempel Diensttuenden.

Das Laternenfest bildet den Abschluss der Neujahrsfeierlichkeiten. Zu diesem Anlass werden Laternen jedweder Form gebastelt: Hello-Kitty-Katzen, Kreuzigungsszenen, Mazustatuen oder eben neugierige Nachbarinnen.

Gedämpfte Teigtäschchen (Jiaozi) sind beliebte Imbisse. Üblicherweise sind sie nudelweiß und mit Schweinefleisch gefüllt. Es gibt sie allerdings auch in zahlreichen Varianten, hier zum Beispiel nach „Chrysopasblumenart", gefüllt mit Algen und Pilzen.

Tote werden nach Fengshui bestattet. Aus diesem Grund können die Gräber nicht in Reihen angelegt werden, sondern überziehen die Friedhofshügel kreuz und quer.

Am 5.5. des Mondkalenders findet das Drachenbootrennen statt. Hunderte von Teams treten in Tainan gegeneinander an. Parallel dazu wird ein großer Jahrmarkt abgehalten.

Wahrsager lesen die Zukunft aus der Physiognomie, den Geburtsdaten oder dem Verhalten von Singvögeln.

Beim Kulturfest am Konfuziustempel zeigen diese Mädchen, dass sie nicht nur bezaubernd aussehen, sondern auch phänomenal tanzen können.

Die Menschen in Taiwan sind sehr gastfreundlich und immerhin passen auf den Parkplatz noch mindestens acht
Scooter.

die er extra dafür holte. Wenn er die Hand umdreht und die Flasche nun darauf steht, kann man diese auch nicht so einfach abpflücken. Also eine schöne Sache. Das würde er alles mit seinem Qi machen und das hätte nichts mit Vakuum zu tun. Gharieb kochte vor sich hin, weil ihm das nicht gelang und erklärte alles für Unsinn. Ich vermute, dass er mittlerweile so lange geübt hat, dass er es jetzt auch kann. Aber zunächst wurde da rumgegockelt und es ist alles wahnsinnig lächerlich, aber von einem gewissen Unterhaltungswert. Nach diesem Intermezzo gingen Yinjie und ich rein und fingen an mit „Ich heiße..." „Wie heißt du?" und konjugierten „sein" im Präsens. Und sie notierte über den Worten immer irgendwelche Tonhöhen und wollte einfach nicht glauben, dass es nicht um Tonhöhen geht, aber egal, solange es ihr bei der Aussprache hilft. Vermutlich werden wir keine allzu lange Sprachpartnerschaft pflegen, weil ich diese Unorganisiertheit und auch ihren Mann nicht ertragen kann, so nett sie auch ist.

29. Krasse Frauen

Frauen wirken in Taiwan häufig so, als würden sie nicht schlicht einem anderen Geschlecht als Männer angehören, sondern einer anderen Spezies. Gemischtgeschlechtliche Freundschaften habe ich denn auch nur äußerst selten beobachten können. Frauen sind blass, gertenschlank, schwach und hilfsbedürftig. Wobei letztere zwei Eigenschaften womöglich nur scheinbar vorliegen, aber dieser Schein ist der Körpersprache geschuldet. Die normale Taiwanerin hält ihre Arme in der Regel dicht am Körper und hebt sie allenfalls nach vorne. Und so trägt sie Einkäufe und Kinder, so schreibt sie an die Tafel, so arbeitet sie. Kraftlos und mit kleinem Radius. Und das alles auf losen Sandälchen mit hohen, dünnen Absätzen. Auch auf dem Scooter sind die Oberarme immer eng am Oberkörper, wobei die durch enge Röcke bedingte X-Beinigkeit darüber hinaus behindert. Es ist eine bewundernswerte, aber beklemmende Mischung von beachtlicher

Körperbeherrschung und der Unfähigkeit spontanen Körper-
einsatzes. Draußen sind außerdem noch allerlei Schutzmaß-
nahmen gegen die Sonne zu treffen. Manchmal möchte ich
die ein oder andere schütteln. Nun bin ich körperlich schon
ganz anders gestrickt, aber natürlich werde ich trotzdem
ebenfalls in die Menschengruppe einsortiert, die angeblich
am liebsten am Telefon über Klamotten redet und Mühe hat
eine Tür zu öffnen. Das ist ermüdend und hoffentlich in den
meisten Fällen falsch. Aber ganz manchmal sieht man auch
andere Frauen.

Tainan verfügt nämlich über ein städtisches Kulturhaus in
dem unter anderem Konzerte abgehalten werden. Manchmal sind neben Beethoven und Orff auch welche sinokultu-
rellen Ursprungs dabei.

Einmal zum Beispiel ein chinesisches Trommelkonzert. Auch
viele, viele Kinder sollten hier kulturgebildet werden, aber
bei diesen überwog doch die Langeweile. Nur zwei Mädchen
schräg vor mir (so um die 8 Jahre) gingen voll mit und imi-
tierten das Trommeln in der Luft, was erstaunlicherweise
nicht störte sondern eher erfreute, mich jedenfalls. Auf der
Bühne trommelte sich ein Trupp mönchsartig gekleideter
MusikerInnen die Sehnen aus den Armen und es war ganz
und gar wunderbar. Zu dieser Art des Trommelns gehören
viele ritualisierte Bewegungen, so dass es zuweilen aussah,
als würden sie mit ihren Trommeln kämpfen. Und besonders
schön war eben auch, dass die Frauen nicht nur Hackbrett,
Zither oder Xylophon, sondern auch die großen Trommeln
spielten. Und das heißt: Sie hoben die Arme auch seitlich und
zwar kraftvoll. Hoch und immer wieder. Wenn ich da nicht
zugeschaut hätte, wäre ich nie auf die Idee gekommen, dass
ich das Sehen einer Bewegung vermissen könnte. So war der
Anblick der Trommlerinnen für mich äußerst entspannend.
Und während alle dem Thema: „Befreie deinen Geist", oder
„Freiheit für den Geist" entsprechend unbewegt schauten
und ich bei manchem schnellen, gleichen Rhythmus an den
Tausendfüßler dachte, der nicht mehr wusste, wie er laufen
sollte, als er anfing darüber nachzudenken, konnte eine nicht
aufhören zu strahlen und drosch begeistert auf ihre Trommel ein, als gäbe es nichts Tolleres auf der ganzen Welt und

ich stimmte dem unterstellten Gedanken mit vollem Herzen zu und freute mich mit. Es war „bang", also Knüppel, was wie „super" gebraucht wird. Inhaltsverwandter wäre vielleicht die Übersetzung „Das ist 'ne Wucht", aber so altmodisch ist „bang" auch wieder nicht. Vielleicht war es sogar eher „lihai", die umgangssprachliche Steigerung von „bang", wenn etwas ganz besonders großartig ist. „Lihai" heißt eigentlich soviel wie schlimm oder ernst und ist insofern vielleicht unserem „krass" vergleichbar. Deswegen muss man in Taiwan auch ein anderes Wort nehmen, wenn man ausdrücken will, dass etwas arg wehtut oder jemand ernsthaft krank ist. In der VR China, ist man aber im ungünstigen Fall immer noch „lihai" krank. Doch das Trommelensemble schien rundum gesund und war trotzdem „lihai".

Die nächsten kräftigen Frauen traf ich dann in dem Massagesalon, den ich anschließend aufsuchte. Denn wie das mit Massagen so ist, hatte auch diese eine gewisse masochistische Note. Wie die Masseurin die Arme bewegte konnte ich naturgemäß nicht sehen, aber schwächlich war sie auf gar keinen Fall. Schließlich stieg sie auf die Liege und von da auf mich drauf und machte mit den Füßen weiter. Mit ein paar gezielten Gewichtsverlagerungen ihrer Füße presste sie die Luft aus meinen Lungen und brachte meine Brustwirbelsäule zum krachen. Für den Hals benutzte sie glücklicherweise wieder die Hände. Ich versuchte mich daran zu erinnern, welche Meinungen es zur Chiropraktik gibt, ergab mich letztlich aber leicht stöhnend diesem grausamen und doch entspannenden Schicksal. Auch das war lihai.

Ein andermal besuchte ich eine Vorstellung der Cloud-Gate-Company, der berühmtesten Tanztruppe Taiwans, die internationale Preise nur so abräumt. Der Titel: Kalligraphie, Teil3, Wilde Grasschrift. Grasschrift ist eine völlig unleserliche, wunderschöne chinesische Kursivschrift, und wilde Grasschrift ist noch unleserlicher, spontaner und individueller. Vor Beginn der Aufführung wurde man von den Platzanweiserinnen fürsorglicherweise direkt darum gebeten, zunächst aufs Klo zu gehen, da es keine Pause gäbe. Getanzt wurde modern mit Bewegungselementen aus Taiji, Kungfu und chinesischer Oper. Es war berückend. Es gab fast

keine Musik, sondern nur Geräusche von tropfendem Wasser, Wind und klackernden Steinen in Meeresbrandung. Ich
muss zugeben, nicht die geringste Ahnung von modernem
Tanz zu haben. Ich kann nur so was wie „Pina Bausch" sagen und dann hört es schon wieder auf. Von daher fehlen
mir Vergleiche, aber was die Tänzer und Tänzerinnen alles
angestellt haben, um sich wie wilde Schriftzeichen auszudrücken, war phänomenal. Stark und krass und schön. Und
ich hatte wieder Gleichmut getankt für die so schrecklich gebunden wirkende Weiblichkeit des Alltags.

30. Todesursache Liebe

Taktvollerweise haben die StudentInnen unseres Instituts
über Weihnachten und Neujahr zwei Wochen frei, während
der normale taiwanische Student, da nicht mal irgendeinen
freien Tag hat. Der Urlaub begann mit einem Ausflug auf
den Yangmingshan in der Nähe von Taibei und seinen heißen Quellen. Das angesteuerte japanische Badhotel aus den
20er Jahren stand allerdings nur noch als Rohbau. Es regnete,
war kalt und das Einchecken im einzig anderen – teuren –
Hotel erst am Nachmittag möglich. Wir, meine gerade erst
aus Deutschland gelandete Freundin Andrea und ich liefen
also frierend im Regen herum, nässten langsam durch, und
sie wurde obendrein noch von einem Hund gebissen. Die
Fröhlichkeit bekam hysterische Züge. Schließlich fanden wir
ein Café mit Ingwerundrotedattelntee und einer wunderbaren Klospülvorrichtung: Das nachlaufende Wasser läuft
zunächst in einen extra passenden Glasbehälter in einer
Spülkasteneinbuchtung und gießt die dort ansässige Pflanze. Erst nach der Bewässerung läuft das Wasser weiter in den
Spülkasten. Ab da wurde alles besser und schließlich bekamen wir auch ein Zimmer mit eigenem Heißequellenzulauf.
Ein kleines schieferummmauertes Becken, in das man nach
Belieben das heiße Schwefelwasser einlaufen lassen kann.
Nach soviel Wärme und Entspannung sahen wir uns dann
für Taibei gerüstet.

Dort besuchten wir eine chinesische Oper, „Der Pfingstrosenpavillon", erster Teil. Gezeigt wurde die Oper im Natio-
naltheater, das sich genauso wie die Nationalkonzerthalle
neben der Jiang-Kaishek-Gedächtnishalle befindet, also ein
Ort von monströsen, pathetischen Ausmaßen: Das riesige
Eingangstor, links die Konzerthalle, ein monumentaler Bau
im chinesischen Stil, rechts das Theater als Zwilling der Konzerthalle, frontal die hoch aufragende Gedächtnishalle. Alles
gewaltig, groß und pompös. Interessanterweise kamen die
Besucher eher in Jeans und hatten noch eine Einkaufstüte
dabei. Der Pathos der Gegend macht ein eigenes Aufbrezeln
vielleicht unnötig, oder es ist wie beim Essen gehen: Egal
wie der Laden aussieht, Hauptsache das Essen ist gut. Und
so demonstrierten wir alle, dass uns das Sehen wichtiger
ist, als das Gesehenwerden. Es begann um 19.30 und endete kurz vor 23.00 Uhr. Eine Tochter aus gutem Hause träumt
von einem feschen Studenten am Pfingstrosenpavillon und
auch er träumt von ihr, muss aber erst noch ein Examen bestehen und sie siecht vor Sehnsucht dahin und stirbt. Soweit
in Kürze der erste Teil. Ich glaube, in keiner anderen Literatur wird soviel an gebrochenem Herzen gestorben, wie in
der chinesischen – oder wie hier einfach an ungeduldigem
Herzen. Allerdings war die Lage schon reichlich aussichtslos,
denn die Liebenden kannten nicht mal ihre gegenseitigen
Namen. Sie vermutete aber ganz richtig, dass er Liu (wie Wei-
de) heißt, weil er ihr im Traum einen Weidenzweig überei-
chen wollte. Seinen Vornamen änderte er nach dem Traum
in Pflaumenblütenträumer, weil es so schön war im Traum
unter der Pflaumenblüte und all das. Die Oper wurde nicht
nur chinesisch (denn der Gesang ist für Chinesen zumeist
auch unverständlich), sondern auch englisch untertitelt. Das
war natürlich ein schöner Service für die drei anwesenden
Langnasen.
Chinesische Oper, oder eben Pekingoper, kommt mit einem
Minimum an Requisite aus und es wird mehr mit Symbolik
oder Abstraktion gearbeitet. So steht eine Reitgerte für ein
Pferd und ein paar Soldaten sind ein gewaltiges Heer. Auch
die Personen sind ins Wesentliche stilisiert. Statt der Unterscheidung in Stimmhöhen, werden die Rollenfächer durch

Grundtypen definiert. Wenig überraschend ist, dass es grundsätzlich drei Männerrollen und nur eine Frauenrolle gibt, die bis in die 20er Jahre des 20. Jahrhunderts in Profiensembles ebenfalls zwingend von Männern gespielt wurde. Sheng ist so eine Art Heldentenor. Egal wie hoch er singt. Sheng ist der Held und damit die männliche Hauptrolle. Das Gesicht des Rollenfachdarstellers Jing ist bunt bemalt, er könnte ein gutherziger Diener sein oder auch ein grausamer Gegenspieler, Hauptsache er hat viel zu kämpfen. Chou ist der Witzbold, lustig und gewitzt, oder aber auch abgefeimt und hinterhältig. Tatsächlich kann Chou ausnahmsweise auch eine Frauenrolle sein. Und Dan umfasst alle anderen Frauenrollen von sittsamen Mädchen, lebhaften Singles, zänkischen Weibern, kämpfenden Frauen und alten Damen. Ähnlich wie in der europäischen Theatergeschichte, galt es lange als anrüchig, professioneller Operndarsteller zu sein, mochten sie auch noch so umschwärmt sein. In begüterten Haushalten selber Opern zu inszenieren, war allerdings durchaus stilgerecht und dann auch mit Frauen in Frauenrollen machbar.

Die Pekingoper umfasst Schauspiel, Gesang, Tanz, Kampfkunst und Akrobatik. Leider gab es im ersten Teil des Pfingstrosenpavillons kaum etwas von den beiden letzteren Künsten zu sehen. Nur in der allerkürzesten Szene, in der ein für den Verlauf des ersten Aktes völlig unerheblicher Militärmensch, sprich Kaiser auftritt, gab es einen kurzen Anflug davon. Aber auch so war es faszinierend und mitreißend. Nach einer Weile waren wir so in Bann geschlagen, dass auch die für westliche Ohren gewöhnungsbedürftige Musik himmlisch klang. Es war schon eine Versuchung die anderen zwei Teile auch noch zu sehen und so eine Art Ringdernibelungensitzung in Taibeyreuth zu veranstalten. Zumal die Hauptfigur bereits im ersten Akt starb und nun die Liebesgeschichte zwischen Mensch und Geist weitergeht, aber ich wollte die zwei freien Wochen doch mit etwas mehr Reisen füllen. Eigentlich wäre ein schlechtes Ende der Oper zu vermuten, oder bestenfalls Glück im Tod, da chinesische Literatur eigentlich in Liebesdingen selten mehr Glück hergibt. Zum Beispiel sahen wir am letzten Tag in der Uni noch eine Filmversion der traurigen und allgemein bekannten Liebesgeschichte zwischen Liang Shanbo und Zhu Yingtai: Zhu Yingtai verkleidet sich als Mann, um studieren zu können und zieht dazu in die Kreisstadt. Dort verliebt sie sich in ihren Kommilitonen Liang Shanbo. Nach drei Jahren muss sie zur Familie zurück und offenbart sich ihm. Er kann sich nun endlich seine sonderbaren Gefühle erklären und verspricht ihr, nach zu kommen und um ihre Hand anzuhalten. Aber der Sohn eines lokalen Potentaten ist auch interessiert und setzt Yingtais Vater unter Druck. Um die Familie zu retten, willigt sie in die Ehe ein. Als Liang Shanbo davon hört, stirbt er an gebrochenem Herzen. Bei nächster sich bietenden Gelegenheit läuft Zhu Yingtai zu seinem Grab und stirbt dort, ebenfalls an gebrochenem Herzen. Und dann steigen zwei Schmetterlinge auf und fliegen gemeinsam in den Himmel davon. So verläuft eine typische chinesische Liebesgeschichte.

Nicht so der Pfingstrosenpavillon: Sie kommt am Ende langer problematischer Verläufe ins Leben zurück und der Kaiser rettet den Pflaumenblütenträumer vor dem wegen Grabräuberei erzürnten Vater.

31. Orakelchinesisch am Sonnemondsee

Kurz vor Weihnachten besuchten wir den Sonnemondsee. Der liegt auf etwa 750m üNN und ist nicht nur das größte Süßwasserreservoir Taiwans, sondern auch DER Ferienort. 90% der Taiwaner sollen hier vor allem ihre Flitterwochen verbringen. Unter der Woche ist es dort jedoch angenehm ruhig. An einem Tag umradelten wir den See, hügelten und buckelten uns rauf und wieder runter. Am Wenwutempel, der daoistische, volksreligiöse und konfuzianische Elemente beherbergt, gibt es außer unendlichen, goldglitzernden Votivgehängen und schöner Aussicht auch noch kleine Orakelkästen: Eine traditionell gekleidete Puppe dreht sich nach Einwurf von 10 NT$ zu Tempelmusik um, betritt ihren Tempel und kommt mit einem Orakelröllchen wieder heraus und wirft es in den Ausgabeschacht. Mitten im Takt bricht dann auch die Musik ab. Orakelchinesisch ist logischerweise nicht leicht zu verstehen. Nachdem man das Papierchen mühsam aus seiner Plastikhülse hat fischen können, schaut man auf einen rätselhaften Text. Zunächst steht da: Tang Ming Huang wandelt im Mondpalast umher. Tang Ming Huang könnte man mit „der leuchtende Kaiser aus der Tangdynastie" übersetzen. Es soll sich dabei um den Tangkaiser Xuanzong handeln (reg. 712-56). Dieser Kaiser galt als groß und kunstsinnig, aber er hatte eine besondere Schwäche für seine Schwiegertochter und ordinierte Daoistin Yang Guifei. Er machte sie zu seiner Konkubine und damit erst zur Guifei, denn das ist ein Konkubinentitel. Man kann nun die legendäre Liebe zwischen den beiden betonen und romantisch seufzen, sie beide seien wie zwei ineinander verflochtene Äste. Oder man stellt heraus, dass der Kaiser das Interesse an der Politik verlor und beide einen ausschweifenden und rücksichtslosen Lebensstil praktizierten, während das Volk darbte. Eine Art Lola-Montez-Problem. Wie dem auch sei. 755 kam es zur An-Shi-Revolte, die nach ihren beiden Anführern An Lushan und Shi Siming benannt ist. Nüchternere Geschichtswerke begründen diese Militärrevolte mit dem Wunsch nach Stärkung der Streitkräfte zur Lasten der Zivilregierung und der Rivalität um das Kanzleramt zwischen Yang Guozhong und An Lushan. Jedenfalls musste der Kaiser von Chang´an nach Chengdu fliehen und das Land stand vor großem Chaos. Mit Hilfe der Tibeter und Uiguren wurden die Hauptstädte Luoyang und Chang´an zurückerobert. (Betrachtet man die heute herrschende Repression gerade gegen diese Volksgruppen in der VR China, kommt man nicht umhin festzustellen, dass diese für die damalige Hilfe nicht mehr viel Dank erhalten.) Je nach Betrachtungsweise könnte man sagen, es ging gerade noch mal gut. Im Verlaufe dieser ganzen Unruhen wurde aber der Kaiser Xuanzong gezwungen, Yang Guifei töten zu lassen. Natürlich war er untröstlich. Aber ein Schamane soll ihm geholfen haben, sich nachts in den Träumen mit Yang Guifei auf dem Mond zu treffen. Impliziert man all das, wird der Orakelspruch: „Kaiser Ming wandert im Mondpalast umher" verständlicher. Auf dem Zettel folgt dann eine Jahresangabe, damit man auch weiß, für wann die Weissagung gilt. Diese Jahresangaben werden definiert durch die so genannten 12 Himmelsstämme und die zehn Erdzweige. Durch eine rotierende Kombination dieser Stämme und Zweige kann ein Zyklus von 60 Jahren bestimmt werden. 2006 war zum Beispiel das Jahr 丙戌 (bingwu). Genau wie 1946. Anschließend wird das Motto noch um ein paar Verse ergänzt. So steht da, dass die Hindernisse und Widrigkeiten zahlreich sind und nur allmählich besser werden. Und dann wird es alles äußerst positiv: „Es wird geschehen, dass sich Jadehase und Goldfasan treffen. Selbst ein verdorrter Baum wird im Frühling von selbst zu blühen beginnen." Da der Jadehase der Hase ist der auf dem Mond wohnt, könnte damit auf das Treffen zwischen Kaiser Xuanzong und Yang Guifei angespielt werden. Aber Orakelsprüche muss ja jeder mit sich selbst ausmachen. Jedenfalls passt er mit seinen romantischen Implikationen gut zum Sonnemondsee.

Plangemäß erreichten wir zum beginnenden Sonnenuntergang die Pagode, die Jiang Kaishek seiner Mutter zum Andenken errichten ließ. Tolle Sicht, dunstiger Sonnenuntergang, roter Weihnachtsstern vor lila Abendhimmel, sehr schön. Leider war das erst die Hälfte der Strecke und wie zu erwarten war, wurde es dunkel. Und die Räder hatten wie immer kein Licht. Erst war so eine wunderbare Dämmerungsstimmung mit schwindendem Licht, noch mal aufglühenden Farben, langsamer Angleichung und Krötenspaziergängen auf der Straße. Aber als wir die Hauptstraße erreichten, war es wirklich zappenduster und rechts ein Abwassergraben und jedes Auto von hinten eine Angst im Nacken, aber auch eine kurzfristige Beleuchtung der Straße. Das anschließende Abendessen war reichlich und glich von der Stimmung her einer umgekehrten Henkersmahlzeit. Aber wie sagte das Orakel: Die Hindernisse sind zahlreich und es wird erst allmählich besser. Und das stimmte.

32. Sicherheit zum Zeitvertreib

Beim Besuch der Korallenklippe Katzennasestein im Süden Tainans war der Weg zu den Aussichtspunkten gepflastert mit Schildern, dass man bitte auch beim Bewundern der Landschaft auf seine Schritte achten solle. Ich machte mich innerlich ein bisschen darüber lustig, da mich diese Überbesorgtheit und Überregulierung in Taiwan etwas irritierte. In der U-Bahn in Taibei gibt es zum Beispiel Einsteigezonen, an denen man sich britisch aufreiht. Genau dort halten dann die Zugtüren, allerdings nicht ohne dass vor der Einfahrt rote, in den Boden eingelassene Lampen blinken, eine Person mit Sonderrechten mit einem hohlen Gummiknüppel die Leute hinter die Wartemarkierung zurückschwenkt und der Zug hupt. Ist der Zug glücklich da, wird erst mal eine Runde abgewartet, bis sich die Türen quälend langsam öffnen. Bis dahin ist alles schön, die Leute stehen aufgereiht, direkt vor der Tür und lassen in der Mitte Platz für die Aussteigenden. Allerdings nur, bis die Türen tatsächlich offen sind, denn dann ist es abrupt vorbei mit Ordnung und Contenance und Durchlassen. Ich meine, es ist überhaupt kein Vergleich, mit den Schlägereien, die man sich in der VR China zuweilen liefern muss, bis man in irgendein Gefährt hineinkommt und es ist auch viel mehr Platz, aber da wird auch vorher nicht so ordentlich getan. Ordnungswidriges Rauchen oder Essen in der U-Bahn kostet etwa 38 €. Dies wird einem egal, wo man im Zug hinblickt, mitgeteilt und per Durchsage vermittelt. Auch außerhalb des Zuges sieht man sich vielen gut gemeinten Anweisungen ausgesetzt. Auf der Rolltreppe muss man sich ordentlich festhalten, darf nicht rennen oder klettern, sondern muss mit beiden Beinen fest auf dem Boden stehen. Überhaupt darf man sie NUR benutzen, wenn man kein Gepäck und keinen Kinderwagen hat und jung ist. Sonst wird man auf den Lift verwiesen. Und noch mehr Schilder dieser Art. Einmal standen sogar eigens Leute unten an der Rolltreppe und hielten mit starker Hand ein Schild mit der Aufschrift: „Hold the handrail."[26] Auch auf Chinesisch na-

---

26 engl.: Bitte am Geländer festhalten.

türlich. Es wird wirklich viel getan für die Sicherheit, was zu der doch im Allgemeinen eigenwilligen Regelauslegung im Straßenverkehr in einem gewissen Widerspruch steht. Gefreut hat mich auch der Hinweis in einem öffentlichen Klo – bei denen sich unsinnigerweise immer mehr die westlichen Kloschüsseln ausbreiten, auf die sich ja dann doch niemand setzt –, dass das Stehen auf der Klobrille untersagt ist. Trotzdem sah ich hin und wieder Fußabdrücke auf der Brille. Auch sonst herrscht häufig Besorgnis vor. Z.B. war ich nach der Reise einen Kaffee trinken und weil der Patissier meinte, mich lange nicht gesehen zu haben, erklärte ich, Ferien gehabt zu haben und herumgereist zu sein. Offenbar hatte ich aber die Vollendungsaspektpartikel nicht richtig gebraucht und er dachte, ich würde jetzt erst losfahren. Er wurde ganz betrübt und riet mir dringend zu einem taiwanischen Reisebegleiter, denn wie sollte ich mich sonst zurechtfinden? Lange verstand ich nicht, was er meinte, aber nachdem ich ausgetrunken hatte, war mir dann doch klar, dass wir eines der recht häufigen Zeitmissverständnisse hatten und konnte ihn dahingehend beruhigen, dass ich diese gefährliche Odyssee bereits hinter mir hatte. Er war sehr erleichtert und voller Bewunderung. Ich weiß nicht, ob es daran liegt, dass Taiwan so klein ist und damit familiär bis hin zu provinziell und daher kontrollierbar erscheint, oder daran, dass es wegen der Erdbeben und Taifune eben so sehr unbeherrschbar ist, dass man wenigstens im Bereich Rolltreppe Klarheit und Sicherheit möchte, oder ob das eine Reaktion auf die übermächtige, waffenstrotzende, feindselige Schwester VR China ist, die eine immerwährende, unterschwellige Angst auslöst? Jedenfalls sinnierte und kicherte ich am Katzennasenstein so vor mich hin und stolperte und fiel prompt hin, und zwar mit dem Knie auf so einen scharfkantigen Lavastein. Hose und Knie wurden glatt aufgeschnitten und mit meinem Vierjährigenknie und nur noch einer heilen langen Hose fragte ich mich: Hätte ich ohne Schilder besser aufgepasst? Der Höhepunkt Besorgnis erweckender Schilder war aber das das nahe gelegene (etwa 5 km) Atomkraftwerk betreffend. Im Falle eines Alarms solle man sich in ein Haus begeben und warten bis Zivilhelfer kommen und einem eben

helfen. Das erinnerte mich dann doch sehr an „duck and
cover" aus diesem Film über angemessene Reaktionen auf
eine Atombombenexplosion, in dem einem empfohlen wurde, die eigene Aktentasche gegen den Atomblitz zu erheben.
Nun gut. Das würde man vermutlich schon reflexhaft tun.
Aber diesmal wieder Glück gehabt: Kein Alarm!

33. Westlicher Jahreswechsel

Weihnachten in Taiwan. Man wird von Weihnachtsbäumen,
singenden Weihnachtsmännern und sonstiger Dekoration
förmlich erschlagen, überall ertönen die schauderhaftes-
ten Versionen von jingle bells, Angestellte tragen entweder
Nikolausmützen oder Plüschrentiergeweihe, es gibt Weih-
nachtsrabatte, vor einem Kaufhaus singen Nikolausbemütz-
te Weihnachtslieder. Die Weihnachtsstimmung in dem Sinne
ist natürlich gleich Null. Kurzum: Es ist nur schwer zu ertragen. Da Weihnachten abgesehen von Konsumanreizen aber
für kaum jemanden eine Bedeutung hat, weder eine religiöse noch eine traditionelle oder sentimentale, bleibt auch das
genaue Datum im Vagen und all diese Zumutungen ziehen
sich weit bis über den 26.12. hinaus hin. Und wir flohen zur
Südspitze Taiwans, welche wir uns weihnachtsärmer vor-
stellten. Auch gab es die Vorstellung von Strand und Bad im
Meer. Denn der Winter in Taiwan ist ein bisschen so wie ein
richtig mieser Sommer bei uns. Dort im Süden liegt der Ken-
ding-Nationalpark und der Ort selbst versucht sich als eine
Art Goa-Thailand-Imitation. Nun war aber Off-off-season
und es war leer und günstig. Und nur ein Bruchteil der Ko-
rallenketten-, Batikwickelrock-, Schnitzereienausallerwelt-
läden hatte geöffnet. Nach einem kühlen Sonnenuntergang
am Meer erledigte sich dann allerdings auch der Strandauf-
enthalt. Es wurde stürmisch und recht kühl und so zuckelten
wir mit einem Roller durch die Gegend. Beim Verleih wurde
erst ganz wichtig nach einem internationalen Führerschein
gefragt, nach Vorlage des deutschen waren aber doch alle
irgendwie zufrieden, wenn wir bereit wären, unsere Fin-

gerabdrücke hinterlegten. Nun gut, kann man ja machen. Der Wind blies uns zuweilen fast um und eine Stelle, die „der Wind bläst Sand" heißt, war schon von weitem durch Nadelstiche im Gesicht zu spüren und so war man gewarnt, als plötzlich eine kleine Düne auf der Straße lag. Ein andermal begegneten uns auf einer Bergstraße Krabben mit kampfbereit aufgerichteten Scheren, was gegen die Scooter und Autos wohl wenig nützte, wenn man die zahlreichen platt gefahrenen Artgenossen sah. Aber das warf dann doch Fragen auf: Was machen die Tiere in den Bergen? Das Meer war Kilometer entfernt. Und weiterhin: Handelt es sich um eine Krabbe? Also familien-endogen war das bei uns so: Alles was aussah wie ein FlußKREBS war ein Krebs, sprich die mit dem teleskopartigen Panzer waren Krebse. Und diese seitwärts Laufenden mit dem flachen Panzer aus einem Stück: Krabben. Ich sehe meine Eltern jetzt schon den Kopf schütteln und sagen, dass sie das nie so gesagt hätten, aber so habe ich es jedenfalls verstanden. Es häuften sich im Laufe des Lebens Zweifel auf. Zum Beispiel war in einem meiner zahlreichen Tierbücher eine Krabbe unter der Bezeichnung Taschenkrebs abgebildet und auch das Logo für das Sternzeichen Krebs zeigt eine Krabbe. Und wenn man bedenkt, wie die Tiere aussehen, die beim Krabben pulen gepult werden, naja. Also schien meine hergebrachte Unterscheidung auf die Dauer nicht viel zu taugen, und ich berichtige: Wir sahen Krebse auf der Bergstraße. Einen kämpfte ich – Stöckchen gegen Schere – zu seinem Schutz zurück ins Gebüsch, aber ob das sein Leben verlängert oder durch eine Verkettung von Unabsehbarkeiten doch eher verkürzt hat, kann ich natürlich nicht beurteilen. Die Spaziergänge in den Nationalparks waren von wilder Schönheit und enthielten außer sturmgebeuteltem Dschungel und Baumriesen auch zartblühende Mimosen, Tropfsteinhöhlen und frei lebende Affen. Fischreiche Bergbachgumpen, Riesenspinnen (die größten, die ich sah waren vielleicht zweihändenebeneinandergroß), Jackfruitbäume, Betelnusspalmen und alle diese Blattpflanzen, die man sich bei uns in klein aufs Fensterbrett stellt. Sylvester war wie erwartet eine eher müde Angelegenheit. Drei/vier Raketen konnte man sehen, die Stimmung tendierte

eher zum Fiebern auf Chinesisch Neujahr. Völlig unbeein-
flusst vom gregorianischen Neujahr konnten wir in einer
sehr verwinkelten und unübersichtlichen Tempelanlage ein
daoistisches Ritual beobachten. Der Priester hatte eine Art
kunstvoll gefächerte Serviette um den Kopf gewickelt und
sein Klient hielt ein Haus aus Papier in der Hand. Der Daoist
schnalzte mit einer Peitsche, hängte sie dem Bittsteller um,
zerschlitzte das Haus, knallte wieder, fuchtelte mit Rauch-
werk herum. Es schien um materielle Güter zu gehen, da zu
Füßen des Bittstellers auch noch ein dickes Papierauto stand.
Vielleicht galt es aber bloß einen besonders gierigen Geist zu
besänftigen oder zu exorzieren. Draußen wurde ein Puppen-
theater aufgeführt und vor dem Tempel lagen Riesenhaufen
von Opfergeld das förmlich in den Ofen geschaufelt wurde.
Opfergeld ist in Taiwan omnipräsent. Durch das Verbrennen wird es in die Welt der Toten und Götter transzendiert
und diese werden damit bereichert. Bündelweise. Oder eben
auch schaufelweise. Eine Digitalanzeige behauptete über
700°C erreicht zu haben.
Zu meinem Geburtstag Anfang Januar gab es dann dieses
besondere Geschenk: Sonne, gut über 20°C, windstill und so
ging´s ans Meer zum Baden. Für die wenigen dort herum-
laufenden Taiwaner muss dies der Gipfel der Absurdität
gewesen sein. Aber es war perfektes Badewetter und angenehm erfrischende Badetemperatur. Ich fragte mal Shuzhen,
warum Taiwaner nicht im Meer baden und sie meinte, das
stimme gar nicht. Und dann: Aber sie zum Beispiel könne
gar nicht schwimmen. Wie die meisten. Außerdem sei es zu
gefährlich.
Ein paar Tage später saß ich allerdings mit langer Unterho-
se, dicker Jacke, dem Thermofutter meiner Motorradjacke,
Puschen (vulgo: Hüttenschuhe) und untergeschlagenen
Beinen herum und fragte mich, ob es je wieder warm werden würde. Oder auch, ob mir je wieder warm werden würde. Um dies wahrscheinlicher zu machen, wollte ich heiß
duschen, aber es kam kein heißes Wasser. Dann sah ich im
Aufzug eine Notiz, dass es leider heute im 6.Stock kein heißes Wasser gäbe, und da Sonntag sei, auch keinen der das
reparieren könnte. So weit, so klar, so bedauerlich. Dann

folgte noch der kryptische Hinweis, dass wir in den 4.Stock zum duschen gehen könnten. In was für einen vierten Stock? Ganz abgesehen davon, sah ich mich nicht direkt mit einem Handtuch bei einem Nachbarn klopfen, der zufällig in dem empfohlenen, wenn auch nicht existenten Stockwerk wohnt. Aber an dem Tag, als die Sonne noch warm schien, schmiss ich abends noch eine Runde. Das ganze fing damit an, dass Shuzhen zum Semesterabschluss ein Lokal empfahl, was wir letztlich doch nicht aufsuchten. Weil ich dachte, es könne sich lohnen, die Wegbeschreibung und Adresse jedoch recht dürftig war, fing ich an, in der Gegend herumzufragen, wo sich das Lokal befände. Es kam mir unhöflich vor, in anderen Restaurants oder Imbissen zu fragen und die Klamottenladies waren meist so mit sich beschäftigt, dass ich hauptsächlich Buchläden aufsuchte. Vermutlich auch inspiriert von der vorurteilsbehafteten Assoziationskette: Bücher verkaufen, Bücher lesen, Interesse an der Welt, Interesse an der Umgebung, Kenntnis der Umgebung. Und: Ich hatte mir nicht die Mühe gemacht den Namen der Gaststätte zu übersetzen, sondern ihn nur aufgeschrieben und zeigte der Einfachheit halber (wegen der zahlreichen Homonyme und meiner als nicht tonfest zu bezeichnenden Aussprache) die Zeichen vor. Obwohl ich nach einem Lokal fragte, bekam ich relativ häufig die Antwort „meiyou", also: Haben wir nicht. Nun ist meiyou eine in vielerlei Hinsicht benutzte Verneinung, aber in diesem Kontext, konnte es fast nur wörtlich: „Haben wir nicht" bedeuten und keinesfalls „Weiß ich nicht", oder „Hier nicht". Ich war irritiert. Kurz bevor ich resignieren wollte, fanden wir es dann doch: Gelin Tonghua, und da stand es auch in Englisch darunter: „Grimm´s fairytales". Nun weiß ich also, dass die meisten Buchläden diesen Titel nicht führen.

In den Grimmschen Märchen kann man à la Tischleindeckdich für einen Fixpreis pro Person so viele (chinesische) Gerichte bestellen, wie man will. Wir waren dann zu neunt, drei Polinnen, ein Australier, drei Deutsche, zwei Taiwanerinnen und nach einem etwas verhaltenen Anfang wurde es dann doch noch ein hübsches Sprachwirrwarr. Ständig ertönte der Gesang: „Ni de shengri kuaile" (happy birthday), weil offenbar auch die anderen Tische mit Geburtstagsrunden besetzt waren. Die Belegschaft kam, sang enthusiastisch während die Gäste klatschten und überreichte ein Stück Schokoladenkuchen. Als aufflog, dass ich auch an diesem offenbar wahnsinnig häufigen Datum Geburtstag habe, kamen sie natürlich auch zu mir. Aber erst musste ich meinen Ausweis zeigen, damit hier ja nichts mit unrechten Dingen zugeht. Dann durfte ich auch noch ein Gericht von einer Extrakarte bestellen, was sich als unheimlich grätiger Dorsch entpuppte. Über mangelnde Aufmerksamkeit konnte ich mich nun nicht beschweren. Das Essen war so lala, aber ok. Bestellte Getränke werden zum Schluss serviert, derweil gab es schon so eine Art Saft und natürlich kein Alkohol weit und breit. Den gibt es vor allem nur selbstbedienungshalber in Straßenläden. Stattdessen heißen Orangensaft mit Honig oder Rosentee. Wenxi fragte dann noch, ob es wirklich wahr sei, dass Deutsche, wie ihr ein Kanadier erzählt habe, echte Kerzen an den Weihnachtsbaum stecken würden und auch die Polinnen gaben zu, schon von dieser typisch deutschen Marotte gehört zu haben. Mir war bis dato gar nicht klar gewesen, wie exklusiv dieser Brauch ist. Und so folgten ein paar Anekdoten über brennende Weihnachtsbäume, gekrönt von der in der der brennende Weihnachtsbaum auf die noch unausgepackten Geschenke zu meinem 7. Geburtstag fiel. Wenn eine der Tischrunden aufbrach, gab einer von der Belegschaft ein Kommando und alle Angestellten sprachen dann laut im Chor: Danke Glanz, schön langsam gehen! Da wir die Letzten waren, kam dies schon etwas matt und mit deutlich nachgelassenem Enthusiasmus, aber es kam. Zu Hause überraschte mich Mama Zheng mit einer Flasche alkoholfreien roten Sekts. Na dann prost.

34. Babylon

Mehrfach wurde mir bestätigt, dass man ohne Chinesisch-Kenntnisse ein gerütteltes Maß an Abenteuerlust und Improvisationstalent braucht, um in Taiwan individuell zu reisen. Das überrascht eigentlich, wenn man bedenkt dass alle Englisch in der Schule lernen. Vermutlich gibt es erstmal die Blockade: Oje, ein Ausländer! Und die Angst verstopft die Ohren, oder die weiterführenden Rezeptoren. Freundlicherweise steht auf den Visitenkarten vieler Hotels auf Chinesisch der Satz: Bitte bringen Sie mich zurück zu dem und dem Hotel, so dass man nicht wirklich verloren gehen kann. Meine auf der Durchreise nach Laos befindlichen Eltern wollten nun z.B. mit dem Taxi zum 101, also „one-o-one" auf Englisch. Ich meine: Taibei hat zwei herausragende Sehenswürdigkeiten, das Palastmuseum und das 101, so dass begründete Hoffnung besteht, ein Taxifahrer könne diese auch auf Englisch wiedererkennen. Dem war jedoch nicht so und nach einer gewissen Zeit der Ratlosigkeit fand sich dann eine Abbildung im Reiseführer. Und dann sagte der Taxifahrer: „Ah! One-o-one!" Mir geht das auch dauernd so. Ein Chinese sagt zu mir xy und ich versteh nichts. Dann versucht er oder sie mir das näher zu erklären, und plötzlich hat die Laut-Sinnkombination in meinen Kopf ihren Weg gefunden und ich sage: Ah! xy! Und mein Gesprächspartner wird sich auch fragen, warum ich das Wort denn nicht verstehe, wenn ich es doch kenne. Und stattdessen es ihm dann so blöd vorzusagen, als hätte er es falsch ausgesprochen.

Tatsächlich kommt es natürlich auch vor, dass ich etwas wegen Dialektfärbung nicht verstehe und das Wort dann anders wiederhole, um zu sehen, ob das als das gleiche Wort akzeptiert wird. Zum Beispiel machen sie hier quasi keinen Unterschied zwischen s und sh. Das kann zu Komplikationen führen. Vierzehn heißt zum Beispiel shisi und vierzig sishi. Zu beidem wird hier dann sisi gesagt (mit unterschiedlichen Tonhöhen zwar, aber das sind für mich eben nur schwache Indikatoren). Und da heißt es dann raten, was womöglich besser passt. Ferner gibt es noch die irritierende Angewohnheit, dass sie statt „r" „l" sagen, wie um sämtlicher Comicweisheit recht zu geben. Dabei hat Mandarin durchaus ein „r", also ungefähr so, wie auch Amerikaner ein „r" haben. Jedenfalls höre ich manchmal ein mich zum Kichern anregendes, glasklares „l". Statt „l" sagen sie dann „n", manchmal auch statt „n" „l", da bin ich noch nicht ganz dahinter gestiegen. Aber immerhin gibt es ja auch deutsche

Dialekte, die „b" und „p" vertauschen. Das versteht man ja auch nicht. Jedenfalls bin ich froh, dass Wenxi ganz schönes Normchinesisch spricht. Aber gerade gestern, als wir Aal essen waren und ich versuchte mich um die Nieren zu drücken, obwohl doch beides so „bu" ist, so füllend, der Aal fürs Blut, die Nieren für irgendwas anderes, da ging es mir nun unentwegt so wie dem Taxifahrer mit dem 101. Und ich habe dann immer ein wenig Angst, dass mich Wenxi für leicht beschränkt hält. In meinem Kalligraphiekurs ist nun auch eine babylonische Situation entstanden, weil eine neue Adeptin nur Taiwanisch und Japanisch kann, aber weder Englisch, noch Chinesisch (so was kann bei einer emigrierten taiwanischen Mutter passieren). Nun erklärt der Lehrer entweder auf Taiwanisch und sie übersetzt es den anderen Japanerinnen und die sagen es dann dem Rest auf Chinesisch, oder es läuft andersrum und der Lehrer redet auf Englisch und Toni übersetzt das dann auf Chinesisch und die Japanerinnen dann der neuen Schülerin auf Japanisch. Überhaupt Toni, seines Zeichens Oberchinese oder Kulturtransformator oder so. Von zu hause aus Ami, der mit einer Taiwanerin verheiratet ist. Und seine Liebe zu ihr schwappt sozusagen als große Liebe über die ganze chinesische Kultur, obwohl: Es könnte auch andersrum sein. So weit so normal, ich meine, wir haben hier ja alle nen Knall. Aber Toni lernt nun schon ein halbes Jahr länger Kalligraphie und schwingt sich immer zum Kulturadapter auf, sprich er legt für uns die in der Regel eindeutigen Worte des Lehrers aus. Immer wohlmeinend, immer beflissen, immer hilfsbereit. Es ist zum Schreien. Besonders schön wird das, wenn der Lehrer mir mal was auf Englisch sagt und Toni übersetzt es mir dann ins Chinesische. Manchmal übersetzt er auch Englisch-Englisch. Zum Beispiel sagte der Lehrer: „The stroke is too thin". Toni: „The teachers says, the stroke is too thin, it should be a little thicker."[27] Da fällt mir natürlich gleich die schöne Anekdote mit dem Gerichtsdolmetscher ein. Der Zeuge wird gefragt, wann er den X das letzte Mal gesehen habe und er antwortet

---

27 Der Strich ist zu dünn." Toni: „Der Lehrer sagt, der Strich sei zu dünn, er sollte etwas dicker sein."

auf Deutsch: „Ich traf ihn auf der Bank". Der Dolmetscher, der vorher die ganze Zeit übersetzt hatte, übersetzt fröhlich weiter und zwar mit: „Ich traf ihn auf die Backe" und untermalte dies mit einer entsprechenden Ohrfeigen-Handbewegung. Das Verfahren musste wiederholt werden. Einen solchen Fauxpas konnte ich bei Toni noch nicht feststellen, seine Englisch-Englisch-Transformation war bisher tadellos. Aber auch Chinesisch ist nicht gleich Chinesisch. Denn in Taiwan werden die heiligen Kühe der chinesischen Grammatik geschlachtet wie eine Kuhherde unter BSE-Verdacht. Zum Beispiel das präpositionale Objekt. Das steht hier hinter dem Prädikat. Häh?, raunt es jetzt. Also, um das übliche Beispiel zu nehmen: „Ich rufe dich an" heißt auf Normchinesisch: „Ich geben du schlagen Elektrosprache", wobei „geben" hier eine Präposition und „du" das präpositionale Objekt ist. Auf Taiwan bestehen sie darauf, kardinalfalsch sozusagen folgendermaßen zu sagen: „Ich schlagen Elektrosprache geben du". Oder zum Beispiel das Verb „haben". Es erfordert im Hochchinesischen ein Nomen, also kann man fragen „Haben nicht haben Apfel?", wenn man wissen will, ob es Äpfel gibt. Das macht man in Taiwan auch so, aber hier kann man auch sagen: „Haben nicht haben essen Reis?", was soviel bedeutet wie: „Hast du schon gegessen?" Das kommt einem Westsprachler natürlich sehr entgegen, weil man diese Form dann wie ein Perfekt benutzt: „Hast... gegessen". Dabei ist das nach Normchinesisch total falsch. Denn es gibt im Chinesischen gar keine Zeitformen und als ich mich letztens mit einer Taiwanerin unterhielt, die sehr gut Englisch sprach, fiel mir auch wieder auf, wie schwer diese offenbar einzuüben sind. Sie sprach fast nur im Präsens, obwohl ich mir sicher bin, dass sie perfekt rauf und runter konjugieren kann. Aber der Sinn, die Notwendigkeit, die Gewohnheit von Zeitformen fehlen. Während es mir ja schwer fällt durch Partikel und Zeitworte die zeitlichen Relationen auszudrücken, bzw. wahrzunehmen. Erst jetzt hörverstehe ich den Unterschied zwischen der Frage: „Wie lange bist du schon in Taiwan?" und „Wie lange bleibst du in Taiwan?", das heißt auf Chinesisch quasi gleich. Aber nur quasi. Da wirkt so ein Pseudoperfekt natürlich familiär.

Dem Lehrbuch habe ich auch folgenden interessanten Satz entnommen: Autos müssen, wenn sie auf eine Ampel zufahren langsamer werden, um den Fußgängern das Überqueren der Straße zu ermöglichen. Ich entnehme dem, dass die Ampelphasen nur der Dekoration dienen. So schlimm hatte ich es eigentlich bisher nicht empfunden. Das erklärt aber den Job des Ampelphasenillustrators, also diesen Schupos, die während der Stoßzeiten die Ampeln unterstützen. Ich erfuhr außerdem, dass man hier den Führerschein auf dem Parkplatz macht. Sprich, wenn man das erste Mal in neuer Eigenschaft am Verkehr teilnimmt, hat man den Führerschein schon. Das erklärt so dies und das.

Auch ohne diese grammatikalischen Unterschiede fällt die sprachliche Verständigung zuweilen schwer. So sollte ich einen Aufsatz über meine Meinung zur Prügelstrafe schreiben. Ich ließ mich zu folgender Schlussüberlegung hinreißen: Wenn es auf der ganzen Welt als ungerecht angesehen wird, wenn ein Größerer, Stärkerer einen Kleineren, Schwächeren schlägt, warum soll dann das in der Erziehung plötzlich nicht mehr gelten? Yuzhen meinte, sie hätte eine Stunde darüber nachgedacht, bis sie den Satz verstanden hätte. Es hätte aber nicht am chinesischen Ausdruck gelegen, sondern offenbar an der Denkweise.

Verwirrend war es dann für mich, als ich Beispielsätze mit einer bestimmten grammatikalischen Struktur bilden sollte. Zum Beispiel: A: „Er ist so eine aufrichtige Natur, kein Wunder dass er darauf hereingefallen ist." Dazu sollte ich eine Antwort mit etwas, was ich im Deutschen mit „das kann man so nicht sagen" übersetzen würde, bilden. B: „Das kann man so nicht sagen. Er hat einfach nur nicht aufgepasst." Jetzt ist dieser Satz nicht nur nicht toll, sondern auch noch völlig verkehrt. Es hätte heißen müssen: „Das kann man so nicht sagen, er ist total blöd." oder aber: „Das kann man so nicht sagen, Betrüger werden halt immer gerissener." Oder ein anderes Beispiel: A: „Ich will bald heiraten, weil ich so einsam bin." Darauf soll eine Art Zwar-Aber-Satz gebildet werden. Ich also B: „Du bist zwar einsam, aber heiraten hilft da auch nicht unbedingt." Wieder völlig verkehrt. B hätte sagen müssen: „Heiraten hilft zwar gegen die Einsamkeit, ist aber nicht unbedingt die beste Methode." Und dann saß ich da und argumentierte und diskutierte und fragte und weiß jetzt immer noch nicht, ob es eine Frage falscher Grammatikanwendung ist, oder mehr eine Frage der Etikette oder des Üblicherweisesonichtsagens. Und so habe ich langsam das Gefühl immer weniger zu verstehen.

Was aber immer wieder Freude macht, ist der bildhafte und spielerische Umgang der Chinesen mit Sprache. Denn ein Zeichen hat eine Optik, eine Aussprache und eine Bedeutung, was jeweils nur zum Teil aufeinander Bezug nimmt. Und genau so wird nun auch vor allem im Chat und per SMS mit Englisch und lateinischen Buchstaben umgegangen. Vor den Neujahrsferien waren die landesweiten Prüfungen für die Oberschulen und da war unter anderem folgende Frage zu beantworten: Was bedeutet „3Q得orz"? 3 heißt auf Chinesisch san, und wenn man das Q dann englisch ausspricht, erhält man aus sanQ = thankyou, zumindest wenn die Aussprache ohnehin nicht ganz sauber ist. Das chinesische Zeichen danach dient der grammatischen Konstruktion und leitet ein, wie sehr man dankt. Und zwar „orz". Dies ist nun das Piktogramm einer sich verbeugenden Person, wobei das o der Kopf, das r die Arme und das z die Beine sind. Der Satz lautet also: ich danke dir so, dass ich mich vor dir verbeuge. Das zu wissen ist sicher wichtig fürs weitere Leben im Netz. Und vielleicht auch für die Highschool.

35. Chinesisches Neujahr

Samstag war Chuxi, also chinesisches Sylvester und am Sonntag Neumond und daher der Beginn des neuen Monats, sprich Jahres. Das Jahr des Hundes, und zwar des Feuerhundes, Hot Dog quasi. Das ist aus ästhetischen Gründen natürlich schrecklich, da der Taiwaner – und die Taiwanerin insbesondere – so viel Freude an Niiieeedlichem haben und so ist die Stadt voll von Snoopies, Lassies und Stoffhündchen aller Art. Aber damit nicht genug: Bei mir im Haus steht auch immer noch ein blinkender Weihnachtsbaum. Irgendwann

muss das doch mal aufhören!Chinesisch Neujahr also. Die
Uni hatte zu, außer der Bereich für die Ausländer. Wir hatten ja Weihnachten schon frei. Und nun könnte man meinen, es würde dort Stille herrschen. Weit gefehlt: Den ganzen
Tag liefen Gruppen in gruppenidentischen T-Shirts herum,
machten Spiele à la Spiele ohne Grenzen und lärmten wie
Lalateams (chinesisches Wort für Cheerleader und Grou-
pies) herum. Vielleicht handelte es sich um neu aufgenom-
mene Highschoolabsolventen, vielleicht aber auch nur um
ein Programm für zur Neujahrszeit einsame StudentInnen.
Ganz im Zuge der Neujahrsvorbereitungen fand dann auch
bei uns im Sprachzentrum eine Veranstaltung zum Schreiben von Frühlingscouplets statt. Das sind diese roten Papier-
banner, die man sich an Neujahr um die Türen herum klebt.
Und auch dem liegt natürlich eine Geschichte zugrunde.
Der Legende nach war Nian (das heißt heute einfach: Jahr)
ein Ungeheuer, das am Neujahrsabend kam und Menschen
fraß. Aber ein verkleideter daoistischer Unsterblicher fand
heraus, dass es sich vor Rot fürchtet, weswegen seit dieser
Zeit die Eingänge der Häuser rot geschmückt werden, so dass
diesem speziellen Neujahrsunheil schließlich Einhalt gebo-
ten werden konnte. Rot allein ist natürlich nicht so interessant und deshalb werden die roten Papierstreifen nun mit
frohen Wünschen beschriftet. 2/3 der Sprüche befassen sich
mit Geld und Reichtum und nur der Rest mit Glück in seinen
anderen Erscheinungsformen.
Bei dieser universitären Veranstaltung ging es für uns nicht
darum, Couplets zu dichten, sondern sie kalligraphisch an-
sprechend zu schreiben. Das Dichten hätte uns auch haltlos
überfordert.
Diese Paarverse gibt es auch ohne Neujahrsbezug und das
Dichten derselben war früher ein beliebtes Unterhaltungs-
spiel der gebildeten Schicht. Einer gab eine Zeile des Satz-
paares vor und fragte einen anderen nach einem passenden
Ergänzungsvers. Eine Art klassische Rap-Battle. Besonders
berühmt war der Gelehrte Yangshen aus dem 16. Jahrhundert, der schon im zartesten Alter zur Bildung von perfek-
ten Duilians in der Lage gewesen sein soll. Als er noch ein
Junge war, soll sich folgende Geschichte zugetragen haben:

Er planschte im Teich, als per Gongschlag angekündigt wurde, dass der Kreismagistrat sich näherte. Diese Gongs waren die Aufforderung sich zu entfernen, um dem Magistrat nicht den Ausblick zu verschandeln und vor allem, um sich mit ihm nicht auf der gleichen Ebene aufzuhalten. Alle nahmen also die Beine in die Hand und schauten, dass sie Land gewannen. Nur Yangshen blieb seelenruhig halbnackt im Teich stehen. Der Magistrat stellte ihn zur Rede und Yangshen antwortete, dass er doch immerhin tiefer als der Wegesrand stünde. Der Magistrat war offenbar nicht nur in guter, sondern auch in Scherzlaune, nahm die Klamotten von Yangshen auf und hängte sie an einen Baum. Er sagte: „Wenn du auf meinen Satz ein Dui sagen kannst, bekommst du die Sachen wieder." Er lautete: „Ein tausend Jahre alter Baum als Kleiderständer". 千年古樹為衣架. Yangshen überlegte nicht lange und antwortete: „Ein zehntausend Meilen langer Fluss als Badewanne". 萬里長江作澡盆. Was ist daran so toll, fragt man sich, wenn man es auf Deutsch hört, aber dazu muss man die Regeln wissen. Beide Verse müssen die gleiche Anzahl von Schriftzeichen haben und diese müssen parallel angeordnet sein. Adjektiv gegenüber Adjektiv, Zahlwort gegenüber Zahlwort etc. Schnell muss es gehen und Wortwiederholungen sind nicht erlaubt. Außerdem muss der erste Vers auf ein Wort im dritten oder vierten Ton enden, der zweite auf ein Wort im ersten oder zweiten. Besonders gelungen gilt ein Duilian auch dann, wenn die Radikale, also die bedeutungstragenden Elemente des Schriftzeichens in jeweils einem Vers sich wiederholen, während auf der anderen Seite ein anderes Radikal vorherrscht. Im berichteten Beispiel kam im ersten Vers zweimal das Radikal Holz vor, im zweiten zweimal Wasser. Und Yangshen bekam seine Klamotten zurück.
Für die Langnasen, die sich bereit erklärten an dieser Neujahrs-Veranstaltung teilzunehmen, wurde auf der Basis ihres chinesischen Namens ein eigenes Glückssprüchlein gedichtet. In meinem Fall lautete es: „Die Erscheinung wird ganz von Sanftmut gestaltet" (als ich das mit meiner einen Lehrerin übersetzte, haben wir sehr gelacht. Sie meinte, es solle sich vielleicht um eine Aufforderung handeln), und

„Das frohe Ideal wird durch Bescheidenheit ganz erreicht."
Und quer über die Tür: Der Frühling verschenkt Glück an alle
sechs Richtungen (N,S,W,O, Mitte, oben). Sehr hübsch.

Diese elaborierten Verse schrieben wir auch wiederum
nicht selbst, sondern konnten sie uns von den dort zur Ver-
fügung stehenden fünf Kalligraphen schreiben lassen. Wir
selber schrieben nur so einzelne Worte, wie Glück, Frühling,
oder kurze Sätze, wie: „Mögen alle Wünsche in Erfüllung
gehen". Und dies taten wir nun mit zitternden Händen in
einer Art Blitzlichtgewitter. Es war eines dieser eigenarti-
gen Medienereignisse, die in sich kaum Sinn machen, aber
Zeitungsartikel mit Bildern von tollen Ereignissen ergeben.
Sehr sonderbar. Und tatsächlich waren wir am nächsten
Tag in zwei Zeitungen abgebildet. So schnell geht das hier
im kleinen Tainan. Ich wurde in einem Artikel mit dem interessanten Satz zitiert, dass ein zu weicher Pinsel schlecht
zu kontrollieren sei. Na, von mir aus. Als ich dann am Don-
nerstagabend bei meinem Maler- und Schreibertreffen
war, kam prompt einer mit der Zeitung an und sorgte damit für viel Heiterkeit. Dort sind natürlich auch alle wie
wild damit beschäftigt Chunlian, also Frühlingscouplets zu
schreiben. Das hat ein bisschen was von Laternenbasteln
für Sankt Martin, das hab ich auch immer gerne gemacht.
Einer meiner Kollegen dort, mit dem Aussehen eines Bierkut-
schers, also kräftig, rund, gedrungen, stiernackig, rundschä-
delig und rotäugig, und der Kalligraphie eines Gelehrten,
der passenderweise Sportlehrer ist, lud mich überraschend
an Chuxi zum Essen ein. Auf meine Nachfrage meinte er,
dass das sein Ernst sei. Das fand ich insofern verblüffend,
da Chuxi in etwa so ist, wie Weihnachten bei uns, also Fa-
miliefamiliefamilie und ich mit ihm bisher kaum geredet
hatte. Aber egal. Ich dachte also während der nächsten zwei
Stunden darüber nach, ob ich dazu Lust hätte, kam zu dem
Ergebnis: Ja, klar doch, und nahm mir vor, nach der Kinder-
anzahl zu fragen, weil Kindern muss man Hongbao, also
rote Briefumschläge mit Geld schenken. Als ich dann ging,
fragte ich noch einmal nach und er meinte dann: Vielleicht
doch eher am Freitag davor oder so. Er würde anrufen. Dem
entnahm ich dann, dass es sich, obwohl er mir seine Adresse

bereits aufgeschrieben hatte, um eine chinesische Höflichkeitseinladung gehandelt hatte, die nicht dazu gedacht ist, sie anzunehmen.

Und so verbrachte ich den Neujahrsabend mit Agnieszka und wir trafen uns, um das alte Jahr nach Hause zu bringen. Erst gingen wir ins fast menschenleere Kino und sahen den neuen Jet-Li-Film, wobei mir wieder einfiel, dass in meiner ersten Taijigruppe einer war, der haargenau aussah wie Jet Li, mit Aknenarben und allem. Der Film bot wenige Überraschungen, die Läuterung eines Kungfukämpfers, böse Langnasen (ok, spielt auch in Shanghai Anfang des 20.Jhdts, da ist es schwer Westler positiv darzustellen), Japaner mit zumindest so etwas wie Restehre und ein toter Held am Schluss. Das muss so sein. Dann fuhren wir in das fast komplett leer stehende Wohnheim und ich beglückwünschte uns, dass wir uns nicht einen dieser extrem blutrünstigen koreanischen Gruselfilme angesehen hatten. Wir aßen Fertignudelsuppe. Von diesem Menüplan hatte ich auch schon meiner Lehrerin erzählt und erklärte das mit dem Fehlen eines Küchenzugangs und der kompletten Schließung aller Lokale und sie antwortete daraufhin: Hmmmmmm, köstlich! Und, dass sie ja sooo gerne Instantnudelsuppen essen würde und die taiwanischen ja auch wirklich hervorragend seien. Hatte ich schon öfter gehört. Der Gipfel kulinarischen Genusses. Sonderbar. Außerdem aßen wir Obst und Schokolade und tranken Sekt, der in Taiwan extrem schwer aufzutreiben ist. Plauderten und warteten, dass um Mitternacht irgendwas passieren würde. Fehlanzeige. Ok, ab und zu hörte man eine Böllerschnur detonieren, aber das ging schon die letzten Tage so. Neujahr dauert allerdings zwei Wochen, bis zum nächsten Vollmond also, und vielleicht passiert ja noch das ein oder andere Farbenfrohe, wenn die häuslichen Herde wieder verlassen werden.

Die folgenden Tage machte ich traditionell gesehen unabsichtlich fast alles falsch. So soll man am Neujahrsmorgen früh aufstehen, um Maßstäbe fürs neue Jahr zu setzen. Da blieb ich aber ganz ungewohnt lange im Bett. Am zweiten besuchen die Töchter ihre Eltern, na, das wäre sehr aufwendig geworden.

Dafür sollte man am vierten Tag lange schlafen, weil in der Nacht die Mäusehochzeit stattfindet, die man nach Möglichkeit nicht stören sollte.

Diese hätte wegen der hohen Ansprüche des Brautvaters beinahe gar nicht stattgefunden. Denn für seinen Augenstern war nur der allerbeste und mächtigste Bräutigam gut genug. Also ging der Mäusevater zur Sonne und fragte, ob diese seine Tochter heiraten möge. „Sehr gern", antwortete die Sonne, „aber ich bin gar nicht so großartig wie Du denkst. Denn kaum kommt eine Wolke, bin ich nicht mehr da. Frag doch besser die Wolke, die ist mächtiger als ich." Das leuchtete dem Mäusevater ein und er ging zur Wolke und bot ihr seine Tochter als Ehefrau an. „Ich bin sehr geschmeichelt", sagte die Wolke. „Aber ich befürchte, Du überschätzt mich. Sieh mal, kaum ist mir ein Berg im Weg, kann ich nicht weiter. Der Berg, der hat wirklich Gewicht." Überzeugt lief der Mäusevater zum Berg und warb für seine Tochter. „Nichts lieber als das", antwortete der Berg. „Ich fürchte nur, dass ich Deinen Ansprüchen nicht genügen kann. Denn ich wirke nur so stark. Innerlich bin ich unterhöhlt und zerfressen von den stärksten Wesen, die es überhaupt gibt, den Mäusen." Der Vater hörte dies, begann zu strahlen, lief geschwind nach Hause und suchte einen schnieken Mäuserich für seine Tochter aus. Auch die war überglücklich und die Hochzeit fand mit allem Tamtam morgens am vierten Tag der Neujahrsfeierlichkeiten statt.

Da stand ich schon um halb sechs auf. Außerdem kommen am vierten die Hausgötter zurück und ich hab nicht mal hallo gesagt. Und am neunten hatte der Jadekaiser Geburtstag und ich keine Lust, auch zum Gratulieren vorbeizugehen. Aber wenn man bedenkt, dass die meisten Taiwaner mittlerweile ihr „sylvesterliches" Mahjongspielen nicht mehr unterbrechen wollen, um so etwas Lästiges zu tun wie Feuerwerk abbrennen, muss ich mir eigentlich keine Gedanken machen. Obwohl, um die Mäuse tut es mir schon leid.

36. Chinesenkoller in der Taroko-Schlucht

Es gibt einen Rat für das Reisen in der chinesischen Welt, nämlich: Tu das nie an Chinesisch Neujahr! Nun hatten wir aber doch eine ganze Woche frei und irgendwie dachte ich, wo werden sie schon sein, die Taiwaner? Zuhause in ihren Stammfamilien, bzw. am zweiten Tag kehren die verheirateten Töchter zu ihren Eltern zurück, die sich dann das Verkösten ihrer Schwiegersöhne einiges kosten lassen müssen. Warum also nicht reisen? Machte mich also mit Agnieszka auf den Weg, die Ostseite Taiwans ein wenig zu erkunden. Das fing so an, dass ich wegen Mücken und anderer Umstände kaum geschlafen hatte und wir natürlich keinen Sitzplatz im Zug mehr bekamen. Nach sechs Stunden Rumgekauere auf dem Gang kamen wir doch in Hualian (Blumelotos, ich weiß auch nicht, warum es nicht Lotosblume heißt) an, mit dem Ergebnis, dass keine Betten zu haben waren. Wir waren halt zu blöd oder zu spontan, etwas zu reservieren, na gut. Aber in einem Backpackerhostel meinte die Frau, wir könnten auf dem Dachboden auf dem Boden schlafen. Wir waren dankbar. Sie wirkte wie so eine Existenz, die davon lebt, dass irgendwelche behämmerten Traveller wie wir ihr dankbar sind. Nach den überall herumhängenden Fotos und Dankespostkarten ist sie mit einer Langnase verheiratet, der (oder müsste es grammatikalisch richtiger nicht, „die" heißen?) an einem Strand einen Surfbrettverleih betreibt. Aber sie jedenfalls: Tagaustagein im Hostel damit beschäftigt im Anschein von Polyglotterie Traveller dankbar zu machen. Erfolgreich in unserem Fall, wie gesagt. Zunächst machten wir dann eine Radtour zum Qixing, zum Siebensternestrand. Dafür gibt es einen der wenigen Radwege auf Taiwan. Der Pazifik ist blau so blau. Und der Hafen grau so grau, aber ich mag ja so Industrieromantik auch ganz gerne. Schließlich führte uns der Weg auch durch die städtische Mülldeponie, da störte der Gestank den Genuss doch nicht unerheblich. Die herumradelnden Chinesen wirkten so wie bei uns die Schlittschuhläufer: Einmal im Jahr leiht man sich halt Schlittschuhe und kurvt etwas unbeholfen damit herum und erschöpft schnell. Aber immerhin: So eine Stunde kann man auf dem Radweg schon fahren. Der Siebensternestrand war kieselig dunkelgrau, der Pazifik betörend blau und der Wellengang beträchtlich, wunderschön und dramatisch und wir stellten uns zu den Taiwanern und schauten ähnlich betäubt aufs Wasser. Eine hatte auch ihren Vogel im Käfig mitgebracht. Letzterer wirkt allerdings unbeeindruckt, also nicht nur der Käfig, sondern auch der Vogel. Zurück im Hostel die gute Nachricht: Es gab Absagen und wir hatten Betten. Und lernten Willow aus Texas und Treasure aus Seattle kennen. Das sind doch mal Namen, die sich gut ins Chinesische übersetzen lassen! Willow irritierte mich mit unablässigem Haarewaschen, Schminken und Abschminken, aber das war nichts gegen ihr Schnarchen, was zusammen mit den Betten, die schon beim Gedanken an eine Bewegung unglaublich laut quietschen und weiteren Mückenattacken auch diese Nacht weniger erfrischend gestalteten als erhofft. Ich war ohnehin schon an dem Punkt ausgewachsener Misanthropie angekommen und fragte mich ernsthaft, was mich dazu verleitet hatte, überhaupt und vor allem noch mal mit Agnieszka zu verreisen. Plötzlich erschienen mir ihre Unbewegtheit nicht mehr als Eigensinn sondern als Stumpfsinn, ihr Witz als Genöle, ihre Gelassenheit als bodenlose Trägheit. Und beim Proviantkauf morgens um sechs musste ich mich schon reichlich zusammennehmen. Denn einkaufen mit Agnieszka geht so: Während der Verkäufer die Waren scannt, steht sie da (wie ein Ochse. Nein, das geht zu weit). Dann sagt er den Preis, sie erwacht langsam und fängt an, ihren Rucksack abzusetzen, ihn zu öffnen, in der letzten Tasche ihr Portemonnaie zu finden, darin herum zu nesteln und schließlich zu bezahlen. Dann muss sie das Wechselgeld einsortieren, das Portemonnaie wieder verstauen und schließlich auch noch geeignete Stellen im Rucksack für ihren Einkauf finden. Ich meine, Einkaufen ist auch leben, warum sollte es also immer schnellschnell gehen? Aber in misanthropischen Phasen helfen solche Gedanken natürlich wenig. Endlich war auch das geschafft und wir fuhren in die Taroko, bzw Tailuge, wie diese Schlucht auf Chinesisch heißt. Taroko wird sie von einem hier ansässigen indigenen Volk und der Reiseführer-literatur genannt. Im Informationszentrum erfuhren wir, dass wir die gewünschte Wanderung nicht machen könn-ten, weil man dafür eine schriftliche Genehmigung brauche. Es sei zu gefährlich. Ich fragte: Wieso ist es gefährlich? Sie: Weil man dafür einen Bergführer braucht. Auch nach länge-rem Forschen nach der Art der Gefahr blieb die Antwort ste-reotyp die gleiche, so dass ich mich schließlich erkundigte, ob denn der Bergführer die eigentliche Gefahr sei, den man aus bürokratischen Gründen aber mitnehmen müsse. Darü-ber konnte die Dame von der Information nicht lachen und wir fügten uns schließlich. Und gingen zum Warmwerden zunächst so einen typischen Treppenweg, dass der Schweiß nur so lief. Wir hörten Affen, ohne sie zu sehen und die Zu-fahrtsstraße. Die sahen wir allerdings auch. Dann marschier-ten wir durch einen 3 km langen, beleuchteten Autotunnel, der glücklicherweise für normalen Verkehr gesperrt ist. Und dann ganz ohne Verkehr in eine kleine Schlucht des Shaka-dang ins Shenmi (geheimnisvoll)-Tal. Die Steine sind ext-rem gefaltet, Steinwurf wie Faltenwurf sozusagen, der Bach von leuchtendem Türkis, die Luft wie neu gemacht. Weil ja nichts so gut hilft gegen den Furor misanthropis wie Laufen und dabei außerdem nicht so auffällt, dass man sich nichts zu sagen hat, schlug ich nach diesem Weg eine dritte Wande-rung vor und Agnieska watschelte erstaunlich unermüdlich hinter mir her. Hinter einem weiteren Autotunnel erreich-ten wir den Schrein des ewigen Frühlings, eine kleine Tem-pelgedenkstättenanlage für die etwa 400 Todesopfer, die der Straßenbau (1960-64) durch die Berge gefordert hat. Denn durch die Schlucht führt die mittlere der drei Ost-West-Ver-bindungsstraßen in Taiwan. Ein verlobtes Paar, das vor dem Schrein für ein Foto posierte, wurde dann das Opfer eines weiteren Erdrutsches. Heißt es. Ich vermute vor allem, dass der Bau dieser drei Pagoden und Tempel ebenfalls weitere Todesopfer gefordert hat, weil sie im dort sehr steilen Berg hängen. Eine extrem steile Treppe führt nach oben und man wird gebeten, wegen Steinschlaggefahr möglichst schnell zu gehen. Stimmt schon, je länger man selber da im Berg hängt, desto größer ist die statistische Wahrscheinlichkeit, einen Steinschlag zu erleben. Aber schließlich ist dann noch die Frage, wo genau. Diese Frage war aber sowieso rein theoretisch, weil der Weg zu steil und lang ist, um ihn ernsthaft schnell gehen zu können. Aber wir klapperten jede einzelne Pagode ab und überschritten auch noch eine Hängebrücke. Auf dem Rückweg, nun mittlerweile in einem völlig unbeleuchteten, engen und befahrenen Tunnel, dessen Schwärze durch meine funzelige Taschenlampe erst richtig sichtbar wurde, hielt ein Auto, um uns nach Hualian zurück mitzunehmen. Der Sohn der Familie sang leise und schlecht zu seiner Discman-Musik. Erst dachte ich: Irgendeine indigene Sprache, aber es kam mir auch irgendwie bekannt vor und denke plötzlich: italienisch, denke: Adriano Celentano. Und Tatsache: Auf Nachfrage seiner Eltern, mit was er denn hier alle so quäle, sagte er, es sei italienisch. Also, wie man halt italienisch nachsingt, wenn man es nicht kann, oder nur den Text nicht kann und nur versucht die Vokale zu treffen und sonst eben auch so ungefähr. Ob das mit Adriano stimmt, weiß ich natürlich nicht, der Teil im Hirn, der Personennamen zu Gesang zuordnet ist bei mir leider nur sehr unzureichend ausgestaltet. Aber es kam noch besser: On a wagon... war nur in Andeutung, aber donadonadona hervorragend zu verstehen. Das offenbarte leider auch sein ganzes Unvermögen im Tönetreffen, aber insgesamt war es trotzdem eine erfreuliche Darbietung.

Die Nacht mussten wir dann tatsächlich auf den Dachboden. Was heißt da Dachboden: Dort standen die Ahnentafeln und ein niedriger Holztisch mit Teezeremonieset. Eigentlich die gute Stube. Sozusagen. Und die Härte des Bodens: Na, mein Bett bei Mama Zheng ist nicht viel weicher. Den Ahnen war natürlich auch geopfert und zwar Mandarinen und türkischer Honig. Geopferte Lebensmittel, egal ob für Götter, hungrige Geister auf dem Friedhof oder die eigenen Ahnen werden im Anschluss natürlich von den Lebenden gegessen. Alles andere hätte mich auch sehr gewundert. Aber das Problem ist, dass die Kernsubstanz bereits von den Göttern und Geistern verspeist wurde. Es sind quasi tote Lebensmittel. Und die müssen schnell gegessen werden, denn sie verderben rasch. Und nähren nicht sehr gut. Sehr beliebt als Opfergaben sind auch Süßigkeiten aller Art. Und ich frage mich, wie viel „Seele" hat ein Snickers? Setzt man damit die Halbwelt nicht auf eine unvertretbare Diät? Oder hofft man, die Ahnen mögen doch die Kalorien daraus essen (denn vielleicht ist ja auch der reine Nährwert die Seele des Essens), so dass man dann schnell viel Schokolade essen kann, ohne zuzunehmen? Das würde zumindest die Diskrepanz zwischen dem hohen Zuckerkonsum und den durchschnittlichen Körperumfängen erklären.

Öfter habe ich schon von Taiwanerinnen im Brustton der Überzeugung gehört, dass sie, weil Taiwanerinnen, nicht gerne süß äßen, sondern lieber salzig. Hm. Tja. Hm. Muss eine Wahrnehmungsstörung sein. Oder die, die das sagten essen tatsächlich nicht gerne Schokolade und Kuchen, sondern trinken nur süß? Und davon war ja nicht die Rede. Ich war glaube ich noch nie an einem Ort, an dem so viel Zucker gegessen/getrunken wurde wie hier.

Na, wie dem auch sei, die Ahnen von Frau Polyglott-machsmöglich-Backpackerhostel hatten offenbar Hunger, denn die Mandarinen fingen schon an zu schimmeln, während die verpackten Süßigkeiten ihrer Natur – oder auch vorherigen Natur – gemäß ganz ungerührt aussahen. Ich esse übrigens auch gerne Schokolade, nicht dass hier ein falscher Eindruck entsteht, aber lieber natürlich: Salzig. Da bin ich eigentlich ganz taiwanisch.

Auch diese Nacht war schlimm, denn Willow war auch auf dem Dachboden wieder dabei, diesmal auch noch betrunken und hatte zu allem Überfluss noch ihren Trinkkumpan mitgebracht und sie schnarchten stereo und zwar in bisher ungekannter Lautstärke. Da freut man sich auch ohne Schlaf aufs Aufstehen.

Aber nach drei Tagen Schlafentzug kroch ich doch allmählich auf dem Zahnfleisch. Und sah statt weggeworfener Einwickelpapiere schillernde Insekten und statt nasser Wurzelstücke vermoderte Kinderhände. Auch das macht das Leben reich und interessant. Zu meinem allgemeinen Menschenhass gesellte sich mittlerweile verschärfend der Chinesenhass, ein Gefühl, das von Agnieszka ungünstigerweise an diesem Tag geteilt wurde. Da kann zwar nun kein Chinese und keine Chinesin was dafür, (wäre ich in Italien wäre es

halt Italienerhass), aber er kommt vor. Geht glücklicherweise auch wieder vorbei. Ich vermute, es handelt sich um
eine aggressive Ausformung von Heimweh bei gleichzeitiger Überforderung. Und dann hasse ich die Chinesen und/
oder Taiwaner völlig unberechtigt dafür, dass die Bürgersteige so voll gestellt sind, dass man nicht gehen kann, dass
sie die Geschlechter so stereotyp trennen, dass es so schwer
ist, etwas Leckeres zu essen zu finden, obwohl ich doch so
gerne chinesisch esse, dass in einer Wandergruppe einer so
ausgerüstet ist, als hätte er eine große Expedition vor und
seine Freundin, als wolle sie in die Oper gehen, dass sie so
viele sind, dafür, dass sie Taiwanisch reden oder dafür, dass
ich das Chinesisch nicht verstehe, dass sie Zweitakterscoo-
ter ohne Katalysator fahren, dass sie aus Autos heraus Hello!
rufen etc. Tja und das war dann eben unser Pech, denn deshalb trampten wir nicht, sondern liefen 4km Straße inklusive mehr oder weniger gut beleuchteter Autotunnel berg-
auf, was wegen der Eintönigkeit auch irgendwie meditativ
ist, um zum Einstieg zur nächsten Wanderung zu kommen.
Meiyuan, Pflaumengarten heißt das Dorf zu dem wir dann
wanderten, das von ehemaligen Straßenarbeitern gegrün-
det worden sein soll, um auf den dortigen Terrassen Obst
anzubauen. Sagen wir so: Wären wir getrampt, hätten wir
statt 4km Straße (hin und her also 8km) weitere 4 km auf
dem wunderschönen Weg noch zum Dorf Bambushain laufen können, aber so reichte weder Zeit noch Kraft. Und das
alles nur, weil man die Empfindung hat, nicht schon wieder
ein Gespräch über Herkunft und Behuf führen zu können.
Die Freundlichkeit nicht mit entsprechender Freundlichkeit
vergelten zu können. Wer hassen will, muss laufen können.
Die Rückfahrt mit dem Bus aus der Schlucht zurück nach
Hualian war dafür von ganz eigener Grandezza! Die Straße
heißt ccih: Centralcrossislandhighway[28]. Highway. Das ist
eine unglaublich enge, verschraubte Straße mit allerlei ab-
gerutschten Spuren und niedrigen Tunneln. Ein Busfahrer
muss nun einen dieser, für die Straße völlig überdimensionierten, Busse dadurch fädeln. Das heißt an manchen Stellen

---

28 Engl.: Zentrale inselüberquerende Autobahn

links fahren, weil rechts der Felsüberhang zu nieder ist, den richtigen Einfahrtswinkel für die Tunnel finden, warten bis kein Gegenverkehr kommt. Und das war schon am verkehrsarmen Hinweg ein echtes Erlebnis. Aber nun begann der Neujahrsrückreiseverkehr und wir saßen ganz vorne im Bus hinter der Panoramascheibe. So enervierend es ist, im Stau zu stehen, nicht zu wissen, warum, nicht zu wissen wann, so interessant war es, der Beginn des Staus zu sein. Denn: Schon am ersten Tunnel mussten wir lange, lange, lange stehen, da der Gegenverkehr nicht abriss und nicht genug Platz war für uns alle da drin. Das passierte dann alle paar Kurven, oder manchmal fuhr der Bus links rüber, was natürlich ein paar Autofahrer von hinten zum rechts Überholen veranlasste, während ja schon der Gegenverkehr nun auf links, also die gleiche Spur ausgewichen war. Ich wartete eigentlich darauf, dass sich alles irgendwann so verkeilt, dass nichts mehr geht, aber erstaunlicherweise passierte das nie. Es war wirklich furchtbar spannend. Ich hoffe, die Busfahrer verdienen entsprechend. Und nach anderthalb Stunden hatten wir auch die ersten 15 km geschafft. Laufgeschwindigkeit sozusagen. Die zweiten 15 gingen dann allerdings viel schneller. In der Nacht hatten wir stillere Betten im Zehnbettzimmer und Willow nahm Medizin gegen das Schnarchen und blieb ruhig. Schlafen kann so schön sein.

37. Beim Friseur

Nun hatte ich mir endlich ein Fahrrad gekauft. Und nachdem mich diese Aktion etwa eine halbe Stunde und 25 € gekostet hatte, fragte ich mich ernsthaft, warum ich über fünf Monate mit dem schlechtesten, knieruiniemdsten, langsamsten, bremsschwächsten, lenkerverbogensten Rad von Mama Zheng herumgeeiert bin. Trotz meiner Vorliebe für Provisorien hatte sich die Exotik dieses Rades eigentlich nach spätestens einem Monat erledigt. Seit einem Tag fuhr ich also einen türkisen Explorer und geriet in Geschwindigkeitsrausch.

Und meine viel zu lange gewordenen Haare wehten im Fahrt-
wind. Seit Monaten dachte ich schon über einen Friseurbe-
such nach. Nun mach ich das schon zu Hause nicht gern und
weiß ich immer nicht wie erklären, wie sie es schneiden
sollen, weil ich es selber auch nicht weiß. Und was will ich
und ach je. Und das Ganze dann auf Chinesisch. Erst konnte
ich wegen Neujahr ohnehin nicht. Die Friseure waren alle
ausgebucht bis zum Anschlag, denn frau will ja hübsch ins
neue Hundejahr. Da wird der Pudel noch getrimmt. Ich würde ja ohnehin lieber in ein bodenständiges „Haarschneide-
geschäft", aber das ist nur für Männer und daher musste ich
in einen Schönheitssalon, tzehe. Aber wie gesagt: Erst waren
alle unheimlich ausgebucht, wie mir Wenxi erzählte, die gerade noch einen Termin an „Sylvester" selbst ergattern konnte und dann hatten alle erst mal geschlossen. Denn Haareschneiden in der ersten Neujahrswoche bringt Unglück, wie
auch Fegen, denn man könnte ja das schon sich eingefun-
den habende Glück aus Versehen wieder mit hinausfegen.
Danach halfen mir keine Ausreden mehr. Wenxi empfahl
mir ihren Friseur und vereinbarte auch den Termin für mich.
In der Zeitung war Haareschneiden für den Tag nicht empfohlen, es wurde allerdings auch nicht davon abgeraten. Allerdings wäre es, so hieß es, ein guter Tag zum Einsargen von
Leichen gewesen, aber daran hatte ich nun weniger Bedarf.
Boen, hieß der Laden. Erst wurde ich in Empfang genommen
und ein kleiner Handlanger brachte mich zu einem Stuhl
und stellte ein Getränk neben mich und belud mich mit Zeitschriften. Kaum eine Minute später kam er wieder, nahm
mir die Zeitschriften wieder ab, um meine Haare anzufeuch-
ten. Und das waren dann nicht so Waschbecken, bei denen
man befürchten muss, bei einer unvorsichtigen Bewegung
des Haarewäschers einen Genickbruch zu erleiden, sondern
man lag auf einer Liege, die sanft und übergangslos zum
Waschbecken wurde, auf dem man dann auch bequem mit
dem Kopf auflag. Ein Handtuch um die Schultern, eins auf der
Brust, um vor Spritzwasser geschützt zu sein, über mir eine
hohe Decke. Ein weiteres Handtuch wurde anschließend um
den Kopf gewickelt. Hernach wurde ich auf einen anderen
Stuhl platziert und der Herr Coiffeur rollte heran, um den

Schnitt zu diskutieren, was wegen sprachlicher Kluften und geschmacklicher Differenzen einige Zeit in Anspruch nahm. Anschließend kam der Kleine wieder, um ausführlich die Schultern zu massieren. Nach dieser wunderbaren Massage, holte er Shampoo und massierte shampoonierend den Kopf, während ich ganz normal auf dem Stuhl sass. Ab und zu musste er dann mit Händen voller Schaum abrücken, um ein bisschen davon loszuwerden und anschließend weiter mehr Shampoo auf meinem Kopf zu verteilen und weiterzumassieren. Ich hoffe, er entwickelt keine Allergie! Langsam wurde mir klar, warum viele einfach zum Haarewaschen zum Friseur gehen. Im Anschluss an die ausführliche Kopfmassage gingen wir zum Auswaschen, was drei neue Handtücher erforderte. Dann kam wieder der Herr Friseur und schnitt. Dabei wurden natürlich all diese Fragen erörtert, warum ich hier was mache und wie alt ich bin etc. Der Friseur ist 33. Immer wieder führt es zur Erheiterung, wenn ich erzähle, dass es in Deutschland zu viele Rechtsanwälte gäbe, denn in Taiwan seien RAe rar und reich. Ich fragte ihn dann, was der Name „Boen" bedeute. Er meinte, es sei der Name der Schweizer Hauptstadt. Nachdem ich meinen Verdacht auf diese Weise erhärtet sah, musste ich ihm mitteilen, dass es sich um den chinesischen Namen der ehemals westdeutschen Hauptstadt handelt. Das führte natürlich zu einigen geographischen und politischen Weiterungen, zum Beispiel wo Berlin liegt und ob das denn dann ostdeutsch war und so weiter. Ich verkniff mir ausnahmsweise, Vergleiche mit der chinesisch-taiwanischen Geschichte anzustellen, weil man damit so schnell auf die Nase fällt und immerhin hatte er die Schere. Weil, während die Hauptstadt von Taiwan zwar Taibei ist, ist die gedachte Hauptstadt der quasi nirgends anerkannten Republik China nach wie vor das in der Volksrepublik liegende Nanjing. Ich habe das Gefühl, die Konfliktlinien zwischen Festland- und Taiwanchinesen, und alteingesessenen Taiwanern und zugezogenen Guomindanglern nie wirklich erfühlen zu können. Aber zurück zum Thema: Nachdem also der Herr Friseur mit Namen Kenny im Salon Bonn fertig geschnitten hatte, kam wieder der Kleine (er war wirklich klein) und ging mit mir: Na, Haare waschen. Wobei wieder drei frische Handtücher ihre Verwendung fanden. Zurück am Platz fing er an zu föhnen. Als die Haare fast trocken waren, übergab er dann wieder an Herrn Kenny, der alles in die richtige Form brachte. Das Ergebnis von anderthalb Stunden Umtüddertwerdens und dem Verbrauch von neun Handtüchern und einer halben Flasche Shampoo: Na, basst scho![29] Aber einer dieser unsäglich rehäugigen, feinziseliert spitzmäuligen französischen Schauspielerinnen würde die Frisur wohl besser stehen. Wenn man jedoch bedenkt, dass Kenny völlig ungeübt mit etwa viermal (oder wars siebenmal) dünnerem Haar und länglicher, statt der chinesischen breiten, flachen Kopfform umgehen musste, will ich mal nicht meckern.

38. Laternenfest

Das Laternenfestes, auf Chinesisch Yuanxiao (Beginn-Nacht)-Fest findet am Vollmond nach dem eigentlichen Neujahrstag und damit zwei Wochen später statt und stellt den Abschluss der Neujahrsfeierlichkeiten dar. An diesem Tag isst man gleichnamige Yuanxiao, das sind mit rotem oder grünen Bohnenmus oder schwarzem Sesam oder Erdnusspaste süß gefüllte Klebreisbällchen. Um uns an dieser Sitte teilhaben zu lassen, konnten wir in der Woche davor an der Uni selber welche herstellen und auch essen. Und wieder war Presse da und wieder kam ich in die Zeitung. Ich erfuhr allerdings, dass es hinterher schlechte Stimmung gegenüber den Presseleuten gab, weil die ziemlich rüde alle asiatischen Studenten aus dem Bild schickten. Insbesondere, da alle einhellig immer versichern, dass sie natürlich sofort und fehlerfrei erkennen, wer aus Japan, wer aus Korea, wer aus Thailand etc stammt, ist das ein unverständlicher Vorgang, wenn es um die Demonstration von Internationalität gehen soll. Ich hatte vor lauter Bällchenrollen gar nichts davon mitbekommen, aber ich glaube es sofort. Langnasen mit hellen Haa-

---

[29] bair.: Buf chinesisch: Chabuduo, auf hochdeutsch nicht wirklich übersetzbar. Am ehesten mit „es wird´s schon tun", was aber auch nicht wirklich hochdeutsch ist.

ren sind einfach die besseren Ausländer. Yuanxiao also: Süß und klebrig, kann man essen, muss man aber nicht. Am Tag darauf fand zum Laternenfest gehörendes Rätselraten statt. Traditionell sieht das so aus, dass einer eine Laterne mit einem Rätsel darauf hochhält und wer zuerst die richtige Lösung ruft, bekommt ein Geschenk. Wegen der ganz richtigen Einschätzung, dass wir für diese Art des Rätselratens viel zu langsam wären, wurden die Rätsel auf kleinen roten Zetteln schon ein paar Tage vorher ausgehängt.

Es gibt drei Grundtypen von Rätseln. Die eine ist so, wie wir das auch kennen. Also z.B.: Wenn es klein ist geht es auf vier Beinen, wenn es groß ist auf zwei und wenn es alt ist auf drei. Dann wird noch gesagt, was gesucht wird: hier: Ein Lebewesen. Gut, das war leicht, ich glaube das war eines der ersten Rätsel, das ich überhaupt in meinem Leben hörte. Aber ehrlich gesagt: Wer geht heute noch am Stock? Eher gleich in den Rollstuhl oder eben ein Gehwägelchen. Die gibt es hier auch, allerdings ohne Rollen. Das heißt man muss das leichte Aluminiumgestell immer ein bisschen weiter stellen und dann nachlaufen. Bei den hiesigen Bürgersteigsituationen wäre ein Gehwägelchen auch nur eine zusätzliche Bürde.

Dann gibt es Rätsel, die mit den zahllosen Homonymen im Chinesischen arbeiten. Zum Beispiel: „Der Wolf ist gekommen". Gesucht wird ein Obst. nun ist „die Schafe fliehen" (yang tao) lautgleich mit Sternfrucht (Yangtao), was damit die Lösung wäre. Und die dritte Variante sind Spielereien mit den Schriftzeichen als solchen. Zum Beispiel „die Hand umdrehen", gesucht wird ein Zeichen. Die Lösung lautet Haare, weil das Schriftzeichen für Haare 毛 so aussieht, wie das umgedrehte Zeichen für Hand 手. Oder auch: „Ein Mensch (人) ist drinnen (內)" und die Lösung lautet Fleisch 肉. Bei der Rätselveranstaltung konnte man sich melden und rufen, welches Rätsel man lösen will. Und wenn es richtig war und auch richtig begründet, bekam man ein eingewickeltes Geschenk. Eigentlich wollte ich nur zusehen, aber dann waren da die Rätsel, ein Mikrophon und die Gelegenheit gscheit daherzureden, was ich mir dann doch nicht entgehen lassen wollte. Und ich hatte Schwein und gewann einmal eine Packung Schweineohren, die hier allerdings Tausendschichtenpastete heißen, einmal Chips mit japanisch gewürztem Schweinefleischgeschmack und noch eine Packung Keks mit Gemüse, ohne Schwein. Gegen Ende, als nur noch Rätsel übrig waren, bei denen Sprichwörter erraten werden mussten und wir alle ratlos waren, kamen endlich die Lehrerinnen zum Zug, die wegen der allgemeinen chinesischen Spielleidenschaft ohnehin die ganze Zeit am aufgeregtesten waren und nun kreischend und lachend um die verbliebenen Rätsel kämpften.

Zum Thema Laternenfesträtsel und Neujahrsdekoration gibt es nun auch noch eine Geschichte. Warum schreiben in China die Leute an Neujahr „fu", also Glück auf die roten an die Türen gehängten Zettel? Also rote Zettel müssen ja rausgehängt werden, um Nian, das menschenfressende Ungeheuer zu vertreiben. Man könnte natürlich sagen, man schreibt „fu" darauf, weil man Glück haben möchte und letztendlich ist es ja auch so. Aber der Ursprung ist folgender: Ein Mingkaiser war mit einer hässlichen, aus armen Verhältnissen stammenden Frau namens Ma aus Huaixi verheiratet. Und zwar nicht irgendwie konkubinisch verheiratet oder so, sondern sie war die Kaiserin. Und hatte ein Herz aus Gold und auch sonst alle nur erdenklichen Vorzüge. Zur Zeit des Laternenfests wollte sich der Kaiser unter das Volk mischen, um ihm aufs Maul zu schauen. Er verkleidete sich also und ging mit zwei ebenfalls verkleideten Wächtern los. Der Zufall und die Geschichte wollten, dass er an der Rätselbühne stehen blieb. Dort hielt gerade einer eine Laterne hoch, auf der eine Gestalt mit Pferdekopf, riesigen Füßen und einer Melone im Arm abgebildet war. Zu erraten war eine Person. Ein Junge rief: „Die Kaiserin!" und erhielt für die richtige Antwort und Begründung ein Geschenk. Denn die Kaiserin hieß Ma, was auch Pferd bedeutet, außerdem war im Volk, das sie natürlich nie gesehen hatte bekannt, dass sie hässlich sein soll, quasi ein Pferdegesicht habe. Im Arm halten heißt „huai" und Wassermelone heißt „xigua", also ist Huaixi(gua) ein Hinweis auf ihren Geburtsort. Die großen (nicht eingebundenen) Füße wiesen auf ihre arme Herkunft hin. Der Kaiser kochte vor Zorn und schickte die Wächter aus, den zu finden, der für dieses Rätsel verantwortlich war. Weil man aber zu

Neujahr niemanden töten darf, sagte er nur, der Wächter solle des Unglückswurms Tür mit dem zu Neujahr offenbar als unauffällig angesehenen, wenn auch ungebräuchlichen Zeichen für Glück kennzeichnen. Danach kehrte der Kaiser zurück und erzählte der Kaiserin auf ihr Nachhaken hin was vorgefallen war. Die wollte nun wiederum nicht, dass wegen so einer Lappalie ein Mensch sein Leben verlieren sollte und schickte Leute aus, an alle Türen „fu" zu schreiben, was dem frechen und nun unauffindbaren Rätselsteller das Leben rettete. Und seither, so heißt es, hängt man sich: „Fu" an die Tür. Hängt bei mir auch, und Tatsache: Es war noch niemand da, um mich zu verhaften!

Gerne werden die Zeichen auch falsch herum an die Türen gehängt. Das liegt daran, dass „ankommen" lautgleich zu „umgekehrt" ist. Sollte ich also besserwisserisch an eine Nachbarstür klopfen und sagen: „Fu dao le", um darauf hinzuweisen, dass es falsch herum hängt, sage ich damit gleichzeitig: Das Glück ist angekommen!

Am eigentlichen Tag des Laternenfestes hörte ich von einem Kendowettkampf und dachte mir: Sei nicht blöd, der geht von acht bis fünf, also geh nach drei hin, da kämpfen dann die Besten. Theoretisch, denn als ich um halb vier dort aufkreuzte hörte ich noch einmal Holz auf Holz krachen, dann Applaus, das wars. Sehen konnte ich dann wenigstens noch die Siegerehrung. Und eigentlich erzähle ich von diesem misslungenen Ausflug nur deshalb, weil die Mädchen und jungen Frauen nicht nur Pokale oder Medaillen erhielten, sondern zusätzlich eine (so wie sie aussah von Walt Disney unautorisierte) große Plüschmickeymaus in Cellophan, was dem ganzen sehr ernst-martialischen Aussehen in den schwarzen Gewändern und Panzer und Helm eine alberne Note verlieh. Aber wahrscheinlich sollte das dann weiblicher wirken. Die Jungs bekamen natürlich nur Pokale oder Medaillen. Nun war ich also schon 10 Minuten später mit dem Programmpunkt fertig und dies brachte meinen ganzen Sonntagsplan völlig durcheinander. Dachte an Brechts: „Und mach dann noch einen zweiten Plan, gehen tun sie beide nicht" und hielt einfach am alten fest, was hieß, dass ich viel, also wirklich viel zu früh am Hirschohrtor-Him-

melskaiserintempel ankam, wo am Abend anlässlich des
Laternenfestes ein Feuerwerk gezündet werden sollte. Der
Tempel selbst ist jwd und ohne meinen neuen türkisen Blitz
wäre es eine schreckliche Strecke gewesen, aber so ging es
schon. Man fährt durch eine ganz eigenartige Landschaft. Es
ist brettleben[30], die „Felder" sind durch Erdwälle voneinander getrennt, manche stehen unter (Salz)wasser und andere
sind ausgetrocknet. Das ist alles. Manchmal stehen moderne Siedlungen herum. Es war mir nicht ersichtlich, ob in den
Feldern Tiere gezüchtet oder Salze geerntet werden sollen.
Zuweilen führt die Straße nur auf einem schmalen Damm
entlang, so dass es optisch so war, als würde ich durch Wasser fahren, und man kann Watvögel in großen Mengen und
verschiedensten Größen sehen.
Ich kam also am sehr schönen Hirschohrtor-Himmelskaiser-
intempel aus dem 17. Jahrhundert an, der an der Stelle stehen
soll, an der Coxinga das Land betrat. Die Besichtigung dauerte trotz Beobachtung daoistischer Rituale nicht ewig und
dann drehte ich Runden-um-Runden um Zeit zu schinden.
Ich schaute beim Aufbau eines Feuerwerks zu und dachte
bei mir: Das kann doch nicht alles sein! Als es schon dämmerte saß ich in einem kleinen Park und plötzlich kam ein
Ding aus der Luft auf mich zugewabert, etwa in der Größe eines handelsüblichen Kühlschranks, aber eben gewabert, also
leicht und ein wenig amorph und eher dunkel, also auf gar
keinen Fall wirklich ein Kühlschrank. Ich wartete ab und es
stellte sich als rote Heißluftballonlaterne heraus, die an mir
vorbeistob und dann im Gebüsch hängen blieb. Davon habe
ich später noch viele, allerdings beim Aufsteigen gesehen.
Man kann damit Wünsche in den Himmel tragen lassen.
Dass sie danach, hoffentlich schon himmlischerseits gelesen,
im Gebüsch landen, macht wohl nichts. Als schließlich um
halb sieben immer noch keine Massen anrollten, dafür ein
paar theatergeschminkte Damen erschienen, wurde mein
Argwohn so weit gestärkt, dass ich mal einen der eigentlich verheißungsvoll herumstehenden Feuerwehrmänner
fragte, ob es denn hier ein Feuerwerk gäbe. Nein, wurde mir

---

30 nein, nicht brett-leben, sondern brettl-eben

lachend beschieden, das wäre am Hirschohrtorgedächtnis-
tempel, der noch einige Kilometer weiter draußen liegt. Ich
schwang mich also wieder aufs Rad und Tatsache, nachdem
ich die Hauptstraße wieder erreicht hatte, wurde es ganz
offensichtlich, dass ich richtig bin, weil ich mit Tausenden
von Rollern in eine Massenbewegung geraten war. Vor dem
Tempel war ein Jahrmarkt und es fanden irgendwelche Pro-
zessionen statt, die ich wegen der Menschenmengen nicht
sehen konnte. Der Tempel selbst ist riesig und quoll über vor
Menschen. Eine scheppernde Anlage beschallte den Platz mit
Deppentechno und dem denkwürdigen Text: Einszwei Polizei, dreivier Kölner Bier. Rheinischer Frohsinn machte sich
breit. Irgendwann erklärte jemand den Ablauf des Abends,
aber chinesische Lautsprecherdurchsagen verstehe ich wirklich nicht und so lungerte ich einfach auf einem nicht gar so
vollen Platz rum, der nah genug am Tempel aber nicht im
Schalltrichter der Anlage war und wartete ab. Leicht beun-
ruhigt darüber, dass fast alle neben mir Helme mit Visier
mithatten. Aber, dachte ich, ich bin ja extra nicht nach „Salzwasser" gefahren, ein Ort den man zum Laternenfest nur in
voller Ledermontur, hohen Stiefeln, Helm und geschlossenen
Kragen aufsuchen soll, weil dort das Feuerwerk nicht in den
Himmel, sondern in die Menge geschossen wird. Schließlich
ging es los. Die erste Feuerwerkepisode war zum Weinen
schön. Und dann passierte es doch: So genanntes Fengpao
(ausschwärmendes Feuerwerk). Und das geht so: Ein großer
Wagen mit Feuerwerksbatterien wird auf den Platz gezogen
und angezündet. Alle verstecken sich kreischend hinter mitgebrachten Plastikfolien oder Regenschirmen, ducken sich
auf den Boden und während ein Teil des Feuerwerks nach
oben bunte Kugeln auswirft, werden seitlich Raketen in die
Menge geschossen. Eigentlich ein bisschen so wie ein über-
dimensionierter Flammenwerfer. Die Richtung ändert sich
regelmäßig, so dass es nicht einfach ist, dem zu entkommen.
Ich versteckte mich hinter besser Ausgerüsteten. Aber nach
etwa einer halben Stunde und einem Raketentritt in den
Hintern (feng heißt übrigens auch Wespe), reichte es mir mit
dem Adrenalin und ich fand einen nicht betroffenen Platz
weiter draußen. Den zu finden war eigentlich nicht schwer,

aber in so einem Kriegsgebiet behält man halt nicht so leicht die Übersicht. Es folgte wieder ein Feuerwerk am Himmel von Feuerwerkern aus Japan, Taiwan und der Schweiz. Es flammte und glühte und blühte und wuselte, Herzen wurden gebildet und Lilien, Goldstaubräume erzeugt etc. und immer ging es noch weiterundweiterundweiter. Als die nächste Runde Fengpao losging, machte ich mich auf den Rückweg, zusammen mit ebenfalls ausschwärmenden Millionen und Abermillionen von Rollern, wenn auch keinen Vespas. Ich befürchtete ernsthaft einen Erstickungstod zu erleiden, aber letztlich überstand ich auch diese Gefahr.

Am nächsten Tag kam dann ein amerikanischer Student mit so Weltkriegskrücken, also die für unter die Achseln, die vermutlich für die Arme und Hände weniger anstrengend sind, als die bei uns landläufigen Unterarmkrücken, aber wesentlich unhandlicher auf Treppen. Er sei zwar in „Salzwasser" gewesen, aber das sei nicht der Grund für seine Blessur. Er habe vielmehr eine auf der Straße liegende Ampel nicht gesehen und sei mit dem Roller aufgefahren und gestürzt, erfahre ich hintenrum von unserer gemeinsamen Lehrerin. Eine auf der Straße liegende Ampel? Es war doch kein Taifun gewesen. Vielleicht eine herumliegende Laterne, weil das Wort Deng (Lampe) kommt in Laterne und in Ampel vor? Oder vielleicht hat er auch nur „eine Ampel überfahren", sprich ist bei Rot gefahren und kollidierte mit wem anders? Das kam mir am wahrscheinlichsten vor, aber ich beschloss nicht zu fragen und diese übersetzungshalber nebelhafte Geschichte unter eine grelle Lampe zu ziehen. Als Neujahr nun an und für sich geschafft war, räumte Mama Zheng endlich den Weihnachtsbaum weg. Aber Tainan war 2006 besonderer Veranstaltungsort des Laternenfests im weiteren Sinne und nach der Eröffnung durch den Präsidenten Chen erstrahlte für weitere zwei Wochen der Hafen im Ortsteil Anping in einem Lichter- und Laternenmeer. Und so fuhr ich mit Gerrit und Andreas, zwei kürzlich neu gewonnenen deutschen Freunden, dorthin. Wir aßen uns durch das reichhaltige Angebot und kauften Buddhahandmus (Bergamotte) zur Getränkbereitung. Stundenlang wandelten wir ergriffen durch die zahllosen Laternen in allen nur erdenklichen Formen und Farben und sagten Ah und Oh beim stündlichen Feuerwerk. Weil wir dann an diesem lauen Abend auf einem sonderbar ruhigen, bewiesten Platz bei einem Bier herumlungerten, verpassten wir allerdings den mittels Gogogirls und Halbstriptease angepriesenen Verkauf von heiligem Heilwasser.

39. Taiwanische Spezialitäten

Wenxi ging mit mir auf einen Nachtmarkt. Nachtmärkte gibt es viele in Taiwan und einige sind besonders für ihr Essensangebot berühmt. Des weiteren kann man dort Spiele spielen und Stoff- und Plastikwaren aller Art kaufen. Gerne auch behauptete Markenwaren. Oder schwarz gebrannte DVDs. Berühmt und berüchtigte Orte also. Wir spielten flipperähnliche Spiele, bei denen ich gar nicht schlecht war. Geld kann man dabei aber keins mehr gewinnen, weil das mittlerweile wegen der Spiel- und Wettleidenschaft der Chinesen verboten ist. Wir versuchten uns auch im Ringewerfen, dabei war ich allerdings so schlecht wie schon immer. Ich glaube, ich habe in meinem Leben noch keinen einzigen Ring über irgendwas geworfen gekriegt. Aber eigentlich waren wir auf der fieberhaften Suche nach etwas, was „Fische einwickeln" heißt. Wenn ich es richtig verstanden habe, muss man mittels eines sehr dünnen, leicht reißbaren Papiers versuchen, einen Fisch in einem Becken zu fangen. Wenn einem das gelingt, darf man ihn grillen. Oder ins eigene Aquarium tun. Wir fanden nur „Garnelen angeln", was mit Angelhaken funktioniert. Aber Wenxi war auf Fische eingeschossen und so ging der Krug „im Spiel Tiere töten" an mir vorüber. Stattdessen aßen wir Austernomelette, Fischum-Ei-Spieße, Hühnerfleisch (genauer Hühnerpopo) mit Sesamölnudeln, Maronen, fischförmigen Kuchen mit Rosinenfüllung (damit kann ich dann wenigstens Wenxi auch mal schockieren, weil sie Rosinen ekelhaft findet und stattdessen Rotebohnenfüllung wählt) und Ostbergentenkopf. Letzteres beschreibt eine bestimmte Behandlungsmethode, die

Stände sehen eher abstoßend aus, weil alles tiefbraun oder
schwarz glasiert ist und das Meiste sind eben Entenköpfe,
Entenhälse und Entenfüße. Alleine hätte ich mich nicht daran gewagt, aber Wenxi ist zartfühlend und bestellt nur
Wachteleier, Trockentofu, Fischmehlfladen und Algen nach
gleicher Zubereitungsart. Scharf und auch sonst intensiv im
Geschmack. Dazu gewöhnungsbedürftigen Sternfruchtsaft.
Meine Lehrerin Chenxuan wollte mir wiederum tainanische
Mittagsimbisse schmackhaft machen und so fand der Unterricht an einem Tag in freier Wildbahn statt, und wir gingen Bummeln und Essen. Ein Gericht sah furchtbar aus, etwa
wie durch den Fleischwolf gedrehtes Hirn und Leber, wieder
zu einer Pastete zusammengeklebt. Ich fragte beherrscht,
um was es sich denn handele. Sie sagte: Fischkopf. Genau genommen sagte sie das nicht, aber ich verstand es so. Ich ergab mich mit Todesverachtung meinem Schicksal, wie ein
Hirnlebergemisch aussehende Fischköpfe zu essen. Es war
von zäher, mehliger Konsistenz und schmeckte langweilig,
aber nicht nach Fisch. Oder Hirn. Oder Leber. Kurz vor einem
trotzdem eintretenden unwiderstehlichen Würgereiz dämmerte es mir langsam: Nicht Yutou sondern Yutou, mit einem Tonunterschied auf der ersten Silbe: Süßkartoffel! Daher auch diese eigenartig lila Farbe! Das entspannte Magen
und Kehle sofort. Dazu Fleischknödeln: Außen eine zähe,
weiße Hülle, innen ein bisschen Fleisch mit Knochensplit-
tern. Chenxuan fand es toll. Dann noch Hundunsuppe (bei
uns Wantan genannt), die war wunderbar. Und im Anschluss
zerstoßenes Eis mit roten Bohnen, Süßkartoffeln und Sirup.
Das war richtig gut, auch die „Fischköpfe" dazu. Süß steht
Süßkartoffeln vielleicht einfach besser. Und wirklich jedes
einzelne Mal habe ich den Kampf ums Rechnung bezahlen
verloren! Dabei habe ich mir wirklich Mühe gegeben, mit
Vordrängeln und Geldscheinwedeln und was nicht alles zu
dem Ritual dazugehört. Umsonst. Ein andermal war ich mit
einer anderen Lehrerin, Xiuling, Huoguo essen. Das heißt
Feuertopf und ist in Taiwan trotz des warmen Klimas äußerst beliebt. Meine bisherigen Erfahrungen damit waren
eher mäßig, weil immer so sehr sonderbare Dinge darin herum schwammen. Meist war auch die Suppe so fischig, dass

ich mir über das Alter Gedanken machte. Über das der Suppe. Xiuling führte mich aber in einen speziellen Laden und dort gab es Mandarinenentenfeuertopf. Mandarinenenten sind monogam und schwimmen immer zu Zweit herum und sind daher ein Symbol für eheliche Treue und Harmonie. Aber natürlich haben wir keine Mandarinenenten gegessen, das sind Dekorationstiere wie auch Goldfische. Die isst man schließlich auch nicht. Der Feuertopf, der auf einer in den Tisch eingelassenen Gasflamme erhitzt wird, ist unterteilt: Eine Seite mit einer scharfen Suppe, die andere mit einer milden, einträchtig nebeneinander, eine Seite chillirotschillernd, die andere dezent hell. Eben wie ein Mandarinenentenpaar. Daher der Name. Dann bestellte Xiuling das Fleisch, und fragte mich, ob ich Rindfleisch esse. Beim Blick auf das Angebot, sagte ich ja. Es stellte sich dann heraus, dass sie kein Rindfleisch isst, weil sie im Fernsehen mal eine Kuh hat weinen sehen. Viele Taiwanerinnen essen kein Rindfleisch. Mama Zheng behauptete, das läge daran, weil Kühe ohnehin so hart arbeiten. Deshalb würden die fleischessenden Buddhisten zumindest kein Rind essen. Von Meimei hatte ich aber erfahren, dass Danggis[31] den Frauen ab einem bestimmten Alter häufig empföhlen, kein Rind zu essen. Warum wusste sie auch nicht, nur dass es bei ihren Eltern zu Hause zu ihrem Leidwesen deshalb keins gibt. Warum auch immer: Dem Essen einer Kuh haftet hierzulande jedenfalls etwas Anrüchiges an. Mit Xiuling unterhielt ich mich weiter über alle möglichen Essensgepflogenheiten und sie erzählte mir von dem in Guangzhou (Canton) beliebten Gericht Drachetigerphönix. Jetzt ist Canton in ganz China verschrien dafür, dass dort einfach alles gegessen wird. Ein Vorurteil, das bei uns ja gerne auf alle Chinesen ausgedehnt wird. Dieses Gericht besteht aus Schlange, Katze und Huhn. Ich erzählte dann, wie ich 1987 in Canton einmal Schlange gegessen hatte. Ich weiß noch, wie ich lange vor der Schüssel saß und mit meinen kulturellen Hürden kämpfte, weil das Fleisch wegen der Maserung so verteufelt nach Schlange aussah. Aber letztlich schmeckte es gar nicht schlecht und

---

31 taiwanisch; chinesisch: 乩童 jitong; wörtlich: Weissagungskind, praktisch ein daoistisches Medium (meist ältere Männer) zwischen der hiesigen und der jenseitigen Welt

natürlich weder glitschig noch qq[32]. Xiuling zeigte sich beeindruckt, weil sie noch nie Schlange gegessen hatte und fragte, wie es denn schmecke. Ich habe eigentlich keine Erinnerung mehr, weiß aber, dass ich damals fand, dass es nach Hase schmeckte. Und sage ihr das. Nun ist sie schockiert! Hasen essen! Ungeheuerlich! Als ich sie abholte, sah ich im Vorgarten ein paar enge Kaninchenställe, was für mich nach Fleischzucht aussah. Aber nein: Kaninchen sind Freunde, kein Futter. Es steht also auf der Weicheiskala noch bevor wir anfangen 3:0 für mich. Das ist als Eigentlichvegetarierin in China ein wirklich beachtliches und vor allem seltenes Ergebnis. Zumal bei einer leidenschaftlichen Esserin wie Xiuling. Den Vorsprung kann ich natürlich so nicht halten und bin froh, als sie den Ziegenbluttofu aus der scharfen Suppe fischt. Auch die Platte Schweineherz probiere ich nur pro forma. Und dann gibt es noch eine Platte Ziegenfleisch, die wir uns teilen. Für Ziege und Schaf gibt es im Chinesischen nur ein Wort, aber sie meinte auf Taiwan gäbe es eigentlich nur Ziegen. Was sollen sie hier auch mit der Wolle? Das Fleisch ist jeweils hauchzart geschnitten, höchstens millimeterdick. Zur Ergänzung kann man sich aus der Selbstbedienungskühltheke allerlei Gemüse, Fisch, Tintenfisch, Muscheln, Tofu und Pilze holen. Na und dann geht das Ganze wie Fondue bei uns. Natürlich nicht mit Spießchen, sondern mit Stäbchen. Ein Paar zum Reinwerfen und Fischen, eins zum Essen. Ich glaube, seit SARS haben die hier einen Hygieneknall bekommen. Ich bringe die Stäbchenpaare natürlich dauernd durcheinander, aber da Xiuling ganz im Gegensatz zu mir (ha! 4:2), die scharfe Suppe nicht benutzt, dürfte das schon in Ordnung gegangen sein. Auch das aus meiner roten Suppe gefischte Bluttofu wusch sie erst in der milden aus. Nach etwa zweieinhalb Stunden essen, konnten wir wirklich beide nicht mehr. Es war großartig.

---

32 englisch auszusprechen: kjukju.In Taiwan gebräuchliches, lautmalerisches Wort für ein kauintensives, klebriges oder zähes Nahrungsmittel

40. Betelnutbeauties

Wie allgemein bekannt, wird Schönheit kulturell sehr verschieden wahrgenommen. Einmal fragte ich Meimei, warum sie sich Meimei, also schönschön nennt (oder auch Amerikaamerika oder schönes Amerika oder amerikanisch schön) und nicht Meixing (schöne Aprikose), wie sie eigentlich heißt. Und wie soll ich sagen: Wieder sind Deutsche Schuld. Sie meinte, sie habe ihren Namen nie leiden können, weil in ihrer Generation unzählige Meidies, Meidas hießen. Schöne Aprikose, schöne Orchidee, schön und anmutig etc. Also so eine Art Susanneproblem. Und dann haben ihr ein paar deutsche Studenten noch gesteckt, dass sich Ausländer chinesische Namen nicht merken können. Was stimmt, obwohl ich Meixing vergleichsweise harmlos finde. Und nun bekamen die Deutschen den Auftrag, ihr einen neuen Namen zu geben und sie fanden Mary zu abgedroschen und Meimei gut zu merken und Meimei stellt sich seither mit den Worten vor, sie sei nicht schön, also müsse es der Name rausreißen. Na, wenn sie meint. Alle Chinesinnen, die ein bisschen ein strukturierteres Gesicht haben, finden sich gleich hässlich. Ein sanfter und gleichzeitig schlanker Vollmond soll es sein. Aber nicht zu rund. So gilt auch Gong Li in China und Taiwan nicht als schön, weil zu eckig. Aber wie Gong Li sieht Meimei nun auch wieder nicht aus, nicht dass da jetzt ein falscher Eindruck entsteht. Von einer anderen Lehrerin hörte ich das Gerücht, dass Westlerinnen von der Sonne nicht verbrannt werden und außerdem immer gleich weiß blieben. Also wo sie das her hat? Ich war ja schon viel dunkler als sie. Kunststück, sie ist bleich wie der Tod. Insofern konnte ich in dieser Hinsicht ihr Benachteiligungsgefühl lindern. Die Bleiche der Haut ist auf jeden Fall Schönheitsmerkmal Nummer eins. Und das bedeutet: Draußen ist der Feind, dem frau nur mit äußersten Sicherheitsvorkehrungen begegnen darf. Manchmal gipfelt dies in einer kompletten Vermummung, zumindest wird aber der Sonnenschirm panisch in der richtigen Position gehalten.
Sonst hörte ich von Taiwanerinnen, dass sie die Westlerinnen um die runderen Pos beneiden, nicht aber um die brei-

teren Hüften. Richtig große Oberweiten sind nicht so angesehen. Aber bei dem Thema kommen unweigerlich die Augen ins Spiel. Der Neid auf die Lidfalte fast aller Barbarenvölker scheint Bestandteil der chinesischen Kultur geworden zu sein. Mein Hinweis auf die Schönheit von Mandelaugen lief völlig ins Leere. Mehrfach habe ich auch gehört, dass Taiwanerinnen es unfair finden, wenn sich westliche Frauen die Wimpern tuschen. Sie hätten ohnehin schon längere, gebogenere. Nun versucht die Taiwanerin durch Wimpernzange und -tusche sich dem anzunähern. Und dann kommen die Westlerinnen an und machen dieses Aufholen mirnichtsdirnichts und ohne Anflug von Schuldbewusstsein durch Gebrauch derselben wieder zunichte. Da fiel mir nun auch nichts mehr ein und lidgefaltet aber ungetuscht entwich ich an meinem Platz.

Zur Behebung des eingebildeten asiatischen Lidfaltenproblems gibt es eine Art Klebestreifen, der, insofern richtig aufgebracht, ein Augenlid erkennbar machen soll. Und diese wunderbare Erfindung entdeckte ich in einem Regal mit einem schier unglaublichen Angebot von Wimpernzangen. Von diesem Klebstreifen abgesehen, waren in dem ganzen großen Regal ausschließlich Wimpernzangen aller Art, Größe, Farbe und Methodik. Denn auch wenn sich viele die Lidfalte einfach hinoperieren lassen, brauchen sie dann immer noch eine Wimpernzange.

Es gibt einen etwas eigentümlichen Beruf in Taiwan, der schon dem Namen nach der Schönheit verpflichtet ist: Die Betelnutbeauty. Ich hatte schon oft von diesem Phänomen gehört, sie aber nicht gesehen. Allenthalben gab es zwar Betelnussstände, deren Verkäuferinnen waren aber einfach normal schön oder eben auch nicht. Gerne mal auch älter, oder gar Männer. Aber von „Betelnutbeauty" (bzw binglang-xishi) wird immer so geraunt und erwähnt, dass sie viele Verkehrsunfälle verursachen würden. Und dann gekichert. Als ich nun endlich an Betlenussständen an einer Ausfallstraße vorbeifuhr wusste ich gleich: Das sind sie: Binglang-xishi, raunraun. Binglang heißt Betelnuss und Xishi ist der Name einer DER vier Schönheiten Chinas. Und, oh Wunder: Sie ist nicht übelbeleumundet, wie sonst eigentlich die meisten herausragenden Frauengestalten in der chinesischen Geschichte.

168

Obwohl mich Xiuling erstaunte, als ich ihr von einem Buch über die Kaiserin Wu erzählte, das ich gerade las. Kaiserin Wu ist die einzige Frau, die je selber als Kaiser auf dem Drachenthron saß. Kaiserin ist im Chinesischen Huanghou und damit ist immer die erste Gattin des Kaisers gemeint. Deswegen ließ sich Wu zum Huangdi, zum Kaiser erklären, was im Chinesischen theoretisch geschlechtsneutral ist. Und sie gilt im Allgemeinen natürlich als eine Art Ausgeburt der Hölle: Grausam, machtbesessen, skrupellos, geil (sie soll statt Tausenden von Konkubinen, doch tatsächlich den ein oder anderen Liebhaber gehabt haben) und unersättlich. Ich finde eigentlich, dass das eine ganz gewöhnliche Kaiserpersönlichkeit beschreibt. In dem Buch von Shan Sa wird sie nun viel differenzierter und mit Empathie beschrieben. Davon erzählte ich also Xiuling und sie überraschte mich damit, dass ihres Wissens nach Kaiserin Wu zwar für ihre Familie schlecht war, von denen viele das Verwandtschaftsverhältnis nicht überlebt haben sollen, für das Volk jedoch sehr gut und dass sie sehr beliebt gewesen sein soll. Parallele Überlieferung, das freut doch dann. Jedenfalls hatte sie erheblich zur Verbreitung des Buddhismus in China beigetragen und das Ganze spielte sich etwa vor 1.300 Jahren ab. Aber zurück zu Xishi. Die lebte nun etwa vor 2500 Jahren als Tochter eines Teehändlers und war von einfach berückender, ausgesuchter, natürlicher Schönheit und Eleganz, ganz unbeschreiblich. China war damals in verschiedene, sich gegenseitig bekämpfende Staaten zersplittert (so genannte Frühling-und-Herbst-Periode) und Xishi lebte in Yue, was von Wu besiegt wurde. Deshalb musste der Prinz von Yue für drei Jahre dem Prinzen von Wu dienen. Um die Bitternis der Schmach auch ja nicht zu vergessen, trank der Prinz von Yue jeden Morgen Galle. Ansonsten scheint der Dienst ja ganz behaglich gewesen zu sein, weil warum hätte er sich sonst so drastisch daran erinnern müssen? Das muss so ein Männerehrding sein. Nach den drei Jahren kehrte er zurück und musste nun Tributgeschenke an den Prinzen von Yue leisten. Sein kluger Minister Fan Li hatte dafür die überaus schöne, kluge und patriotische Xishi ausgewählt, die sodann in Hofetikette unterrichtet wurde. Nach Abschluss der Ausbildung begleitete sie der Minister Fan Li zum Hof der Wu. Ob sie als Geschenk verpackt war, entzieht sich meiner Kenntnis. Auf dem Weg verliebten sich Fan Li und Xishi ganz furchtbar ineinander und versprachen sich unsterbliche Liebe. Auch Prinz Fuchai von Wu war sogleich entzückt von Xishi, die ihn um den kleinen Finger wickelte, ihn die Staatsgeschäfte vernachlässigen ließ und ihn seinen treuen Ministern entfremdete. Seinen treuesten General Wu Ziyi forderte er auf ihr Betreiben hin zum Selbstmord auf. Und der Staat Wu versank im Chaos. Und wurde, na? von Yue erobert. Xishi wurde danach nicht mehr gesehen. Die einen sagen, sie sei von der erbosten Bevölkerung von Wu im Fluss ertränkt worden. Die anderen sagen, sie hätte sich mit Fan Li, der Händler geworden sei, zurückgezogen und glücklich mit ihm gelebt. Eins ist jedenfalls klar: Dass Xishi so gut angesehen ist, ist reiner Zufall. Normalerweise wird auf Konkubinen, die Reiche angeblich in den Abgrund stürzen, gespuckt, aber offenbar ist Wu nie mehr hochgekommen, um aus Xishi in ihrer Geschichtsschreibung eine miese Schlampe zu machen. Mehr Glück gehabt als Yang Guifei, Baosi, Daji oder wie die Damen alle heißen, die zum Teil ganze Dynastien auf dem Gewissen haben sollen. Diese aktuellen Betelnuss-xishis, sind nicht älter als 20, sitzen in hell erleuchteten Glaskästen am Straßenrand und sind, na, hm, nuttig angezogen. Es gibt aber Verordnungen, was sie mindestens tragen müssen. Ihre Hochzeit war wohl in den 90ern, was erklärt, warum ich bisher keine sah, denn sie sind eigentlich out. Vielleicht nicht so schade um diesen Traumberuf! Sich den ganzen Tag im beleuchteten Glaskasten beglotzen lassen und rotsabbernden Männern Betelnüsse verkaufen. Lauter getriebene Prinzen von Wu. Die einen können von ihrer Sucht nicht lassen und die anderen fahren ihr kleines Reich, ihr Auto oder Scooter in den Graben. Übrigens führt der ausgedehnte Anbau der Betelpalme wegen ihrer schwachen Wurzeln zu Bodenerosionen. Aber wer, frage ich mich, ist in diesem Bild dann Yue? Sind die Betelnutbeauties etwa Geheimagentinnen der VR China im Spezialauftrag, raunraun?

41. Japanbarock und Tabledance

Letzten Dienstag war hier Feiertag, oder sagen wir besser Gedenktag, aber eben frei. Nach dem zweiten Weltkrieg wurde Taiwan nach 50 Jahren japanischer Besatzung an China, das damals offiziell von der Guomindang regiert wurde, zurückgegeben. Chen Yi, der damalige Gouverneur von Taiwan war nicht in erster Linie human eingestellt, um es mal vorsichtig auszudrücken und plünderte Taiwan regelrecht aus. Dies aber nicht nur zu seinem persönlichen Nutzen, sondern auch ganz patriotisch zur Finanzierung des Bürgerkriegs auf dem Festland. Die TaiwanerInnen sahen sich nun also vom Regen direkt unter der Traufe stehen. Als am 27.2.1947 eine Witwe wegen illegalen Zigarettenverkaufs auf dem Schwarzmarkt von der Polizei misshandelt und bewusstlos geschlagen wurde, erhob sich der Volkszorn und die so Erzürnten griffen die Polizeibeamten an. Diese schossen scharf und töteten dabei einen unbeteiligten Zuschauer. Das war nun der Tropfen, der das Fass zum Überlaufen brachte. Am nächsten Tag wurde inselweit demonstriert, es wurden Gerechtigkeit und Reformen gefordert und allgemeine Unruhen brachen aus. Die Guomindang schlug die Aufstände mit Militärgewalt nieder und richtete kritisierende Intellektuelle hin. Insgesamt sollen in den folgenden Wochen 30.000 TaiwanerInnen getötet worden sein. Andere kamen für die nächsten 30 Jahre ins Gefängnis. All dies wurde unter der Herrschaft der Guomindang zunächst totgeschwiegen, aber nach dem Ende des Kriegsrechtes 1987, wurde auch dieser Bann aufgehoben. Und der 28.2. wurde ab 1997 (unter der ersten demokratisch gewählten Guomindangregierung) zum Gedenktag. Arbeitgeberfreundlich wurde dann später (allerdings von der Fortschrittspartei) der Geburtstag von Jiang Kaishek als Feiertag abgeschafft. Meine Lehrerinnen wollten alle nicht über das Thema sprechen, weil sie lieber einen freien Tag genießen wollten, als über solche Scheußlichkeiten nachzudenken. Das Übliche, wenn ich mal über Politik reden will. Den Zeitungen entnahm ich jedoch, dass bisher die Verantwortungsübernahme der Guomindang aussteht und alles auf den Gouverneur Chen Yi abgewälzt wird, was nach einer eben neu veröffentlichten und wenig überraschenden Studie nicht aufrecht erhalten werden kann. Aber ich besuchte auch keine Gedenkstätte, sondern machte mit Gerrit und Andreas einen Radausflug nach Xinhua. Obwohl uns natürlich erklärt wurde, dass das wegen der großen Entfernung ganz und gar unmöglich sei, man brauche ja schon mit dem Roller 20 min.! Aber Gerrits Lehrerin hatte ihm erzählt, dass es in Xinhua einen barocken Straßenzug gebe. Sie sagte wirklich baluoke, also barock. Auf Nachfragen stellte sich heraus, dass es sich um japanischen Kolonialstil handelte, also so um die vorletzte Jahrhundertwende herum und später. Das hielt uns natürlich nicht davon ab, dorthin zu fahren, weil eine ganze Straße mit Altbauten, egal aus welcher Zeit (das ist jetzt ein komischer Widerspruch in sich) ist so oder so eine Sensation! Häuser werden hier für etwa 30 Jahre gebaut. Danach sind sie fertig, sprich am Ende, werden abgerissen und neu gebaut. Und so sieht es hier eben auch aus. Auch eine Methode, die Wirtschaft im Gang zu halten. Meine Lehrerin meinte, es läge am feuchten Klima, gab aber zu, dass die traditionellen Ziegelhäuser schon mal gut hundert Jahre oder länger stehen konnten. Jedenfalls erlebte ich das System zu der Zeit gerade an einem Haus in der Nachbarschaft und pausenlos ratterte der Presslufthammer. Wie zu Hause in Berlin. Auf dem Weg nach Xinhua machte ich mir mal wieder Gedanken, wie ich es vermeiden könnte all die Abgase einzuatmen. Die übliche Version, nämlich eine Maske zu tragen, hatte ich schon versucht. Diese war sehr hübsch mit einer Iris und einer rosa Rose auf schwarzem Grund gestaltet gewesen. Aber damit konnte ich dann leider gar nicht atmen. Also zupfte ich so lange an ihr herum, bis ich wieder Luft bekam, die dann wieder gänzlich ungefiltert war. Und so hübsch, dass ich sie nur aus Zierde tragen wollte, war die Maske dann doch nicht. Als ich also dabei war, mir Apparaturen à la Inversionsatmung auszudenken, wobei ich mein in einer juristischen Fortbildung „der Erstickungstod" gesammeltes Fachwissen einbringen konnte ohne jedoch zu einer Lösung zu kommen, waren wir auch schon da. Wir bewunderten die japanbarocken Fassaden und sagten Ah und Oh. Ergebnislos diskutierten wir über einen auf einer Fassade applizierten Davidstern. Juden auf Taiwan? Uns fielen die Siedlungen wegen der Shoa geflohener europäischer Juden in Shanghai ein, die aber China fast vollständig nach dem zweiten Weltkrieg wieder verließen. Und ohnehin erst in den späten dreißiger Jahren des 20. Jahrhunderts kamen. Vielleicht handelte es sich um Nachkommen der so genannten Kaifeng-Juden, die sich – vermutlich aus Indien kommend – um 1120 in der damaligen Hauptstadt Kaifeng niederließen. Oder Bagdad-Juden, die 1840 im Kielwasser der Briten zum Handeltreiben kamen. Oder ashkenasische Juden aus Russland, die in Nordchina lebten. Und die es dann irgendwie nach Taiwan verschlug? Schwer zu sagen. Aber vielleicht war es auch einfach nur eine Verzierung. Wir liefen den Straßenabschnitt dreimal rauf und runter und fuhren noch ein wenig durch die Gegend. Dabei fanden wir – wie ein Wunder – einen straßenfernen Radweg und ein großes Gartencafé mit wenigen Tischen, aber dafür unzähligen Kübeln voll blühender Bougainvilleas. Das klingt vielleicht einfach nur hübsch, ist aber für hiesige Verhältnisse so absonderlich, dass wir annahmen, der Wirt habe nach Meinung seiner Nachbarn nicht alle Tassen im Schrank. Draußen sitzen! Ungenutzter Raum ohne Ende! Schöne Ausblicke, wenn es doch bloß auf das Essen ankommt! Aber wir waren es zufrieden. Weil es so schön war, gingen wir abends noch zusammen aus und hängten die Maßstabslatte für: „Europäer feiern ausgelassen und hemmungslos" ziemlich hoch. Erst tranken wir natürlich unheimlich viel Bier. Das wurde in großen Krügen, aber mit kleinen Gläsern serviert, was dazu führte, dass wir den Eindruck hatten, noch kaum etwas getrunken zu haben. Und es gab eines dieser typischen Angebote: Trinkt man drei Krüge, ist der vierte umsonst. Und den will man dann natürlich auch noch haben.

Andreas ist allerdings auch nüchtern ein Phänomen: Er kann zwar kein Chinesisch und sein Englisch ist, weil er in Polen aufwuchs und stattdessen Russisch lernte, auch nicht krisensicher, aber seiner Kommunikationsfähigkeit tut dies ganz offensichtlich keinerlei Abbruch. Er quatscht mit Krethi und Plethi und Li und Chen, mit wem und wie auch immer. Nach dem des Redens dann doch genug war, fanden wir, dass der schmale Raum vor der Bar als Tanzfläche durchgeht und eröffneten per Tanz die Party. Als Gerrit und Andreas sich dann noch küssten, fing die Stimmung an zu kochen. Denn man küsst sich in Taiwan nicht öffentlich. Auch nicht in Clubs oder Bars. Weder homo-, noch heterosexuell. Mögen hätten die Anderen schon auch wollen, aber dürfen haben sie sich nicht getraut, um es mit Karl Valentin zu sagen. Das war deutlich. Aber statt dann ablehnend zu reagieren, wurden die Jungs, die Helden der mutigen Emotionsauslebung abgefeiert. Im Überschwang zwangsverhalfen wir ein paar Chinesen und Chinesinnen zum Mittanzen, was darin gipfelte, dass sich Andreas auf den Tresen schwang und unter Anfeuerungsrufen der völlig überwältigten taiwanischen Gäste dort weitertanzte. Und dort oben hängt jetzt auch die Maßstabslatte. Kaum hatte er sie dorthin gehängt, fiel er bei einem zu ekstatischen Hüftschwung auch schon wieder hinunter, aber alle und alles blieb heil.

42. Geburtstage

Ich diskutierte mit Meimei den Umstand, dass man in Taiwan zwar vor dem Geburtstag und am Geburtstag gratulieren darf, aber auf keinen Fall hinterher, während es bei uns ja durchaus andersrum ist. Ich versuchte zu erklären, dass dies mit dem Aberglauben zusammenhängt, man könnte es beschreien und den Tag selber gar nicht mehr erleben. Aber, wie erklärt man „beschreien"? Ich wich zur Erklärung auf die hier so gut bekannten Dämonen und Geister aus. Damit konnte Meimei was anfangen und erzählte, dass früher in China Geburtstage überhaupt erst ab 70 gefeiert wurden, weil was war sonst schon groß besonderes daran? Heute sei es allerdings genau umgekehrt: So ab 70 werde das Feiern eher unterlassen, damit nicht ein Vertreter der Unterwelt zufällig beim Gratulieren das Alter hört und denkt „na, reicht doch eigentlich" und schwupps ists aus. Aus diesem Grund feiern Leute, die bei irgendeinem Unglück knapp mit dem Leben davongekommen sind, ihren Geburtstag auch nicht, weil sie ja eigentlich schon auf der Liste stehen. Und da will man die Akte doch lieber unten im Stapel lassen. Glücklicherweise ist die chinesische Unterwelt sehr bürokratisch organisiert, insofern kann man da schon mal als Karteileiche noch eine Runde weiterleben. Wenn man nicht zu laut aufmuckt. Es gibt also wirklich vielerlei Gründe sich vor Gratulanten zu fürchten. Aber das Vorher-aber-nicht-nachher-Gratulieren ist wohl so zu sehen wie der Wunsch: Schönen Urlaub! Das wünscht man bei uns ja auch nicht hinterher. Die chinesische Gratulation lautet schließlich: Ich wünsche dir einen schönen Geburtstag. Das würde bei uns auch noch vorher durchgehen, wenn man noch ein „dann" oder „später" einfügt.

Passenderweise war ich in der Woche zu Gosias Geburtstag eingeladen. Nach fröhlichem Gratulieren stellte sich heraus, dass sie eigentlich erst in einer Woche Geburtstag hat, fand das alles aber nicht weiter besorgniserregend. Abgebrüht diese jungen Polinnen. Oder sinisiert[33]? Und an diesen polnischen Haaren ziehe ich jetzt noch eine andere Anekdote herbei. Als nämlich mal wieder das Stipendiumsgeld fast zwei Monate ausstand und Agnieszka versuchte, in Taiwan ihr polnisches Konto zu leeren, war dies nicht möglich. Es stellte sich bei telefonischer Nachfrage heraus, dass die Leitungen in Polen so eingefroren waren, dass die Geldautomaten nicht funktionierten. Der freundliche Bankangestellte gab ihr den Tipp, es nochmals zur polnischen Mittagszeit rum, wenn es also etwas wärmer ist, zu versuchen. Das gelang dann auch. Außer Gosia hatte auch der Nationalheld Coxinga Geburtstag und ich stattete seinem Schrein einen Besuch ab. Jiang Kaishek, der sich wegen des Sieges der Kommunisten auf dem Festland nach Taiwan zurückzog, wird gerne mal mit ihm verglichen. Dieser Vergleich ist nun dazu gedacht den Heroismus von Taiwans langjährigem Diktator aufzuwerten. Logischerweise endet dieser Vergleich ganz abrupt im Vagen, weil die Geschichte schließlich folgendermaßen geht: Anfang der 1660er besiegte Coxinga die Holländer auf Taiwan (Jiang Kaishek besiegte die Taiwaner, na toll), warte-

---

33 „Sino-": Wortbestandteil mit der Bedeutung China, chinesisch, hier also: „chinesiert"

te auf bessere Zeiten, um die Mingdynastie wieder zu instal-
lieren und starb. (Jiang Kaishek: Dito. Na die Mingdynastie
wollte er natürlich nicht wieder, sondern die Republik China
unter seiner Herrschaft) und hier endet dann der Vergleich,
denn schließlich eroberten die Qing (1644-1911) Taiwan. Tja.
Der Schrein steht in einem ganz hübschen Park und ist selbst
mit türkisenen Ziegeln und vergleichsweise wenig Schnick-
schnack ein ruhiger, kühler Ort. Fleißig las ich Hinweistafeln,
um herauszufinden, wie alt die Anlage ist. Eine besagte, sie
sei noch von den Ming erbaut. Eine andere betonte die Be-
sonderheit, dass die Qing den Schrein erbaut hätten, um die
Loyalität des Feindes zu ehren und um ein Verbundenheits-
gefühl mit den Taiwanern zu erreichen. Aus einer dritten
ging hervor, dass der Schrein 1963 rekonstruiert wurde und
zwar nicht im ursprünglichen Fuzhoustil, sondern im nördli-
chen Palaststil. Es ist also wie immer: Nix Genaues weiß man
nicht, aber irgendwie spielt es ja bei einem die Jahrhunder-
te überdauernden Baustil auch nicht die ganz große Rolle.
Dafür steht hinter der Haupthalle ein Pflaumenbaum, den
Coxinga selbst, wenn auch an anderer Stelle gepflanzt haben
soll. Er blühe nur noch selten, aber wenn, sei dies ein Glück
verheißendes Omen. So blühte er z.B. 1945 (Taiwan wird von
den Japanern an China zurückgegeben) und 1962. Was aber
war 1962? Ich habe keine Ahnung und das Schild will keine Auskunft geben. Auch herangezogene Geschichtsbücher
schaffen da keine Abhilfe. Und so ist es wieder ein Beispiel
für die Spezialität chinesischer Beschilderung. Eines meiner
Lieblingsschilder bezog sich auf die in der Tarokoschlucht
anzutreffenden Baumameisen. Es besagte: „Normalerweise
leben Ameisen auf dem Boden, warum leben diese auf Nes-
tern in Bäumen? Nun, ein jedes Lebewesen hat seinen Platz,
die Vögel in der Luft, die Fische im Wasser und die Rehe im
Wald. Dass diese Ameisen so leben ist sehr interessant." Ja,
dachte ich, stimmt. Glücklicherweise war das Schild auf Englisch, richtig zum Weinen ist es nämlich, wenn man so etwas
mühsam aus dem Chinesisch übersetzt hat.
Den Wächtergenerälen am Eingang wurde schottischer
Whiskey geopfert und vor Coxingas Statue selbst saß eine
Frau im Lotossitz und warf und schüttelte ausdauernd ihre

Schultern und den Kopf. Schließlich verließ eine Prozession mit geschmückten Kultfiguren in den Händen und Laute ausstoßend den Tempel, schritt über brennendes Opfergeld und bestieg einen Reisebus. Und ich ging ins angrenzende Museum. Der erste Stock war wirklich sehr schön, mit ausgestelltem Porzellan, Seidenroben und Handpuppen und informativen Beschreibungen. Der zweite Stock ist jedoch Coxingas Heldenverehrung vorbehalten. Dort stieß ich auch auf folgendes Exponat nebst Beschriftung: „Coxingas Vater war wie so oft beim Üben der Kampfkünste. Seine Mutter sammelte hochschwanger Muscheln am Strand. Die Wehen setzten ein und sie gebar an einem gewaltigen Felsen Coxinga. Dieser Felsen wird seither Geburtsfelsen genannt." Das Exponat selbst heißt „Geburtsfelsen" und man sieht einen vielleicht 10cm großen schwarzen Stein im Glaskasten.

Zahlreich sind auch die „Fotografien von Coxinga" mit der Zeitangabe „recently"[34]. Ein Wunder? In der Tat handelt es sich um Fotografien von undatiert bleibenden Bildern des verehrten Helden.

43. Erdbeben

Meine Kleingruppenklasse hatte sich zu einem Forum von Bekloppten und Kuriosem entwickelt.

Der eine Japaner schöpfte bei Bildung seiner Beispielsätze wahlweise das weite Feld der Menstruation allgemein oder das seiner Hämorrhoiden im Speziellen aus. Bei der Aufgabe eine Liebeserklärung zu machen, drehte er sich zu seiner ebenfalls teilnehmenden Frau um und sprach bewegt mit so interessanten Details, wie: „Du bist das Mittel gegen meine Verstopfung", wozu man wissen muss, dass Japaner unheimlich gerne und ausführlich über ihre Verdauung reden. Ihre Retourkutsche war dagegen etwas dürftiger. Sie habe Endometriose und er würde ihr dann helfen, wenn sie Schmerzen habe. Schließlich ist er nicht nur ihr Ehemann, sondern auch

---

34 engl.: vor kurzem

ihr Gynäkologe. Und nach langem Überlegen: Sie fände es lustig wie er läuft, weil er so kurze Beine habe. Nun, es ist offenbar nicht jedem gegeben, Komplimente zu machen. Aber so ist es dann immer: Er schaut sie ganz verzückt an und hält besitzergreifend den Arm auf ihre Rückenlehne gelegt, während sie mit einer Ausstrahlung so mitreißend wie ein einzelner eingestaubter Socken und einem griesgrämigen Gesicht, das Frau Merkels als Sinnbild des Frohsinns erscheinen lässt, vor sich hinstarrt und leidend ihre Stirn ganz vorsichtig mit einem Baumwollläppchen betupft. Aber wir erhielten auch praktische Informationen, zum Beispiel eine Handlungsanweisung für den Fall eines Erdbebens, die interessanterweise im Winter selten sein sollen. Gibt halt doch Erdbebenzeit wie Regenzeit. Und Erdbeerenzeit. Also: Wenn es schwankt, macht nix. Wenn es länger als eine Minute schwankt: Entweder raus aus dem Haus und wenn das nicht geht: Tür öffnen, für den Fall dass sich die Zargen verschieben, Gas abstellen, dicht an die Wand (und damit ist vermutlich nicht die Plastikstrukturtapete gemeint, die den Hauptteil meiner Wände darstellt) und unter den Tisch. Schwankt es aber nicht hin und her, sondern auf und nieder, hüpft es also quasi (ich wusste bis dato gar nicht, dass das auch passieren kann) dann raus, aber hurtig-hurtig, da weiß so ein Gebäude ja nicht, wie es mit dem Gehoppel umgehen soll. Das ist doch mal lebensnaher Unterricht! Und dann wurden noch allerlei heitere Geschichten von blassen, wahnsinnig schnell rennenden Ausländern erzählt, obwohl es doch nur ein bisschen wackelte. Meist zeigen sich Erdbeben bei mir nur durch heftiges Wackeln des Mauspfeils auf dem Computer, so als würde ich direkt über einer U-Bahn wohnen, das ist dann mein ganz persönliches Erdbebenwarnsystem. Bei Leuten die höher wohnen, so im 12. Stock, schwankt es dann schon recht lustig. Die meisten Erdbeben und die meisten Taifune treffen allerdings Taizhong, eine Stadt in der Mitte der Westküste Taiwans, etwas über dem Wendekreis des Krebses. Das letzte wirklich schlimme Erdbeben war am 21.9.1999 und erreichte 6,9 auf der Richterskala. Es gab 2000 Tote und natürlich einen riesigen Sachschaden. Ich erlebte zwei mit immerhin 5,3 auf der Richterskala. Außer der Erde und mich selbst erschütterte das natürlich kaum jemanden. Das erste ging ungefähr so: Ich saß auf dem Bett und las, als ich eine mächtige Windbö hörte und das Haus zu schwanken begann. Ist ja ein Ding, dachte ich, dass das Haus derart im Wind schwankt! Dann betrachtete ich noch mal diesen Gedanken und fand: Das ist schlechterdings unmöglich. Ein Haus ist doch kein Hochsitz. Und wenn auch nur für 30 Jahre gebaut, so ist es doch ein festes Haus, na und im 4. Stock, das ist wirklich nicht hoch! Ich saß also auf meinem Bett wie auf einem Boot in schwankender See und dann fiel es mir doch noch ein: Ein Erdbeben. Aber wer hätte gedacht, dass ein Erdbeben wie eine Windbö klingt? Oder ob bei Erdbeben Wind aufkommt? Denn das konnte ich wirklich nicht mehr auseinander halten. Es hüpfte nicht auf und nieder und auf die Zeit hatte ich gar nicht geachtet und so konnte ich auf meinem Bettboot sitzen bleiben. Irgendwann in den 70ern hatte ich in Bayern mal eins miterlebt, mitten in der Nacht. Das war aufregend und tagelang Schulgespräch. Ganz anders als hier natürlich. Hier verliert niemand auch nur ein Wort über eine derartige Lappalie. Den Richterskalawert hab ich aus der Zeitung. Aber ich finde, wenn die Erde schwankt wie die See, das ist schon, hm, wie soll ich sagen, – eigen. Es erinnerte mich daran, als ich mit Freundinnen in der Schweiz auf einem Gletscher stand und plötzlich rutschte in dieser Stille ein Geräusch auf uns zu, das klang wie eine überdimensionierte Plastiktüte, die der Wind auf dem Boden vor sich hertreibt. Eine sehr SEHR große Plastiktüte. Nur war das Geräusch unterirdisch, oder besser untereisisch. Und völlig ohne jegliche Handlungsidee, ohne auch nur die Idee, ob Handlungsbedarf besteht, standen wir da wie die Ölgötzen und ließen das ziemlich laute Geräusch mit angehaltenem Atem unter uns durchlaufen. Nichts Sichtbares passierte. Vielleicht war es ein untereisisches Schneebrett, bzw. Eisbrett das abging, oder ein Riss der entstand. Was auch immer. Der Boden war nicht das, was man von ihm ganz selbstverständlich, quasi als Basis erwartet, nämlich fest.

Aber dann wandten wir uns im Unterricht wieder wirklich wichtigen Dingen zu. Takashi erzählte, dass ihm in den letzten Wochen 12 Paar Socken aus der Waschmaschine geklaut wurden. Und zwar nur die Socken. Und dann gab es noch die schönen Dialoge mit Missionar Friedhelm. Die neue Dozentin Yuzhen musste sich erst an seine Eigenarten gewöhnen. Auf die Aufgabenstellung, ihr irgendein Gebiet im eigenen Heimatland touristisch zu empfehlen, erzählte er, dass er im Sommer nach Budapest zieht, um die dortigen Chinesen jehovatechnisch auf Stand zu bringen, damit auch sie nach Leuen kommen. „Leuen?", fragte sie, „Ist das eine Stadt in Deutschland?" Ob er ihr diese zum Bereisen empfehlen würde? Friedhelm verstand die Frage nicht, beharrte auf „nach Leuen". Sie: „Ja, aber wo liegt denn das?" und immer so weiter. In notgedrungener Kenntnis von Friedhelms chinesischen Bibelzitaten, konnte ich abkürzend eingreifen. Denn er meinte: Leyuan, (Freudegarten) das Paradies.

44. Spielregeln

Chinesen lieben Spiele und so ist es auch mit Taiwanern nicht anders. Schach ist natürlich sehr beliebt und wird scharenweise in Parks gespielt. Es ist ein eher stilles Spiel, wenn auch Umstehende das Geschehen öfter kommentieren oder gute Ratschläge geben. Ein Spiel mit Renao und Gruppenfreude ist dagegen Mahjong, oder Majiang, wie es auf Mandarin heißt. Von den Regeln her ist Majiang mit Rommé oder Canasta vergleichbar und entstand während der Mingdynastie. Damals gab es einen muslimischen Eunuchenadmiral namens Zhenghe (1371-1433/5), einen der größten Seefahrer, den es je gab, auch wenn man bei uns den Namen kaum kennt (da ist es wieder, das Problem mit den chinesischen Namen. Und natürlich auch das mit der folgenden chinesischen Abschottungspolitik) auf der damals größten Flotte der Welt. Er wurde auch Sanbao genannt und von daher gibt es Spekulationen, ob er vielleicht Sindbad der Seefahrer war. Typisch, wahrscheinlich waren auch Jesus und Platon in Wirklichkeit Chinesen. Er segelte jedenfalls Anfang des 15. Jhdts mit Expeditionen bestehend aus 200 Dschunken, von denen einige 150 m lang und damit die längsten Holzschiffe der Welt waren, und 28.000 Matrosen los und kam unter anderem bis nach Mosambique. Ob er auch Amerika bereiste (kann sein) oder das Kap der guten Hoffnung umschiffte und auf diesem Weg Europa erreichte (sehr unwahrscheinlich), ist umstritten. Ein Besuch in Australien ist schon eher möglich. Na und nun war all den Tausenden von Matrosen unterwegs natürlich unglaublich langweilig und sie mussten neue Spiele erfinden. Schach gab es bereits und Jiang, der General, ist eine der wichtigsten Figuren daraus. Und die Matrosen schnitzten in kleine Spielblöcke Spatzen (Maque), vielleicht weil die das Land ankündigen oder symbolisieren oder was weiß ich. Und dann entwickelten sie Ma(que)jiang, und benannten das Spiel nach den General- und Spatzenblöckchen. Diese Erklärung lässt zugegebenermaßen Fragen offen. Sicher ist jedoch, dass niemand während andere spielen, dabeisitzen und ein Buch lesen darf, weil Buch (shu) genauso klingt wie verlieren. Auch darf man niemandem auf den Rücken klopfen, weil Rücken (bei) genauso klingt wie, tja wie was? bei: Trauer, oder doch bai: Niederlage? Könnte eine Dialektproblematik sein. Auf jeden Fall wird das Tragen roter und daher Glück verheißender Unterwäsche empfohlen. Früher soll beim Majiang häufig Haus und Hof verspielt worden sein, aber Glücksspiel ist mittlerweile verboten. Inwieweit das Verbot zieht ist natürlich offen.

Ein Spiel besonderer Art stellte auch das taiwanische Rentensystem dar. Früher war es nämlich so, dass nur der Arbeitgeber in eine betriebseigene Rentenkasse einzahlte. Aus der bekam der Arbeitnehmer und auch die Arbeitnehmerin nur dann etwas (und zwar alles auf einmal) ausgezahlt, wenn er oder sie 15 Jahre bei dem gleichen Arbeitgeber oder der Arbeitgeberin beschäftigt war. Ansonsten wurde an der neuen Stelle wieder von vorne angefangen. Die Kündigungsrate im 14.Jahr muss erheblich gewesen sein! Mittlerweile zahlen beide Seiten nun in eine staatliche Kasse ein, so dass der Betrag auch bei Stellenwechsel erhalten bleibt. Wenn ich das richtig verstanden habe, wird aber nach wie vor der Betrag im Ganzen ausgezahlt. Auch ein Grund am Verbot für Glücksspiel festzuhalten. Aber dies soll wohl nun auch geändert werden. Nicht das mit dem Glücksspiel, sondern die Auszahlungsweise soll auf Etappen gestreckt werden. Wenn es nicht gerade um Geld geht, kann man um fast alles spielen. Einmal war ich mit Meimei essen und wie immer bestellten wir zu viel und schließlich konnten wir nicht mehr. Also spielten wir Schere-Stein-Papier um jeden weiteren Bissen. Dazu sagten wir aber nicht das inhaltslose, pseudochinesische „Qingqangqong" wie wir früher als Kinder, sondern einfach 一, 二, 三, also yi, er, san (1,2,3). Und so erfuhr ich, dass es sich dabei wirklich um ein chinesisches Spiel handelt. Meimei war zwar über den Qingqangqong-Text etwas irritiert, aber sonst ganz begeistert, dass wir das auch in Deutschland spielen. Ein andermal saß ich in einer Kneipe, sah tonlos (was wegen der chinesischen Untertitel ja nicht so entscheidend ist) Spiderman in der obligaten Glotze, politisierte mit einem Luftwaffenstudenten und wurde schließlich zu einem Trinkspiel eingeladen. Allerdings zu einem von der sehr schlichten Sorte. Der erste gibt an, ob hoch oder niedrig, dann wird in einer Schüssel mit einem Würfel gewürfelt und wer dann, je nach Ansage, die höchste oder niedrigste Augenzahl hat, muss ein Stamperl[35] extrem sämigen Reisweins trinken. Kompliziertere Spiele, bei denen eine untere und eine obere Zahl vorgegeben wird, alle dann blitzschnell mit beiden Händen Zahlen zeigen müssen, was in der Summe dann dazwischen liegen muss, blieben mir glücklicherweise erspart. Das kann gerade als Trinkspiel fatal sein, weil immer der trinken muss, der verloren hat. Und der wird ja dann auch immer betrunkener. Und wird immer öfter verlieren.

45. Sport und Wellness

Aus einer Laune heraus wurde ich Mitglied in einem Fitnessstudio. Wie in vermutlich jedem derartigen Studio war alles völlig absurd und zutiefst zweckfrei. Und ich probierte mich durch die verschiedenen Kurse ohne das geringste

---

35 bair.: Schnapsglas

Gefühl von Peinlichkeit. Das ist das Schöne hier, weil man im Zweifel sowieso danebenliegt und die Gesichtshaut von daher grundsätzlich dick sein muss. Eine Kursreihe schien ein besonderes Patent zu sein mit hübschen Logos. Und nicht nur das, sondern Takt für Takt war festgelegt, wie man da rumzuhampeln hat, so dass der Vorturner oder die Vorturnerin auf den jeweiligen Schlussakkord der Musik eine pathetische Pose einnehmen konnte. Also Bodycombat zum Beispiel: Zu einpeitschender Metalmusik wurden in das Herumgehüpfe Kampfsporttechniken eingebaut und ich konnte gar nicht hinschauen, was die anderen da machen, da heulten allenthalben Knie und Ellenbogen, bei dem Lärm kann das nicht mal der eigene Körper hören. Und nach Kämpfen sah es auch nicht aus, aber sie fühlten sich vermutlich so, ist ja auch was. Und immerhin: Die Musik blieb hart und rhythmisch, war also mal eine Abwechslung zur chinesischen Schnulze. Selbst chinesische Metalbands spielen oft nur drei harte Takte und gehen dann in den normalen Liebesschnulzenbrei über und sehen dabei blond und gefäährlich aus. Aber ich vermute, dass es sich um eine amerikanische Kette und ein amerikanisches Hüpfpatent handelte. Wahrscheinlich machen dann alle auf der ganzen Welt zu den gleichen Stücken die gleichen Bewegungen. Ein unangenehmer Gedanke. Jenseits dieses ganzen Bodycombat, Bodystep, Bodybalance, Bodyschnick und Bodyschnack gab es aber noch andere schöne Dinge. Laufbänder und Fahrräder, alle mit eigenem Fernseher. Oder zum Beispiel Hiphop, was ins Chinesische als „Straßentanz" übersetzt wird. Das war ein nicht so populärer Kurs, aber auch schwieriger und weniger schweißtreibend, weil der langhaarige (sehr selten hier) Mann mit weiten Hosen tatsächlich ein paar Tanzschritte vermitteln wollte. Besondere Fans sind offenbar ein schwer vernarbtes Paar (er im Gesicht, sie auf den Armen. Und ich fragte mich unwillkürlich, ob sie den gleichen Unfall hatten), ein älterer Herr mit schütterem Haar und eine wiederum fleischgewordene Karikatur eines Buchhalters. Jim hingegen, ein sehr großer, oberkörperrasierter Chinese mit obligatorischer Schmalztolle unterrichtete Latin-Aerobic. In diesem Kurs dominierten Mädels mit Jazzpants und bauch-

freien Tops und man sah Brasilien quasi vor sich. Aber wenn es dann losging, du liebe Güte. Jetzt ist ja der Normaleuropäer dem gängigen Brasilianer was Hüftbeweglichkeit angeht meist weit unterlegen, aber im Vergleich zur Durchschnittschinesin avanciert man direkt zur Brasilianerin. Meist hatte man aber keine Zeit, sich die anderen anzuschauen und auch nicht sich selbst und das war sicher auch besser so. Apropos Lockerheit und Hüfte und Prüderie. In der Frauenumkleide sah ich Frauen, die mühsam unter ihrem Minirock die Jogginghose hochwurschteln, um dann das enge Ding über der Hose auszuziehen ohne dass die Hose wieder rutscht. Ist vielleicht eine Art Aufwärmen. Und so war selbst der Anblick von Unterwäsche in der Umkleide äußerst selten. Kristin erzählte mir in diesem Zusammenhang, dass es auch in ihrer MädelWG unschicklich sei, sich gegenseitig in Unterwäsche zu sehen und ein einmal aufgetretenes Versehen von hektischem Gekreisch begleitet gewesen sei. Auch sonst werden sie hier von allerlei sonderbaren Ängsten geplagt. So erfuhr ich, dass fast kein Haushalt eine Geschirrspülmaschine hat, weil der nicht zugetraut wird ordentlich zu spülen. Stattdessen seien Geschirrtrockner sehr verbreitet. Außerdem wurde mir berichtet, dass viele deshalb nicht gerne in Kneipen gehen, weil da das Publikum so gemischt sei. Also Angestellte, Studenten, womöglich Arbeitslose und darunter noch Leute die Freund oder Freundin suchen. Da drohen wirklich Gefahren von ungekannten Ausmaßen. Die Begrenztheit des eigenen Lebens ist eben ein hohes Gut. Aber das ist sie bei uns ja auch.
Sauna und Dampfbad und Jacuzzibecken waren von daher auch häufig leer. Manchmal saßen aber auch Frauen in klatschnasse Handtücher gehüllt im Dampfbad. Oder jemand trocknete Kleidungsstücke in der Sauna. Noch manchmaler gab es nicht in Handtücher gehüllte Ausnahmen und die machten dann dafür in der Sauna gymnastische Übungen. Es ist alles sehr sonderbar. Es waren bestimmt Fünfelementeübungen. Dafür gab es kein kaltes Tauchbecken. Das wäre auch viel zu unchinesisch. Genau wie das ewige Eis in den Getränken. Mir war das alles egal und ich machte einen auf haarige Barbarin ohne Anstand und dickem Gesicht. In

diesem Bereich wollte ich mich dann doch nicht anpassen, zumal ich mir schon ein paar sehr befremdliche Angewohnheiten zugelegt hatte. Zum Beispiel hatte ich begonnen, anderen mit einem so angewinkelten Arm zu zuwinken, als hätte ich eine Sehnenverkürzung und vor allem mir beim Lachen die Hand vor den Mund zu halten. Aber mich in der Umkleide mit meinem T-Shirt selbst zu strangulieren, das geht zu weit.

Im Schwimmbad, das ich auch mal aufsuchte, ist eher älteres Publikum anzutreffen. Dass es in Tainan so etwas wie ein Schwimmbad überhaupt gibt, hätte ich kaum für möglich gehalten. Die Bahn hat bestenfalls 25m und auch sonst ist alles sehr klein, aber es ist auch nicht sehr voll. Man hat Einzelumkleidekabinen in denen sich auch eine Dusche befindet. Das erfordert etwas Geschick beim Erhalt der trockenen Klamotten, aber ist auch ganz bequem. Und natürlich überaus schicklich. Im Bad selbst machte ein alter Mann am Rand Dehnungs- und Kraftübungen mit verblüffenden Ergebnissen: Problemlos brachte er die Nase auf stehende, gestreckte Knie und er war mindestens 70. Und ich dachte erst: Na, das ist aber ein bisschen übertrieben, derartige Aufwärmungen zum Schwimmen? Aber, wie sich herausstellte, war er gar nicht zum Schwimmen gekommen, sondern stieg zwischen seinen Übungen immer mal in den heißen Whirlpool daneben. Vom Chlordampf in der Luft abgesehen, eine sicher sehr gesunde Vorgehensweise. Eine beliebte Schwimmtechnik im Schwimmbad ist es, sich für jeden Zug vom Boden abzustoßen und der Boden ist immer erreichbar. Aber manche können auch schwimmen und das sogar schnell. Hier gab es ebenfalls eine Sauna und zwar eine nach Geschlechtern getrennte Dampfsauna (Frauen 45°C, Männer 39° C) und eine gemischte finnische Sauna (70°C) bei der die Tür nicht richtig schloss. Den Badeanzug lässt man selbstverständlich an, von daher verstand ich die doppelte Dampfsauna nicht ganz, zumal der Dampf nicht so dicht war, dass irgendwelche Weiterungen zu befürchten wären. Aber vielleicht sind 45°C Dampf für Männer zu heiß?

46. Fest der internationalen Küche

Die Universität veranstaltete ein Fest der internationalen Küche. Und aus irgendeinem Grund, vielleicht weil ich dachte, es könnte Spaß machen, erklärte ich mich mit Kristin auf gewissen Druck hin zur Teilnahme bereit. Deutsche Küche, hm. Einfach sollte es sein und kalt verzehrbar, weil schaukochen wollte ich nun wirklich nicht. Viel fiel schon wegen mangelnder Ausstattung aus und so einigten wir uns der Vielfalt halber schließlich auf Frikadellen, Buletten und Fleischpflanzerl. Mit Gewürzgurke und Senf. Sehr deutsch, sehr Fleisch. Da war natürlich von gewissem Vorteil, dass ich ein bisschen Großküchenerfahrung habe. So konnte ich alle weiterführenden Beilagenvorschläge von Kristin im Keim ersticken, denn wir sollten immerhin 100 Portionen herstellen. Der Tag selber war einfach scheußlich, weil das am Verkaufsstand Stehen bedeutete, dass wir sozusagen zum immer gleiche Fragen beantworten extra aufgestellt waren. Und zu der Zeit war ich diesbezüglich am Rand der Erschöpfung angelangt. Eine neue Auflage von Chinesenkoller, das war natürlich ein schlecht gewählter Zeitpunkt.

Dazu kam vom Vorabend ein Konzertbesuch. Ein unsympathischer junger Mann auf dem Platz neben mir starrte mich so lange an, dass mir klar wurde, ein Gespräch würde sich nicht vermeiden lassen. Schließlich gab er mir die Hand. Vermutlich wollte er damit seine Weltläufigkeit zum Ausdruck bringen, aber natürlich war es nur so, als würde jemand einem einen toten warmen Fisch hinhalten. Dafür meinte er dann, meine Hände seien kühl und ich solle mir mehr anziehen. Ich hatte wenig Neigung, meine Garderobe mit ihm zu diskutieren und meinte, dass ich keine Lust auf ein Gespräch hätte. Das musste ich dann doch tatsächlich dreimal laut und deutlich wiederholen, bis er endlich, dann natürlich tief gekränkt und das Gesicht vermutlich bis aufs Fleisch abgeschabt die Klappe hielt. Manchmal kann ich die hiesige Besserwisserei und Übergriffigkeit einfach nicht mehr aushalten. An einem anderen Tag wurde ich buchstäblich von jedem Gesprächspartner gefragt, wie alt ich sei. Das ging soweit, dass der Kellner in einem relativ schicken Lokal statt nach der Bestellung zuerst nach meinem Alter fragte. Ich meine, das ist eine hier recht häufig auftretende Frage, zumindest gegenüber Ausländern, die ich auch in der Regel unproblematisch beantworte. Aber an diesem einen Tag war es doch ein wenig dick aufgetragen. Wenigstens ist es eine leicht zu beantwortende Frage. Viel leichter als beispielsweise letztens: Verehren alle Deutschen Beethoven? Ich weiß eigentlich nicht, was mit der Frage gefragt wird. Was meint der Fragende mit verehren? Geht es buchstäblich um alle Deutschen, oder irgendwie nur um eine allgemeine Stimmung? Beinhaltet die Verehrung die Kenntnis seiner Musik? Und was bedeutet ein Ja als Antwort oder ein Nein? Ganz offensichtlich geht es nicht um die Information, auf die die Frage vorgibt abzuzielen. Aber um was dann? Das sind wirklich mühsame Gespräche. Da lobe ich mir die Frage nach dem Alter. Ungebetene Handlungsanweisungen, wie sich wärmer anzuziehen, wo man ganz offensichtlich nichts dabei hat, sind natürlich bei weitem irritierender. Insbesondere wenn der Anweisende viel jünger ist und einem so zu verstehen gibt, dass man als Ausländer für Chinesen immer so eine Art Kind bleibt, das erzogen und umgluckt werden muss. Zhaogu heißt das hier, was so eine Art Umsorgen meint, natürlich inklusive der Kontrolle. Das Wort und auch die Tätigkeit sind positiv gemeint, aber nein, vielen Dank. Ich zhaogue mich doch lieber selbst. Bei den Buletten war es dann so, dass alle zwar mal fragen wollten, aber sich nicht zu probieren trauten. Dabei treffen Fleischbällchen doch vollkommen den chinesischen Geschmack. Wir waren im Übrigen die einzigen Vertreterinnen (männliche Studenten wurden ohnehin büroseits nicht gefragt, ob sie teilnehmen wollten, wie sich später herausstellte) europäischer Küche. Auch hatten wir einen einzelnen Eurocent eingebraten und wer den erwischte, der bekam ein Sixpack Malzbier. Damit wollten wir die viel erwähnte Spielleidenschaft bedienen. Ein Taiwaner, der den japanischen Stand aus einem japanischen Lokal belieferte, meinte noch vor Beginn kritisch, dass es bei uns zu wenig bunt sei, das würden Chinesen nicht mögen. Ich sah mich innerlich Luftschlangen über die Fleischpflanzerl drapieren und mit einer davon den Typen erwürgen. Aber er war noch lange nicht fertig, sondern fing fast eine Stunde lang immer wieder davon an. Irgendwann lief unser Geschäft trotzdem an, nur hatten wir vergessen, dass der Taiwaner dazu neigt, alles zwar an Ständen zu kaufen, aber dann in irgendeiner Verpackung nach Hause zu nehmen und dort zu essen. Weil wir darauf nicht vorbereitet waren, mussten wir uns zähneknirschend deswegen anmachen lassen, als wären wir von ganz hinterm Mond. Gleichzeitig wurde moniert, dass es kalt war, als wäre es das dann nicht eh, wenn sie dann damit zuhause ankommen. Aber ein paar aßen auch dort ganz brav, glücklicherweise auch der Gewinner des Sixpacks, weil was hätten wir damit sonst angefangen? Alles in allem war es einfach scheußlich und zu allem Überfluss hatte ich bei meinem Kellnerinnen-Outfit ausgerechnet die Schürze vergessen, die eigentlich die Grundidee desselben gewesen war. Es kam trotzdem gut an: Schwarzes Röckchen, schwarze Nylons, weißer Kragen, weißes Häubchen. Europa exotica. Schließlich gelang es uns tatsächlich, alle bis auf eine Frikadelle zu verkaufen und anstatt draufzuzahlen nahmen wir pro Nase etwa 5 € ein, das gibt einen Stundenlohn, frage nicht! Aber das war ja auch nicht der Punkt, zugegeben. Neben uns stand Panama. Und die hatten sich mit sieben Gerichten wirklich ausgetobt, und einen großen Berg Reste und einen Verlust von ungefähr 100 € erzielt. Denn der Taiwaner gibt sich zwar gern international, aber kneift dann doch schnell. Aber ich will ja auch keinen Bluttofu essen, also was red ich. Immerhin fragte mich heute eine aus dem Büro nach dem Rezept. Ein spätes Glück für die Köchinnen.

47. Das Totenfest Qingmingjie

Zu Qingmingjie hatten wir eine Woche frei. Die Geschichte zu diesem Fest geht folgendermaßen: Zur Zeit der Frühlings- und Herbstperiode (770 – 476 v Chr) kämpften Einzelstaaten in China gegeneinander. Der Prinz von Chu (andere Quellen sagen der Prinz von Jin) musste als Thronfolger immer unterwegs sein, um sich vor Anschlägen zu schützen. Nun wurde er krank und sein treuer Untertan Jie Zitui befragte einen Arzt, was zu tun sei. Der meinte, die Krankheit sei leicht zu behandeln, der Prinz solle einfach eine Fleischsuppe essen, dann käme alles wieder in Ordnung. Leichter gesagt, als getan! Denn es war Winter, das Land wüst und leer. Jie Zitui rannte von hier nach dort, konnte aber kein Fleisch für die Suppe auftreiben. Als er zurückkam, ging es dem Prinzen dramatisch schlechter. Jie Zitui lief wieder los, und kam schließlich mit einer Fleischsuppe zurück, die er dem Prinzen einflößte. Der genas von jetzt auf gleich und der Tross konnte weiterziehen. Irgendwann bemerkte der Prinz, dass Jie Zitui hinterherhinkte und fragte ihn, was denn los sei. Jie Zitui schickte ihn unwirsch weg und blaffte, mit ihm sei alles in Ordnung. Der Prinz befragte alle anderen und ein Küchenjunge verriet ihm schließlich, dass Jie Zitui ein Stück aus seinem Oberschenkel geschnitten hätte, um die Fleischsuppe zu seiner Genesung zubereiten zu können. Der Prinz war tief bewegt, lief zu Jie Zitui zurück und versprach ihm, wenn er selbst erst König von Chu sei, ihn fürstlich für seine Loyalität zu belohnen. Jie Zitui wehrte ab und sagte, er habe doch nur seine Pflicht getan und wolle keine Belohnung. Ein paar Jahre später wurde der Prinz König von Chu (oder Jin) und rief alle, die ihm zuvor geholfen hatten zur Audienz und verlieh ihnen dieses oder jenes Amt und schenkte ihnen Land oder Schätze. Jie Zitui wurde nicht aufgerufen. Dieser war sehr traurig und fühlte sich dann doch missachtet. So wörtlich hatte er es nicht gemeint. Seine Mutter redete auf ihn ein, er habe getan, was seine Pflicht gegenüber dem Kronprinzen gewesen sei, nun sei dieser aber König und somit sei seine Pflicht zu Ende und er könne nun gehen und leben wie es ihm beliebe. Dem stimmte Jie Zitui zu und er verließ mit seiner Mutter den Hof, zog sich mit ihr in die Berge zurück und lebte dort ein wenig vergrätzt, aber doch zufrieden ohne die Zwänge des Hofes. Der König fragte sich nach einer Weile, wo denn Jie Zitui abgeblieben sei, er hatte für diesen ein hohes Amt vorgesehen gehabt, aber vergessen, es ihm zu sagen. Nun konnte er ihn nirgends finden. Schließlich brachte er den Hergang in Erfahrung und schickte jemanden aus, um Jie Zitui zu holen. Dieser aber versteckte sich in den

Bergen und war unauffindbar. Nach einigen vergeblichen Botengängen machte sich der König selbst auf den Weg, aber auch er traf ihn nicht an, so oft er es auch versuchte. Da machte ihm jemand den Vorschlag, den Berg anzuzünden, denn Jie Zitui sei für seine Pietät bekannt. Sobald es brenne, werde er herausgelaufen kommen, um seine alte Mutter zu retten. Weil dem König keine andere Lösung einfiel, stimmte er zu und der Berg wurde von drei Seiten angezündet. So schwachsinnig die Idee war, so schief musste sie auch gehen. Denn Jie Zitui und seine Mutter kamen beide in den Flammen um. Voller zusätzlicher Reue ließ der König eine Grabstelle für Jie Zitui errichten und erklärte den Tag zum allgemeinen Gedenktag. Außerdem wurde der Gebrauch von Feuer an diesem Tag verboten. In dem Loch einer Korbweide, die sich von dem Brand erholte wurde dann ein Gedicht von Jie Zitui gefunden, in dem die Worte Qing (klar) und Ming (hell) vorkommen. Und deshalb heißt der Tag Qingmingjie. Und obwohl weder Chu noch Jin sich letztendlich im Kampf gegen die anderen Staaten durchsetzen konnte (sondern Qin 221 v Chr.), hat sich der Feiertag gehalten.

Qingmingjie ist heute ein Totenfest an dem die Gräber der Ahnen geputzt werden und Opfergaben für die Ahnen zwei oder drei Generationen aufwärts dort bereitgestellt werden müssen. Nun ist es aber so, dass man hier nicht einfach eine Familiengrabstelle hat, an der alle brav neben oder aufeinander liegen und man das alles in einem Aufwasch machen kann. Sondern die Grabstellen werden von einem Wahrsager nach Fengshui für die jeweilige Person ausgewählt und können somit weit voneinander entfernt liegen. Deshalb und wegen der Stauproblematik, kann diese pietätvolle Pflicht auch in der Woche drumrum erledigt werden, Hauptsache, sie wird erledigt. Die Friedhöfe sind nicht wie bei uns, aufgereihte Gräber mit Wegen dazwischen, sondern die Gräber liegen auf einem Friedhofshügel wiederum je nach Fengshui kreuz und quer, zum Teil fast übereinander und man muss unter Umständen, um das eigene Ahnengrab zu erreichen, über andere Gräber steigen. Das ist natürlich eine heikle Angelegenheit. Auf keinen Fall darf man über den Kopfteil steigen und man muss eine Entschuldigung murmeln. Und zwar die gleiche, die man auch benutzt wenn man in einem Bus aussteigen will und sich durch die Leute schieben muss, also in etwa: „Entschuldigung, darf ich bitte mal vorbei." Damit ist dann auch der Postmortemhöflichkeit gegenüber Fremden genüge getan. Opfergaben dürfen natürlich für nur je einen Toten verwandt werden, der sich, wie berichtet, an der Essenz derselben labt. Und die ist dann bereits verzehrt. Es wäre wirklich ein Akt der Grausamkeit, so einem hungrigen Geist eine äußerlich reich gedeckte Opfertafel zu servieren, deren geisterverdauliche Essenz bereits verspeist wurde.

Wenn im Leben was nicht richtig läuft, z.B. der Enkel nicht richtig lernt, das Geschäft schlecht geht, Krankheiten die Familie plagen etc, dann ist es auch jenseits des Totenfestes an der Zeit, mal bei den Gräbern nach dem Rechten zu sehen. Denn es kann sein, dass durch die Errichtung eines Strommastes, die Lage eines neuen Grabes oder durch eine erdbebenbedingte Verwerfung das Fengshui nicht mehr stimmt und ein Großvater sich nicht mehr wohlfühlt. Dann heißt es Umbetten zum Wohl der Familie. Großmütter sind insgesamt erwartungsgemäß weniger wichtig.

Meimei warnte mich eindringlich davor, in dieser Woche Fotos von den Gräbern zu machen, weil ich unversehens einen Geist mitfotografieren könnte. Warum das dann so schlimm wäre, habe ich nicht erfahren, aber vermutlich ist die Frage auch zu dämlich. Kristin machte zum Beispiel in einem Museum ein Foto von einem Bild. Als ihre Mitbewohnerin das sah, verlangte sie kategorisch, dass das Bild sofort gelöscht würde. Denn auf dem Bild seien Personen ohne Füße abgebildet und das seien Geister, das müsse sie doch wissen. Kristin erzählte einer anderen Taiwanerin, die selbst erklärt, Geister für Humbug zu halten, davon. Aber auch diese fand, dass dieses Foto unbedingt und unverzüglich zu löschen sei. Das war wenig einleuchtend und so löschte Kristin das Bild natürlich nicht. Und dann ging ihre Kamera kaputt.

Es ist schwer, über das ganze Beerdigungswesen verlässliche Informationen zu bekommen, wie z.B. über Liegezeiten, Mietfragen und ob man auf eigenem Grund beerdigen darf. Meimei meinte, sie würde öfter im Fernsehen Berichte über irgendwelche Bräuche sehen und dann feststellen, dass sie es ganz anders machen. Aber sie könnte ihrer Mutter nicht sagen, dass sie etwas falsch machen. Ich meinte dann ganz unbekümmert, dass das ja nicht falsch sein müsse, sondern einfach nur anders, aber Meimei schien darüber doch etwas betrübt, bzw. angespannt zu sein. Solche Familientraditionen scheinen ganz und gar unbesprechbar zu sein. Jedenfalls erzählte sie mir, dass sie aus dem Fernsehen wisse, dass die Gräber spätestens vor Ablauf von 12 Jahren geräumt werden müssten, dafür gäbe es bestimmte Leute, die die Knochen aus den Gräbern klauben, (das verleiht dem Wort Boandlkramer[36] eine ganz irdische Bedeutung), sie einurnen und dann, ja was? Vermutlich wieder fengshuimäßig begraben. Das wusste Meimei dann aber nicht, denn ihr Urgroßvater läge beispielsweise immer noch in ganzer Länge unter der Erde. Der sei nun aber schon viel länger als 12 Jahre tot. Und so ist es auch hier, wie bei so vielen anderen Bräuchen: Von außen sieht es so aus, als ob jeder das machen darf, was er meint und für richtig hält, aber innen sind alle durch Familientradition und Tabus strikt an genau diese gebunden. Die meisten Toten werden mittlerweile wegen Platzmangels verbrannt und dann in einer Urne in einer Begräbnispagode in ein Fach gestellt. Das macht das Gräberputzen leichter. Und das mit dem Fengshui schwieriger. Aber es gibt ja auch noch die im Haus aufgestellten Ahnentafeln. Wegen des Feuerverbots werden an diesem Tag Frühlingsrollen gegessen und zwar nicht die bei uns bekannte Hongkonger Variante, die man zu Neujahr isst. Sondern hiesig rollt man verschiedene kalte Speisen, also zuvor zubereitetes Fleisch und Gemüse in einen dünnen Teigmantel. Fertig. Mama Zheng hat mir auch schon eine vorbeigebracht. Und sie wären wirklich lecker, hätten sie nicht einen Haken: Sie werden ordentlich gezuckert.

---

36 bair.: Wörtlich „Gebeinkrämer", d.i. der Tod

48. Die grüne Insel

Im Zuge der freien Woche um Qingmingjie unternahm ich einen Ausflug nach Taidong (=Taiwan Ost) und auf Lüdao, die grüne Insel. Taidong war bis in die 70er Jahre nur per Schiff erreichbar und ist von daher relativ geruhsam. Auch die Luft ist viel besser, was mir dann trotz Wolken, Sonnencreme und zeitweisem Regen gleich einen Sonnenbrand einbrachte. Die grüne Insel hat eine Fläche von gerade mal 16 km² mit etwa 2000 Einwohnern und ist tatsächlich sehr grün. In Taiwan hat ihr Name ungefähr so einen Klang wie Bautzen in der DDR oder Stammheim in der BRD, weil sie lange Zeit vor allem als Gefängnisinsel bekannt war. Insbesondere in der Zeit der Militärdiktatur der Guomindang wurden dort die politischen Gefangenen in ein Lager gesperrt. Dieser Knast wird mittlerweile als Gedenkstätte betrieben, aber zumindest ein anderes Gefängnis ist noch in Betrieb. Ich bekam vom Hotel ein Fahrrad und umrundete erstmal die Insel. Das ist ein bisschen wie das Negativ zu um einen großen See rumfahren. Die Bevölkerung besteht vor allem aus Hakka, die sich im 19.Jhdt auf der bis dato unbewohnten Insel ansiedelten. Die Hakka stammen wohl ursprünglich aus dem heutigen Zentralostchina (es gibt etwa 30 Mio.), die aber schon seit Tausenden von Jahren, in der Regel wegen einfallender „Nordbarbaren", immer mehr in den Süden migrierten und auch schon länger auf der Westseite Taiwans ansässig waren. Das Leben auf der Insel scheint ihnen, oder zumindest den Männern nicht so recht zu bekommen. Es war eine doch auffallende Ansammlung übergewichtiger und stumpfsinnig dreinblickender Herren unterwegs, die durch den obligaten roten Betelsaft auch nicht besser aussahen. Vielleicht war der Genpool schon zu klein? Aber die Frauen waren alle ganz normal. Na, wie auch immer. Als ich mich dann die Klippenstraße hochgekämpft hatte, war leider die Guanyinhöhle wegen Bauarbeiten geschlossen. In ihr befindet sich eine Stalagmitenstatue der Boddhisatva Guanyin, die vor langer Zeit einem in Seenot geratenen Hakka per rotem Licht heimgeleucht haben soll. Und die Insel soll ihm so gut gefallen haben, dass er Freunde und Verwandte nachholte. Und so wurde die Insel von Hakka-Chinesen besiedelt. Von wegen Migrationsdruck.

Drei Scooterfahrer gingen mir gerade beim Bergauffahren unglaublich auf die Nerven. Es war heiß, steil und mein Rad ohne Gangschaltung. Gleichzeitig war es aber auch ruhig und wunderschön. Das heißt, es wäre sehr ruhig gewesen, wenn die Drei nicht so extrem langsam gefahren wären und dauernd angehalten hätten. Wie ich auch, z.B. um einen Schwarm weißer Watvögel zu betrachten, die sich auf einem Wasserbüffel niederlassen, oder eine besonders schöne Aussicht. Und so hatte ich sowohl den Lärm als auch den Gestank dauernd um mich rum. In einem kleinen Pavillon haben wir uns dann doch etwas angefreundet. Es handelte sich um ein japanisches Paar, das in Tainan Keramik an einer Fachhochschule unterrichtet und einen ihrer Studenten, der ursprünglich aus Taidong stammt. Er habe mit seiner Familie die Gräber schon letzte Woche geputzt und jetzt frei. Von ihm bekam ich dann auch ein sehr grünes Etwas, also eine zähe, eben sehr grüne Masse, die mit würzigem Kohl gefüllt war. Ich teile zwar nicht die Begeisterung der Taiwaner für qq-Lebensmittel, und finde, dass man in der Regel qq schlicht mit zäh übersetzen kann, aber es war trotzdem sehr schmackhaft. Auf die süße Alternative in grellem Pink verzichtete ich dennoch, ich konnte ihnen ja nicht den ganzen Proviant aufessen. Am Abend fand ich eine nette Kaschemme in der man den hiesig so berühmten Oktopus mit Frühlingszwiebeln essen konnte, auch sehr qq, aber nicht schlecht. Dummerweise verzog ich mich später abends auf ein dunkleres Stück Seepromenade, um Sterne und Meer zu betrachten und Bier zu trinken. Dummerweise, weil mich eine Hotelangestellte suchte, um mich zu sich nach Hause zu Fischsuppe einzuladen, die das Ergebnis eines Fischfangs ihres Mannes war. Aber so erfuhr ich erst am nächsten Morgen davon. An dem ich um halb fünf aufstand, um am anderen Ende der Insel in heißen Salzwasserquellen den Sonnenaufgang zu erleben. Heiße Salzwasserquellen gibt es nur drei auf der ganzen Welt: Auf Lüdao, beim Vesuv und auf Hokkaido. Und deshalb haben hier die Japaner, die ja ein patriotisches Verhältnis (Nippon heißt schließlich Land der aufgehenden Sonne) zum Son-

nenaufgang haben, während der Besatzungszeit ein Bad angelegt. Leider war es ziemlich voll und eine Wolkenbank ent-
dramatisierte den Sonnenaufgang beträchtlich, außerdem
war es mir für heiße Quellen eigentlich zu warm. Aber stim-
mungsvoll war es doch. Beim anschließenden Bergspazier-
gang sammelte ich als dortig erste Läuferin des Tages unaufhörlich Spinnweben auf, traf auf noch mehr Echsen und
Kröten als schon auf der Straße. Dort sind sie allerdings häufig platt gefahren. Das zieht wiederum die aasfressenden
Krebse an, die dann mit Pech ihrerseits ebenfalls überrollt
werden und so das Nahrungsangebot für ihre Artgenossen
noch erhöhen. In den Bergen begegnete mir schließlich noch
ein faustgroßer Einsiedlerkrebs, der mich in Staunen ver-
setzte, weil gerade Einsiedlerkrebse wegen ihrer Behausung
an Land einigermaßen gehbehindert sind. Dass es welche
gibt – und dann noch in der Größe – die das trockene Land zu
ihrem Lebensraum gemacht haben, darauf wäre ich im
Traum nicht gekommen. Passend zur grünen Insel wäre ich
noch beinahe auf eine grasgrüne Schlange getreten. Also
nicht dass ich das selbst verhindert hätte, die Schlange hatte
sich freundlicherweise selbst zurückgezogen. Im Roteblät-
terpark wäre ich beinahe auf eine braune getreten, die wiederum sich selbst und auch mich rettete. Hinterher beginnt
dann das Rätseln. Ich überlege, was ich vorher dort gesehen
habe, um in Zukunft ein bisschen aufpassen zu können. Aber
das Ergebnis ist: Nichts. Ich habe gar nichts gesehen, bevor
sie sich bewegt hat. Gar nichts. Aber solange die Schlangen
rechtzeitig reagieren, schadet das vielleicht nicht.
Auf der Rückfahrt aufs „Festland" sausten immer wieder
fliegende Fische aus den Wellen. Sie fliegen so niedrig wie
Libellen über eine Seeoberfläche und gleichzeitig auch flat-
ternd wie Spatzen, nur dass sie dabei silbern glitzern und
mit ordentlichen Fontänen wieder im Wasser landen. Wegen
dieser Spatzenhaftigkeit machte ich mir genauso unwillkürlich wie absurderweise Sorgen, ob sie sich auch nichts tun,
wenn sie so ins Wasser dreschen. Aber warum fliegen sie eigentlich? Nahrungsaufnahme, sprich Mücken über der Mee-
resoberfläche? Oder Fluchtmethode? Oder einfach ab und zu
ein Perspektivwechsel? Der schadet ja nie.

49. Fahrradreparatur

Ein Unglück kommt selten allein und so hatte ich mich nicht nur erkältet, sondern mein Fahrrad verlor überdies Luft. Vermutlich wegen des frisch geflickten Plattens im Zuge dessen ich einen neuen Reifen erstand. Ist das so verständlich? Also mein teilfrischbereiftes, schlauchgeflicktes Rad verlor Luft. Und so ging ich los, um mich beim Händler und Mechaniker zu beschweren. Nun verkaufte er mir auch noch einen neuen Schlauch, abzüglich der Kosten (1 €) für das Flicken. Das alles geht immer sehr schnell. Man fährt hin, es wird mal schnell repariert und weiter geht's. Also zumindest bei ihm. Denn als ich noch mit meinem Rad namens Körperverletzung bei einem anderen Fahrradmechaniker war, weil die Bremsen damals gar nicht mehr gingen, dauerte es doch ein Weilchen. Nicht die Reparatur als solches. Für die haute er ein paar Mal mit dem Hammer irgendwo drauf. Vermutlich nicht wirklich irgendwo, aber es sah exakt aus wie irgendwo. Danach gingen die Bremsen wieder ein ganz kleines bisschen, also wie vorher. Nicht nur wie vor der Reparatur, sondern so wie sie funktionierten, bevor sie gar nicht mehr bremsten, weswegen ich ja den Mechaniker aufgesucht hatte. Die Bearbeitung war also so erfolgreich, wie sie bei diesem Fahrrad eben nur sein konnte. Damit verdient man natürlich kein Geld, also zog er mir auch noch eine frische Speiche ein, weil mein Rad sozusagen speichenluckert[37] war. Dafür muss man es immerhin entreifen. Verständlicherweise reichte ihm das (1,50€) immer noch nicht. Und er fing nun an, die Reifen zu kneten und besorgt zu schmatzen, und oioioi zu sagen, also auf chinesisch eher ayoayoayo. Ich schaute betroffen und sagte nichts. Dann fing er an, mich mit Worten auf den ganz offensichtlich erbärmlichen Zustand meiner Reifen hinzuweisen. Ich erwiderte so was wie: „Schlimm schlimm" und schaute weiter betroffen und nickte zustimmend. Dieses Spiel spielten wir eine Weile, aber schließlich gab er auf, pumpte Luft in die geschundenen Reifen und ließ mich kaltherzige Person von dannen

---

37 bair.: Anlehnung an „zahnluckert", Adjektiv zu Zahnlücke

fahren. Neue Reifen für diese Missgeburt eines Rades?!
Zurück zum türkisen Blitz und seinem Luftverlust. Ich bekam einen neuen Schlauch, den er sehr interessant ohne
Abmontage des Rades einfädelte. Ich machte mich dann auf
den Rückweg, mit dem dringenden Bedürfnis, mich wegen
meiner fiebrigen Erkältung ein wenig hinzulegen. Auf hal-
bem Weg fühlte sich das Fahren sonderbar an. Ich stieg ab
und sah nach: Tatsache, der Mantel war an einer Stelle nicht
ganz in der Felge. Ich wollte das Rad schon zurückschieben,
da quoll an der Stelle der Schlauch heraus, so dass ich wegen
der nun blockierenden Bremsblöcke nicht weiterschieben
konnte. Ermattet stand ich herum und hoffte, dass sich das
Problem irgendwie in Luft auflöst, weil ich mich außerstande sah das Rad zurückzuTRAGEN. Und ich muss sagen, das
Fahrrad war viel mitleidsvoller als ich, wenn ich zum Beispiel wieder in irgendeinem Laden stehe und die Verkäufe-
rin/Bedienung hofft, ich würde mich durch Nichtbeachten
ihrerseits wie ein Alptraum in Luft auflösen. Denn meistens
weigere ich mich selbiges zu tun. (Dafür spreche ich dann
Chinesisch mit ihnen, das führt auch zu einer sofortigen Entspannung der Lage.) Zwar löste sich das Fahrrad auch nicht
in Luft auf, aber dafür das Schiebeproblem. Denn während
ich noch wie entseelt herumstand, quoll der Schlauch immer mehr auf, und quoll und quoll und platzte mit Getöse.
Und schon ging es wieder. Dem Mechaniker war es natürlich
unendlich peinlich, und insgeheim ärgerte er sich auch bestimmt, schließlich musste er nun auf eigene Kosten Mantel
und Schlauch erneuern, so dass er danach noch mit einem
öligen Lappen ganz beflissen den Sattel abwischte.
Und ich konnte endlich nach Hause und mich hinlegen. Vermutlich war es einer der Tage, die nach dem in der Zeitung
abgedruckten Almanach zu gar nichts gut sind, nicht zum
Umziehen, nicht zum Reisen, nicht zum Leichen einsargen,
nicht mal zum Vorhänge aufhängen oder Ameisen töten. Für
gar nichts. Nun tat ich also nichts mehr und siehe: Alles war
gut.

50. Fiebrige Giftgedanken

Laozi sagte: Ich verlasse nicht das Haus und erkenne doch die ganze Welt. Und so fing ich fiebernd im Bett liegend an, die Welt zu erkennen. Dämmerte vor mich hin und ließ die Gedanken kommen: Matt wohnt ja nicht mehr hier im gleichen Haus, aber als er noch hier wohnte, hatte er am Anfang so einen Putzwahn, der dazu führte, dass er auch den Abfluss aufschraubte. Offenbar schwebte ihm eine gründliche, förmlich auf den Grund gehende Grundreinigung vor. Als er also im Abfluss herumstocherte kam ein handspannenlanger Centipeder oder Hundertfüssler heraus. Jetzt, was ist handspannenlang? Also früher konnte ich ein Geodreieck an der Längsseite zwischen Daumen und kleinem Finger nehmen, das wären also 16 cm. Nun weiß ich aber nicht, wie lange das her ist und ob ich seither noch gewachsen bin. Heute kann ich jedenfalls mit Not fast eine Dezime greifen. Auf dem Klavier. Auf einer Geige braucht man dafür ja nur einen Finger und keine Handspanne. Und auf einer Trompete geht es womöglich wegen Einspurigkeit gar nicht. Aber wie lang ist eine Dezime in cm? Ungefähr so lang war der Centipeder oder Hundertfüßler, weil ich vermute, dass Matts Handspanne etwa so lang ist wie meine. Chinesen neigen ja dazu alles zu zählen und klassifizieren. Und so gehört der Centipeder zu den 5 Gifttieren, zusammen mit der Schlange, dem Skorpion, der Eidechse und der Kröte. Eidechse?, fragt sich so mancher. Gemeint ist ein so genannter Wandtiger, vulgo Gecko. Aber warum oder seit wann der giftig ist, weiß ich auch nicht. Tut man nun alle diese fünf Tiere in einen Topf, fressen sie sich gegenseitig auf und das Übriggebliebene enthält dann das Gift aller fünf Tiere und das ist das Zaubergift Gu. Auch das Tier ist dann ein Gu. Diese fünf Gifttiere werden in Nordchina am fünften Tag des fünften Monats rituell ausgetrieben. In Südchina und Taiwan feiert man stattdessen an diesem Tag das Drachenbootfest, aber das ist eine andere Geschichte. Und ich erfahre: Große Centipeder sind tatsächlich giftig. Nun die Frage: Ist eine Klavierdezime in Bezug auf Hundertfüßler als groß anzusehen? Ich fand jedenfalls die erstaunliche Notiz: Wenn ihr getrockneter Samen ins Essen fällt, stirbt man daran. Eine Samenvertrocknung im Abfluss ist nun eher unwahrscheinlich und ich esse auch nur selten etwas in meinem Zimmer. Trotzdem habe ich beschlossen, meinen Abfluss schön hübsch zuzulassen. Und das obwohl er seit geraumer Zeit wirklich sehr schlecht abfließt. Überbevölkerung?

Der Centipeder ist im Übrigen der Todfeind der Schlange und so gibt es den Vorschlag, wenn man in die Berge geht einen Alarmstab aus Bambus mit einem Centipeder darin mitzunehmen. Denn wenn man dann in die Nähe einer Schlange kommt, bewegt er sich und man ist gewarnt. Soll ich also vor der nächsten Wanderung doch mal aufmachen?

51. Hochzeit und Geburt

Als ich in meinen Lektionen gerade bei dem großen Themenkomplex Beziehungen, Abtreibung, Frauenrechte, Aids und Geburtenkontrolle war, erfuhr ich, wo die kleinen Chinesen oder Taiwaner herkommen. Die Störche denken hier gar nicht daran, sich so abzuschleppen und die Kraniche stehen für langes Leben und hohes Alter, da kann man sich ja schlecht mit so einem Säugling sehen lassen. Stattdessen werden sie entweder aus einem Stein geboren, wie der Affengott Sun Wukong, aber das sind die wenigsten. Die anderen werden zwar nicht aus dem Abfluss, aber aus dem Müll gezogen. Nachdem früher immer mal weibliche Säuglinge auf dem Müll landeten, bevor man sie rechtzeitig erkennen und abtreiben konnte, wirkte das sicher ziemlich plausibel. Bevor man ein Kind aus dem Müll ziehen kann, muss natürlich erstmal geheiratet werden.

Und das ist eine ziemliche Tortur und zwar nicht nur wegen des bekannten Kampftrinkens, das das Brautpaar mit allen Gästen absolvieren muss. Denn der Wahrsager bestimmt nicht nur einen günstigen Tag, sondern legt auch die einzelnen Zeitabläufe fest. Bei Yuzhen war es damals so: Sie musste um drei Uhr nachts zum Schminken und Ankleiden und Frisieren (Hochzeitsfirmen sind 24h-Unternehmen), aber das musste um vier Uhr abgeschlossen sein, was bei dem

Aufwand der da zu betreiben ist, ein ziemlich engen Zeitplan darstellt. Also schnell schnell. Nach der Hektik wartete sie fünf Stunden bis neun Uhr, natürlich ohne sich hinzulegen, weil das ja alles wieder zunichte gemacht hätte. Dann wurde sie von ihrem Verlobten abgeholt. Der Weg zu seinem Haus musste aber bis halb zehn geschafft sein und so gab es wieder einen kleinen hektischen Einsatz. Und nun saß sie bei ihrem Mann rum, der selber viel zu erledigen hatte. Die Essenseinladung war wahrsagergemäß auf sieben Uhr abends festgelegt worden und so hatte sie wieder viel Zeit zum Hintern wund und Rücken krumm sitzen. Dazu darf man sich aber Unterhaltung holen, also entweder zwei oder sechs oder acht Freundinnen. Es muss eine gerade Zahl sein, weil es ja um Paarbildung geht, aber vier fällt wegen der Todesproblematik selbstverständlich aus. Nicht ohne Grund werden die Hochzeitsphotos in der Regel lange vor der Hochzeit gemacht, denn der Gesichtsausdruck der Braut dürfte nach der Warterei doch etwas an Frische vermissen lassen. Wird man zu einer Hochzeit eingeladen, darf man übrigens auch selber andere dazu laden. Als Untergastgeber muss man allerdings darauf achten, dass das Hongbao (der rote Umschlag mit dem Geldgeschenk) entsprechend hoch genug ausfällt.
Wenn man dann glücklich verheiratet ist, kann es mit den Kindern losgehen. Und statt sie aus dem Müll zu ziehen, nehmen auch in Taiwan die Kaiserschnittgeburten zu. Hier natürlich wieder strikt nach Vorgabe des Wahrsagers. Hat man also den errechneten und damit unheimlich unwahrscheinlichen Geburtstermin, kann man zum Wahrsager gehen, der den günstigsten Zeitpunkt davor, unter Umständen minutengenau, berechnet. Dann kann man mit dem Krankenhaus diesen Termin für den Kaiserschnitt vereinbaren. Andere wiederum lehnen das ab, allerdings nicht wegen der Unerforschlichkeit göttlichen Ratschlusses, auf den ja ohnehin in der Regel die Götter den meisten Wert legen, oder wegen eventuell schädlichen Eingriffs in natürliche Lebensvorgänge, sondern weil zu befürchten ist, dass ein so geborenes Kind nicht allzu lange lebt. Denn es hat ja ein Karma und einen dem Karma entsprechenden, womöglich suboptima

len Geburtszeitpunkt. Karmisch war es vielleicht gar nicht für so ein besonders tolles Leben vorgesehen. Karmaflage sozusagen, leben unter der falschen Stunde. Und mit dem falschen Karma rumlaufen, das geht halt nicht lange gut. Da ist es schnell aus und vorbei! Tödliches Mimikry. Und womöglich droht den Eltern wegen Karmatäuschung im nächsten Leben die Wiedergeburt als Centipeder? Oder eher den Ärzten als Widersachern der Äskulapschlange?

52. Chinesische Fabeln

Eine Weile lang erzählten wir uns im Unterricht gegenseitig Geschichten nach. Und eine davon geht so: Es gab einmal einen Mann namens Meister Gutenase. Er wurde so genannt, weil er einen guten Riecher für das Wetter hatte. Unfehlbar konnte er vorhersagen, ob es am nächsten Tag regnen oder ob es klar sein würde. Das erleichterte den Bauern das Leben sehr und sie verehrten ihn und gingen nicht mehr in den Tempel zum Beten. Das bemerkte der Jadekaiser und ärgerte sich sehr. Er ließ den Drachenkönig des Meeres kommen, der für den Regen verantwortlich ist. Das Wetter sei ein göttliches Geheimnis, ein Mysterium, das nicht preisgegeben werden dürfe, schrie er ihn an. Der Drachenkönig verwahrte sich gegen die Unterstellung und teilte mit, dass es sich nicht um ein Durchsickern von Geheiminformationen handelte, sondern nur an dem guten Riecher von Meister Gutenase läge. Der Jadekaiser befahl nun dem Drachenkönig Abhilfe zu schaffen. Nach längerem Überlegen ließ der Drachenkönig seinen Bart vom Himmel bis auf die Erde hängen. Dieser sah aus wie zwei Säulen, die sich im Unendlichen verlieren. Die Menschen erschraken sehr und wollten voller Angst in den Tempel fliehen und beten. Aber Meister Gutenase wiegelte ab und meinte es bestünde kein Grund zur Beunruhigung, es handele sich bloß um die Barthaare des Drachenkönigs. An denen könne man bis in den Himmel klettern. Sprachs und fing an hochzuklettern. Als er schon sehr weit oben war, rollte der Drachenkönig seinen Bart auf und schüttelte die

Haare wild hin und her, bis Meister Gutenase schließlich loslassen musste. Er fiel auf die Erde und zersprang dort in unzählige Teile. Diese Teile wurden dann zu Ameisen. Und das ist der Grund, warum Ameisen so einen guten Riecher haben.

Mich riss diese Geschichte zu verschiedenen: Ja, aber/ wieso denn/ aha, ist das so? hin, aber was soll man schon gegen eine Volkserzählung argumentieren.

Die von mir vorzutragende Geschichte war konfuzianisch und langweilig: Zeng Shen war ein Schüler des Konfuzius. Er war überall als besonnen und ernsthaft bekannt. Eines Tages, Frau Zeng (seine Mutter) war gerade am Weben, stürmte ein Nachbar herein und rief ganz aufgeregt: „Zeng Shen hat jemanden getötet!" Frau Zeng schaute gar nicht auf, arbeitete seelenruhig weiter und meinte nur: „Na, das kann nicht sein. Mein Sohn kann keiner Fliege was zuleide tun." Als der Nachbar sah, dass sie ihm kein Wort glaubte, ging er wieder. Kurz darauf kam eine sehr zuverlässige Freundin der Mutter hereingelaufen. Und auch sie rief: „Zeng Shen hat jemanden getötet!", die Mutter schaute kurz auf, schüttelte den Kopf, sagte nur: „Das ist unmöglich", und arbeitete weiter. Als die Freundin gegangen war, kam noch jemand schweißüberströmt angelaufen und rief: „Zeng Shen ist wegen Totschlags verhaftet worden! Schnell beeil dich!" denn damals galt Sippenhaft und sie demzufolge als ebenso schuldig wie ihr Sohn. Sie wollte gerade hastig das Haus verlassen, da kam Zeng Shen anspaziert und sagte: „Stellt euch vor, es ist jemand wegen Totschlags verhaftet worden, der genauso heißt wie ich, Vor- und Nachname sind gleich, er heißt auch Zeng Sheng." Erleichtert und erschüttert sagte die Mutter: „Ich wusste, dass du niemanden töten könntest! Aber zuletzt wankte sogar das Vertrauen deiner Mutter. Gerüchte sind wirklich etwas Schreckliches!" Also bei allem guten Willen und meinetwegen zutreffender Aussage, ist das doch eher öde.

Doch wurde es wieder interessant, denn Lunzi, unsere japanischen Barbie (ca. 1,78m, Kleidergröße 36, Körbchengröße D) mit rosa Lidschatten war dran. Sie ist nicht so blöd, wie die Typen aussehen, wenn sie sich mit ihr unterhalten, aber der Vortrag war vor allem wegen seines Scheiterns amüsant. Ihre Geschichte war die, wie Chang´e, die Mondgöttin, selbige wurde. Offensichtlich wollte uns Lunzi aber lieber von ihrem Vater und ihren Katzen erzählen. Unter dem Vorwand, dass wir der Geschichte besser folgen könnten, gab sie nun zur Illustration Fotos von zu Hause herum. Ihr Vater sollte der mythische Kaiser Yao sein und der Meisterschütze Houyi eine der Katzen. Große Verwirrung machte sich breit. Was macht der Kater im Waschbecken? Und was hat das mit dem Abschießen von Sonnen zu tun? Verblüfft stellte ich auch fest, dass alle anderen die Geschichte nicht kannten, dabei dachte ich, die sei für Sinologen so etwas wie Hänsel und Gretel für Germanisten. Aber vielleicht kennen ausländische Germanisten Hänsel und Gretel auch nicht. Bevor nun Chang´e als weiße Katze ins Spiel kam, bemerkte Yuzhen, die sich die übergroße Verwirrung zunächst nicht erklären konnte, was auf den Fotos abgebildet war und war nun ihrerseits verwirrt. Blies wegen drohenden Unterrichtsschlusses schließlich den Vortrag ab und verdonnerte Lunzi zur fotolosen Wiederholung beim nächsten Mal. Die bekam einen japanischen Wutanfall, das heißt sie lächelte nicht und sagte, sie hätte sich sehr viel Arbeit damit gemacht. Das wiederholte sie mehrmals und lächelte anhaltend nicht. Also ein ernsthafter Wutanfall. Ich fand das auch ein wenig schade, denn wenn man erstmal verstanden hat, dass die Fotos und die Geschichte keinen Zusammenhang ergeben, war es eine hübsche Multitaskingaufgabe. Tatsächlich war Lunzi so wütend, dass sie anschließend im Büro eine Szene hinlegte und ab sofort vom Gruppenunterricht befreit war.

53. Super-Ama und die Taiwanfrage

Als es an der Universität als neues Nachmittagsangebot einen Kochkurs gab, wollte ich natürlich dabei sein. Ich muss sagen, es war ganz wunderbar, obwohl der Lerneffekt wirklich gegen Null ging. Die Lehrerin nennt sich Super-Ama und leidet nicht unter irritierenden Selbstzweifeln. Sie

wurde nicht müde, uns die Überlegenheit der chinesischen Kultur darzulegen. Zum Beispiel kann man Bambusstäbchen, die man zum Füllen von Teigtaschen verwendet auch als Übungsgeräte zur körperlichen Ertüchtigung benutzen. Sprachs und warf ein paar Stäbchen mit dem Ellenbogen in die Luft und fing sie souverän mit der Hand wieder auf. Diese Kunstfertigkeit machte uns allen unsere niedere Lebensform als Barbaren deutlich, ohne dass sie extra darauf hinweisen musste. Ansonsten kochte sie vier Gerichte gleichzeitig, wobei das Meiste allerdings schon fertig vorbereitet war. Zu Handlangerdiensten wie Ananas- oder Bambusspitzenschneiden, wurden dann die Barbaren und japanischen Zwerge (die mittlerweile im Durchschnitt allerdings größer sind, als die Chinesen) hergenommen. Besonders gerne die männlichen, da ist der Lacherfolg garantiert. Und tatsächlich schien Takashi bis dato noch nie ein Messer in der Hand gehalten zu haben. Aber so hat jeder sein Plaisierchen und Super-Ama kujoniert eben gerne Leute. Über die Hälfte der KursteilnehmerInnen bestand aus dem taiwanischen Lehrkörper, das fand ich etwas bedenklich. Super-Ama vermied es konsequent, Mengenangaben oder Garzeiten mitzuteilen und auch welches Lebensmittel für welches Gericht vorgesehen ist. Das war aber so schlimm nicht, denn ich fand den Geschmack eher fad. Sie hatte auch ein Buch geschrieben, das sie uns präsentierte: „Der Küchenkünstler", illustriert mit mit der Thematik unzusammenhängenden Bildern, die sie selber gemalt hatte, was sie stolz immer wieder wiederholte. Der Zweck des Buches blieb mir ein bisschen verborgen, denn nur ein sehr kleiner Teil sind Rezepte, vermutlich enthält es sonst Weisheiten und Selbstbeweihräucherungen aller Art. Außerdem hat sie aus einem abgelaufenen Wandkalender aus Jeansstoff eine Küchenschürze genäht und uns zum Bewundern ihrer Pfiffigkeit mitgebracht. Hübsche Idee, aber wer hat schon einen Wandkalender aus Jeansstoff?
Einmal kam es zum ultimativen Kampf der Kulturen. Es nahm nämlich auch eine Panamananerin (oder Panamanerin?) teil, ein ordentliches Kaliber, mit starker Präsenz aber etwas gestörter Außenwahrnehmung und von chinesischen

Dos and Don´ts völlig unbeeindruckt. Als sie gerade einen Bambus schnitt, gab ihr Super-Ama in ihrer großmütterlich herablassenden Art einen Klaps auf den Hintern. Katia schlug neckisch zurück. Und schon ist das Gesicht am Arsch. Denn übergriffig darf man in der Hierarchie natürlich nur von oben nach unten sein, aber das war ja überall so. Katia war das mit dem Gesicht wurscht, aber für Super-Ama war das hart und sie ließ in Zukunft die Finger von Katia.

Im Zusammenhang mit Super-Amas Kulturchauvinismus drängt sich natürlich die Frage auf: Sind Taiwaner Chinesen? Ich denke ganz spontan, ja, klar, irgendwie schon. Und meine damit Herkunft, Schriftsprache, Religion und Kultur und all so was. Und immerhin ist das hier auch die Republik China. DDR und BRD waren ja auch beides deutsche Staaten mit vorwiegend deutscher Bevölkerung. Und die VR China und Taiwan sind eben zwei chinesische Staaten mit vorwiegend chinesischer Bevölkerung. So meine unbedarfte Auffassung. Aber tatsächlich ist das auf Chinesisch eine schwierige Äußerung, weil China auf Chinesisch Land der Mitte heißt und ein Chinese ein Land-der-Mitte-Mensch ist. Da ist der Territorialbezug schon im Namen enthalten. Es ist also schon sprachlich schwer, sich bei der Diskussion nicht über die aktuelle Staatenkonstellation zu äußern. Wenn man in Taiwan über die VR redet, nennt man diese einfach „Festland". Und natürlich ist der Name Land-der-Mitte für das winzig am südöstlichen Rand des Festlandes gelegene Inselchen Taiwan eher lächerlich. Ein pragmatisches Ostchina und Westchina würde klingen wie Land-der-westlichen-Mitte, so eine Art Ostwestfalen. Außerdem hat die VR China gesetzlich festgelegt, Taiwan bei Erklärung der Unabhängigkeit angreifen zu müssen. Solche Überlegungen sind von daher vorläufig ohnehin ohne Realitätsbezug. Aber was ist ein Chinese? Abgesehen von der Staatszugehörigkeit? Es ist keine Ethnie, sondern ein hanvolkdominiertes Völkergemisch. Das klingt jetzt ein bisschen nach Jus solis, nach Lokalitätsprinzip wie in den USA oder Frankreich, statt nach Rasseprinzip, aber machen wir uns nichts vor: Davon dass man in China geboren wird, wird man kein Chinese. Wenn man wie ein Chinese ist, dann ist man Chinese. Wenn

die Genetik barbarentechnisch nicht stimmt zumindest einer zweiter Klasse. Der Kulturchauvinismus ist immer wieder verblüffend. Als China unter mongolischer oder mandschurischer Fremdherrschaft stand, sinisierten die Besatzer
sehr schnell, schlüpften in die bestehenden Strukturen und
Bräuche, benutzten die Schrift und Sprache. Nur ein paar
einzelne Sitten, wie die rasierte Stirn und der Zopf der Mandschuren wurden allgemein durchgesetzt und den Chinesen
übergestülpt. Und das Füßeeinbinden übernahmen sie nicht
für ihre Frauen, ließen den Chinesen aber diese Unsitte. Sie
blieben natürlich Fremdherrscher und wurden auch so empfunden, dabei waren sie schon verteufelt chinesisch geworden.
Wandert man aus, bleibt man Chinese, denn Auslandschinesen heißen wörtlich „China-im Ausland lebend", wobei das
Wort für China, das da gebraucht wird, außer China so viel
heißt wie: Prachtvoll, das Beste. Grob gesagt, halten sich die
Taiwaner im Norden für Chinesen und die im Süden für Taiwaner. Denn im Norden leben hauptsächlich Außenprovinzler (mit der Guomindang Ende der 1940er gekommen), im
Süden hauptsächlich Innenprovinzler (also zur Ming- oder
Qingzeit Angesiedelte). Im Osten leben vor allem Ureinwohner und was die die im von dem Ganzen halten, weiß ich ehrlich gesagt nicht. Soweit ich da etwas herausfinden konnte, halten sie es mit den Innenprovinzlern, dabei sind sie
mittlerweile vermutlich schon zu Chinesen zweiter Klasse
aufgestiegen. So eben Taiwaner zweiter Klasse, wenn auch
erster Ordnung. Die Gruppenzugehörigkeit wird in den Pass
gestempelt, also auch die Nachkommen von Außenprovinzlern bleiben ebensolche. Bei Mischehen richtet sich das nach
dem Vater. Der Ausdruck Provinzler bezieht sich natürlich
auf das Chinesisch-Sein, weil er beinhaltet, dass Taiwan eine
Provinz Chinas mit der Provinzhauptstadt Taibei ist und die
Landeshauptstadt in Nanjing liegt. Vermutlich halten sich
auch die Innenprovinzler kulturell für Chinesen und nur die
Staatenfrage ist unklar. Aber oft hörte ich im entrüsteten
Tonfall: „Ich bin doch keine Chinesin!" Es gelang mir nicht,
den richtigen Begriff für die kulturelle Zugehörigkeit zu finden.

Jedenfalls warf Super-Ama noch die Frage auf, was italie-
nische Tomatensauce (Bolognese), japanisches Miso, euro-
päische Salatsauce (gemeint war Remoulade), französische
Gänselebersauce (vermutlich Pastete) und koreanische eingelegte Gemüse gemeinsam haben. Sie alle, dozierte sie,
seien der tainanischen „Fleischschlemme" haushoch unterlegen. Warum, weiß ich auch nicht und sie begründete
es auch nicht. Man begründet ja auch nicht, dass ein Falke
schneller ist als ein Spatz, zum Beispiel. Auch warum sie genau auf diese Auswahl verfiel, blieb unklar. Vermutlich sollte
es eine internationale Auswahl von Soßen sein, die man zu
allem essen kann (Gänseleberpastete?). Nächstes Mal wollte sie uns allen Ernstes beibringen, wie man diese Wunder-
sauce herstellt. Diesmal hatte sie sie schon fertig dabei. Und
wir lernten dafür, eine Papaya zu schneiden und mit rotem
Bohnenmus und gebrochenem Sesam zu bestreuseln. Und
ein hartgekochtes Ei zu schälen. Das kann ich jetzt auch vor
laufender Kamera, denn der ganze Kurs wurde tatsächlich
gefilmt. Und ich fragte mich die ganze Zeit, ob die Laute
der Bewunderung seitens der teilnehmenden Sprachleh-
rerinnen Super-Amas Alter und ihrer Stellung als Lehrerin
geschuldet waren. Doch dann kam es zum Höhepunkt: Sie
gab in einen Tonbecher etwas von der Fleischschlemme, die
übrigens gut schmeckt, und stopfte darauf Klebreis. Dann
drehte sie das Ganze um und stürzte es auf einen Teller. Und,
ob man es glaubt oder nicht: Zum Vorschein kam ein Reis-
kubus mit Fleischschlemmenhütchen! Das gab ein Geraune
im Raum und Rufe des Entzückens wurden laut, dass es eine
wahre Freude war. Ich für meinen Teil liebäugelte damit in
die Tischkante zu beißen und ich befürchtete für diesen Kurs
doch nicht ausreichend hartgesotten zu sein.

54. Getier

Einmal sah ich auf der Treppe zwischen dem dritten und dem fünften Stock eine von diesen imposanten Kakerlaken liegen. Liegen deshalb, weil sie auf dem Rücken lag. Sie lag da und bewegte seelenruhig die Fühler, sonst nichts. Und sie lag dort stundenlang. Immer wieder lief ich an ihr vorbei und sie bewegte die Fühler. Und warf damit Fragen auf. Wie ist sie in diese Lage geraten? Zu schnell über die Treppe gesaust und im Salto auf dem Rücken gelandet? Und: Ist es tatsächlich möglich, dass sich Kakerlaken, die sich angeblich jahrelang vom Klebstoff einer Briefmarke ernähren können, die Radioaktivität für eine angenehme Wettererscheinung halten und in atemberaubender Geschwindigkeit Giftresistenzen herausbilden, kann es also sein, dass so eine Kakerlake nichts, aber auch gar nichts machen kann, wenn sie auf dem Rücken liegt? Kann schon sein, platt genug um eine stabile Liegefläche zu haben, sind sie ja. Andererseits könnte sie ja auch die Flügel spreizen um dadurch in eine Erfolg versprechendere, labilere Schräglage zu geraten, wie andere Käfer das machen. Aber vielleicht geht das nicht, wenn sie direkt drauffliegt? Und warum zappelte sie nicht, wie andere Käfer das tun? Sind Kakerlaken nicht wie andere Käfer? War sie schon so erschöpft oder sparte sie nur Kräfte und wartete auf eine günstige Gelegenheit? Man wurde beim Vorbeigehen immer von den Fühlern abgescannt. Beobachtet und nach Nützlichkeit beurteilt durch die Kreatur? Oder war sie vergiftet worden? Der andere Fragenkomplex war natürlich, warum eigentlich niemand etwas tat. Also warum sie da stundenlang lag, obwohl dauernd welche an ihr vorbeiliefen. Und zu übersehen war sie, zeigefingerlang ohne die ebenfalls je zeigefingerlangen Fühler, nicht. Mir fiel dann aber doch die Absurdität dieser Fragestellung auf und so fragte ich mich stattdessen selbst, warum ich eigentlich nichts unternahm. Aber was eigentlich? Ich könnte zum Beispiel drauftreten und sie von einem mutmaßlichen Leiden erlösen und gleichzeitig ein Ungeziefer erledigen. Das war mir nicht möglich. Meine Tötungsschwelle überwinde ich gerade noch bei Mücken, ab dann bin ich in dieser Hinsicht

eigentlich zu nichts mehr zu gebrauchen. Man kann das natürlich üben. Ich erinnere mich, dass ich 1987 in China eine
gewisse Gewohnheit im Kakerlakenzertreten entwickelte.
Aber das waren dann so hektische Lichtanzipzipzipwegsind-
sie-Situationen und keine offenbar hilflos herumliegenden
Tiere. Offenbar ist Töten nicht wie Fahrradfahren, sondern
erfordert eine Desensibilisierung. Das fiel von daher also aus.
Ansonsten hätte ich ihr natürlich beim Umdrehen behilflich
sein können. Aber das kam mir dann doch zu dämlich vor. Einer Kakerlake im eigenen Haus auf die Beine zu helfen. Beim
Gedanken, sie zu fangen und draußen auszusetzen wurde
ich sehr sehr müde. Und so tat ich nichts. Wie alle anderen
auch. Quasi wie bei einem Unfall. Was heißt quasi, für die
Kakerlake war es ein Unfall. Vermutlich. Ich weiß nicht, was
schließlich geschah, aber auf einmal war sie weg. Und es
blieb kein Fleck oder eine sonstige Spur zurück.
In meinem Zimmer treiben sich erfreulicherweise keine
Kakerlaken herum, obwohl das den Türschlitz schmälernde
Klebeband noch genug Raum für das ein oder andere Tier-
chen ließe. Denn manchmal habe ich Besuch von etwa halb
so großen Schaben und wenn die da durch kommen, können
waschechte Kakerlaken das auch. Von den ganzen Mücken
die trotz Fliegengitter in meinem Zimmer materialisieren
ganz zu schweigen. Sonderbarerweise laufen die Kakerlaken abends auch zahlreich auf der Straße herum. Sind sie so
viele, dass drinnen nicht genug Platz ist, oder so wenige, dass
sie flanieren müssen, um mal wen kennen zu lernen? Oder
verlassen sie die Häuser nur, weil es draußen so angenehm
warm ist, während man sich drinnen der Gefahr des Kälte-
todes aussetzt? Denn eine wollene Strickjacke ist zumindest
für Kinobesuche dringend erforderlich. Obwohl ich öfter
von Taiwanern hörte, dass ihnen drinnen zuweilen zu kalt
sei, kommen sie damit ganz offensichtlich besser zurecht als
Unsereins. Allerdings frage ich mich, warum man mit etwas
„zurecht" kommen muss, was erst durch großen Energieauf-
wand hergestellt wird. Wenn es allerdings draußen so kalt
ist wie drinnen, ziehen sie Daunenjacken an und jammern
dass es so unglaublich kalt ist. Während ich es dann draußen angenehm finde und gar nicht kalt. Das lässt mich ver-

muten, dass einem hauptsächlich einstellungskalt ist. Meine durch lebenslange Erfahrung geprägte Einstellung sagt, dass es drinnen wärmer ist als draußen. Und das beeinflusst meine Temperaturwahrnehmung. Der Taiwaner und die Taiwanerin haben aber eine komplementäre Temperaturerfahrung und reagieren ebenfalls dementsprechend empfindlich auf Abweichungen. Trotzdem: Unterkühlen ist genauso Energieverschwendung wie Überheizen. Und dass man bei den Temperaturen immer eine Jacke mitnehmen muss, ist obendrein lästig. Aber vielleicht vornehm. Abgesehen von den ganzjährigen Kakerlaken trat im Frühling vermehrt ein imposantes Insekt auf. Eigentlich sah es aus wie eine Fliege, womöglich war es auch einfach eine Fliege, aber in Maulwurfgröße. Wobei zu berücksichtigen ist, dass der landläufige Maulwurf etwa mausgroß ist und nicht, wie eine tschechische Kindersendung suggeriert fast kaninchengroß. Aber wegen der länglichen, flacheren Form, passt der Maulwurf als Vergleichstier besser als eine Maus. Wie dem auch sei. Es ist mit Sicherheit eine für eine Fliege bemerkenswerte Größe, locker über 10 cm. Der Körper ist kakerlakenrötlichbraun, die Flügel durchsichtig schimmernd und geädert, wie eben bei einer Fliege. Allerdings etwas runder als Schmeißfliegenflügel. Allenthalben stieß ich im Frühling auf derartige Riesenfliegen. Aber sah nie eine von ihnen fliegen. Daher auch meine Unsicherheit, sie Fliegen zu nennen. Häufiger sah ich sie dafür in irgendeinem Zustand der Zerquetschung, da sie sich gerne auf dem Boden aufhalten. Auch im Falle des unversehrten Lebendigseins, wirkten sie wenig lebhaft, eher stumpf, keiner schnellen oder gar plötzlichen Bewegung fähig. Und nach längerem Nachdenken und Sinnieren wurde mir klar, dass es sich dabei um Zikaden handelte. Unter den Zikaden gibt es Arten, die nach jahrelanger Madenexistenz massenhaft aus der Erde nach oben kommen, sich ver- und entpuppen und sich sofort der Vermehrung widmen. Ist dies erledigt, verlieren sie umgehend jede Lebensenergie oder jeden Lebenssinn. Und werden von daher lethargisch und sterben einfach wieder. Oder werden überfahren. Wozu fliegen, der Nachwuchs ist gesichert. Aber warum so viele davon ausgerechnet in der Stadt auftauchten, bleibt sonderbar.

55. Romance of the three kingdoms

Ich las „Romance of the three kingdoms", ein Roman über
das Ende der Handynastie (so um 200 nach), dessen älteste
gedruckte Fassung von 1522 stammt. Und die Übersetzung
ins Englische von 1959. Sagen wir mal so: Das mit den Namen
ist schlimmer als bei Dostojewski, soll heißen, es kommen
noch mehr Personen vor, die alle jeder für sich noch mehr
Namen haben. Aber nach 300 Seiten waren mir einige der
Hauptakteure in etwa vertraut. Einer davon, Guan Yu, wird
heute als Gott verehrt. Ein anderer ist Cao Cao, ein General
machiavellistischer Art.
Die Geschichte geht im Wesentlichen so: Der Hankaiser ist
ein Weakling[38] (auch Englisch kann einem immer wieder
Freude machen) und so streiten sich alle und führen Jahr-
zehnte in unterschiedlichen Konstellationen Krieg gegeneinander. Für mehr Macht, mehr Ruhm, mehr Geld. Nominell
ein Kaiserreich, ist China in grob drei Fraktionen geteilt, die
alle finden zur Regierung berechtigt zu sein. Der eine, weil
er den Kaiser in seiner Gewalt hat, der andere, weil er mit
dem Kaiserhaus verwandt ist und der dritte, weil er sich einfach besser findet. Die Handynastie endete 220 nach, dann
folgten 45 Jahre der Dreiteilung in die Staaten Wei, Shu und
Wu. Es ist ein „Männerbuch" langweiligster Sorte. Mit dieser
Einschätzung liege ich natürlich im eklatanten Widerspruch
zu allem was man literaturhistorisch über dieses Buch lesen kann. Aber ich rede ja nur von meinem persönlichen
Lesevergnügen, bzw -missvergnügen. Einer erschlägt einen
gegnerischen Truppenführer und wird als Held gefeiert.
Dann erschlägt der Gegner einen eigenen Truppenführer
und da ist die Empörung groß! Welch Fiesling! Na, und hin
und her und hin und her. Ehre ist immens wichtig. Und da
wird mein Verdacht bestärkt. Der Verdacht nämlich, dass
Ehre lediglich das krankhafte Wichtignehmen der Meinung
anderer über sich selbst ist. Es gibt dann auch so schöne Pas-
sagen, wo ein Held bei einem Jäger Rast macht. Der Jäger
bewunderte diesen Helden schon lange und will ihm un-

---

38 engl.: Schwächling

bedingt Wild servieren. Hat aber nichts, fängt auch nichts. Da lässt er kurzerhand seine Frau schlachten und behauptet, es sei Wolf. Als der Held am nächsten Morgen die Leiche mit entfleischtem Oberarm in der Küche sieht, muss er nicht etwa kotzen, sondern weint. Vor Rührung. Wegen der Anhänglichkeit des Jägers. Bei nächster Gelegenheit schickt er ihm einen Betrag Silber. Ein chinesischer Kommentator (das Schreiben von Kommentaren zu klassischen Werken ist und war ein zentraler Bereich intellektueller Tätigkeit in China) meinte dazu, dass die Summe damals ausgereicht hätte, sich eine neue Frau zu suchen, aber keine ihn mehr wollte. Ein herzliches Dankeschön an diesen Kommentator! Kannibalismus hat in China offensichtlich eine lange, zumindest literarische Geschichte. Ich habe ja bereits die Geschichte mit der Oberschenkelsuppe erzählt. Frisches Oberschenkelfleisch soll im Übrigen auch eine pietätvolle Zubereitung für geschwächte Eltern sein, da „lebendes" Fleisch mehr Yang enthält. Auch in der modernen Literatur taucht Menschenfleisch immer wieder auf. Gerne auch bezüglich des Verspeisens von Kindern. So war es zum Beispiel zentrales Thema in „Die Schnapsstadt" von Mo Yan. Das literarische Interesse am Menschenfleisch ist immens. Verbotene Speisen reizen vielleicht die Fantasie, vor allem in einer so aufs Essen versessenen Kultur wie der chinesischen. Auch taiwanspezifisch lässt sich da Interessantes finden. Im Museum zur Vor- und Frühgeschichte Taiwans in Kangle wurde neben sehr vielen interessanten und wissenschaftlichen Informationen auch ein Stamm beschrieben, der seinen Göttern Köpfe in Töpfen opferte. Die nahe liegende Frage: Wessen Köpfe?, blieb leider nicht nur unbeantwortet, sondern auch unspekuliert. Feindesköpfe, eigens frisch abgeschlagene Köpfe oder die Köpfe der eigenen sowieso Toten? In den Sälen zur ursprünglichen Lebensweise der indigenen Stämme gab es ferner die Information, dass die Männer eines Stammes „zum Lebensunterhalt durch Kopfjagen" beitrugen. Auch das blieb mir ein Rätsel. Denn: Wie kann ein erbeuteter Kopf zum Lebensunterhalt beitragen? Es ging ja schließlich nicht um Kopfgeldjäger. Und zum Essen wäre der restliche Körper eigentlich reichhaltiger. Wenn man den Kopf aber opfert und die Götter dafür die Ernte reichlich ausfallen lassen, dann könnte man das vielleicht so formulieren. Leider gab es keinen Hinweis darauf, ob der Steinzeitstamm mit den geopferten Köpfen zu dem Kopfjägerstamm führte.

Aber zurück zum Roman. Im weiteren Verlauf werden Zauberer hingerichtet, weil andere an sie glauben, Boten wegen der Nachrichten getötet, manche auch wegen nichts und vor allem wird gekämpft und Hinterhalte werden gelegt etc. Und alles geht höchst konfuzianisch zu, oder scheitert. Die Kriegslisten folgen dem schon erwähnten militärstrategischen Buch Sunzi. Alkohol wird als sehr problematisch besprochen, und manch ein guter Held weiß nicht, wann genug ist und entscheidet deswegen unweigerlich falsch. Sprich, begeht im alkoholbedingten Wutanfall einen Fehler. Ekstatisch trinkende Dichter haben hierin natürlich weniger Platz. Aber die waren ja auch weniger Romanfiguren, als eben trinkende Dichter. Ab etwa Seite 1000 gibt es endlich die titelgebenden drei Königreiche. Und außer Kriegslisten und Ehre tritt nun auch mal ein Geist auf oder es wird philosophisch debattiert. Zum Beispiel: Zunächst wurde mit klassischen Zitaten belegt, dass der Himmel einen Kopf hat, der im Westen liegt, außerdem Ohren und Füße. Und als das Chaos sich in Yin und Yang teilte, da stieg der leichtere Teil (Yang) auf und wurde zum Himmel. Wenn das aber so ist, wie kann es dann sein, dass bei einer übermenschlichen Revolte die Säule auf der der Himmel ruht, beschädigt wurde und der Himmel nordwestlich abkippte? Das wüsste ich jetzt natürlich auch gerne, aber die Debatte wurde an dieser interessanten Stelle abgebrochen. Und doch lieber wieder Krieg geführt.

Aber noch mal zu Guan Yu, dem als Guandi vergöttlichten General. Zu Lebzeiten war er ein unglaublich loyaler, tapferer, kampfversierter und wasnichtalles Mann, mit einem roten Gesicht und einem prächtigen Bart. Diesen bedeckte er im Kampf einmal mit einer Binde, um die Gegner nicht wissen zu lassen, dass sie es mit ihm zu tun haben, so prominent war dieser Bart. Ursprünglich war er Tofu-Verkäufer und später Soldat. Und er tötete einen miesen Beamten und war daher zunächst mehr oder weniger auf der Flucht. Und traf Liu Bei, einen Strohsandalenflechter und gleichzeitig kaiserlichen Onkel und den Metzgersohn Zhang Fei. Diese schworen in einem Pfirsichhain, die Dynastie der Han zu schützen und vor allem sich gegenseitig. Im weiteren Verlauf der Geschichte wurde Liu Bei König von Shu (einem der drei Königreiche) und die anderen beiden seine Generäle. Guan Yu nun kämpfte mit einer 41kg schweren Hellebarde und unterdrückte nebenbei den Aufstand der gelben Turbane. Diese waren aufständische Bauern, die für die Verkommunisierung des Landes eintraten und allerlei daoistische Zauberei betrieben. Ansonsten führte Guan Yu alle naselang befehlsgemäß Krieg gegen die anderen zwei Königreiche Wu und Wei. Schließlich wurde er überlistet, gefangen genommen und – weil er keinem anderen Herrn dienen wollte – geköpft. Aber er konnte es irgendwie nicht gut sein lassen und mischte sich als Geist immer wieder in die Geschichte Chinas ein. Per kaiserlichem Dekret wurde er 1120, also knapp 1000 Jahre später in die himmlische Hierarchie aufgenommen. Der Kaiser von China als Sohn des Himmels konnte so etwas freilich anordnen. 1594 wurde er schließlich zum Gott des Friedens (der durch Krieg gewonnen wird) und der Weisheit ernannt. Im Laufe der Zeit wurde er zu einer der wichtigsten Gottheiten Chinas und steht für Treue, Mut, Gerechtigkeit und den Schutz der Schwachen. Aber ich verstehe das wiedermal nicht. Er war bestimmt unheimlich tapfer und eine brillanter Kämpfer und treuer Freund. Aber worin bestehen jetzt zum Beispiel die Gerechtigkeit und der Schutz der Schwachen beim Niederwerfen der gelben Turbane? Beim Niederwerfen der Taipingrebellion (Mitte des 19.Jhdts. Der Anführer Hong Xiuquan hielt sich für Jesus jüngeren Bruder), soll er post mortem auch mitgeholfen haben. Seite an Seite mit den Engländern. Die Taiping-Revolutionäre waren schon ein sehr eigenartiger Haufen, und vielleicht mehr Dogma als Inhalt. Womöglich war das mit den gelben Turbanen genauso? Ich weiß es nicht. Ein bisschen erinnert Guan Yu jedenfalls an die moderne US-amerikanische Außenpolitik, aber mei. Gott ist Gott, und ein so populärer noch dazu.

56. Kuhhirte und Weberin

In Tainan ist im Sommer Regenzeit. Das heißt, es regnet relativ häufig, sprich fast jeden Tag. Im nur 400 km entfernten Taibei, ist im Winter Regenzeit und da regnet es dann
eigentlich durchgehend. Regen im Süden Taiwans ist dahingegen ein Ereignis ganz anderer Art: Entweder es fängt leise, aber gleich ergiebig und ganz weich an, so wie fallender
Hochgeschwindigkeitsnebel, der dann, als hätte jemand die
Hand am Regler, stetig zunimmt, bis man sich fragt, ob man
ohne Kiemen draußen überhaupt überleben kann. Besser ist
man natürlich sowieso nicht draußen. Dann wird das ganze
langsam wieder zurückgefahren. Und nach 5 Minuten sind
die Straßen wieder trocken, obwohl sich die gefühlte Luftfeuchtigkeit immer noch auf 147% beläuft. Alternativ fängt
dieser kiemenerfordernde Teil ohne Einleitung an. So als
hätte jemand den Hebel einer Einhandduscharmatur auf
Anschlag hochgerissen. Dem ist, so ohne Vorwarnung, natürlich schwer aus dem Weg zu gehen, aber bisher hatte ich
meistens Glück. Gegen all diese Wassermassen tragen viele
plastiktütenartige, dünne gelbe Ganzkörperkondome unter
denen man sich unweigerlich nassschwitzt.
Und dann gibt es natürlich noch den Taifun und der erste
war im Mai auch schon angekündigt. Für die Jahreszeit zu
früh, könnte man unsinnigerweise sagen, eigentlich soll es
erst Ende Juni damit losgehen. Auch war es 2006 zu früh,
zu heiß und zu oft zu kalt etc. Aber für diesen wirren Wet-
terverlauf gibt es einen ganz bestimmten Grund. Das liegt
nicht etwa an der allgemeinen Großwetterlage oder gar der
Klimaveränderung. Sondern am Schaltmonat.
Der chinesische Bauernkalender ist ja im Grunde seines
Herzens ein Mondkalender und somit für das Sonnenjahr
zu kurz. Nun ist unser Sonnenkalender schon für das Sonnenjahr zu kurz, weswegen es alle vier Jahre den 29.Februar
gibt, außer alle hundert Jahre, dann wieder nicht, oder so. Ein
einsamer Schalttag hier und da kann natürlich den Sonne-
mondkonflikt nicht kitten. Ein Mondmonat (eigentlich ein
Pleonasmus) hat 29 oder 30 Tage. Nach meinen völlig un-
geschulten Berechnungen braucht es also etwa alle sieben

bis acht Jahre einen Schaltmonat. Tatsächlich soll allerdings alle 30 Monate ein Schaltmonat fällig sein. Die Regel lautet: der erste Monat zwischen zwei Wintersonnenwenden (die immer im 11. Monat stattfinden), auf den kein Zhongqi fällt, ist der Schaltmonat, mit der gleichen Zahl wie der vorherige Monat. Zhongqi sind solar bestimmte Punkte im Kalender und schwer zu verstehen und noch schwerer zu erklären, aber wenn man sich einen chinesischen Kalender kauft, steht alles fix und fertig ausgerechnet drin. Jedenfalls war es 2006 wieder soweit. Und welcher Monat wurde wiederholt? Heuer ausgerechnet der siebte, der Geistermonat. Der Monat an dem man unter keinen Umständen ans Meer darf, weil einen die Geister unter Wasser ziehen, auch wenn man keinen Ertrunkenen gerettet hat, und man auch keine Wäsche draußen nachts hängen lassen darf, weil dann Geister hineinschlüpfen. Ein ganzer Monat lang Allerheiligen. Und seit Shuzhen einmal im siebten Monat ohne erkennbaren Grund vom Rad fiel und sich derart verletzte, dass sie ins Krankenhaus musste, hält sie sich an diese und viele andere Regeln.

Der erste siebte Monat fing Ende Juli an, also der 1.7. war am 25.7.2006 und kaum hatte man trotz all der hyperaktiven Geister unter Vermeidung insbesondere von Wasser (Strände sind zu der Zeit wie leergefegt. Aber nach meiner Erfahrung ist da ja sonst auch nicht viel los) den Monat überlebt, war am 24.8.2006 schon wieder der 1.7., also der zweite 1.7.. Der Geisterspaß ging dann noch bis zum 21. September. Man kann der chinesischen Welt also nur wünschen, dass die Geister wegen des langen Auslaufs weniger fies aufgelegt sind.

Außerdem ist am 7.7., und zwar nur am ersten 7.7. der chinesische Tag der Verliebten. Das ist natürlich insofern gemein, weil ein romantischer Uferspaziergang wegen der wasserimmanenten Geistergefahr ausfällt. Aber das tut sie wegen der Sonne ja eigentlich auch. Und zu diesem Tag gehört die Geschichte vom Kuhhirten und der Weberin:

Vor sehr langer Zeit teilte ein Silberfluss die Welt der Götter von der der Menschen. Östlich des Flusses lebten die Götter, westlich die Menschen. Die Weberin war die unvergleichlich schöne und heißgeliebte Tochter der Himmelsmutter und konnte ganz extraordinäre Goldwolken weben. Auf der anderen Seite lebte der früh verwaiste Kuhhirte und aß Bitterkeit. Was auf Chinesisch nicht meint, dass er verbitterte, sondern dass das Leben hart war. Sein älterer Bruder nebst Schwägerin hatte ihn nach dem Tod der Eltern mit einem Rindvieh abgespeist und weggeschickt. Und das hütete er fortan und baute für sie beide eine Grashütte. Zum Dank half ihm die alte Kuh fleißig, ein Feld am Fluss zu bestellen. Er war sehr einsam. Gerne hätte er eine Frau und Kinder gehabt. Deshalb sprach plötzlich die Kuh und sagte, dass im Fluss regelmäßig sieben Unsterbliche badeten, die ihre Plünnen[39] am Flussufer ablegten. Er müsse nur eines der Kleiderbündel heimlich an sich nehmen und die, die ihre Kleider nicht finde, müsse dann dableiben und ihn heiraten. Gesagt getan. Bei den badenden Unsterblichen handelte es sich natürlich um die Weberin und ihre Gespielinnen. Der Kuhhirte nahm unbescheiden die ihm am schönsten erscheinenden Kleider. Als die Unsterblichen ihn sahen, schlüpften sie schnell in ihre Gewänder und flogen wie ein Schwarm Raben davon. Nur die Weberin, die ihre Sachen nicht finden konnte, saß da und weinte und weinte. Da sagte der Kuhhirte: Wenn du mich nur heiraten wolltest, dann gäbe ich dir auch deine Kleider zurück. Die Weberin willigte also ein und der Hirte war überglücklich. Und er bestellte das Feld und sie webte und beide waren glücklich. (Eine wenig überzeugende Stelle bei *der* Brautwerbung, aber bitte). Nach 10 Jahren waren der Sohn schon sechs und die Tochter fünf Jahre alt und die Kuh war sehr sehr alt und sagte: „Ich bin sehr alt und kann dich nicht länger begleiten, vielen Dank für die Pflege. Wenn ich tot bin, darfst du nicht traurig sein, sondern sollst mir die Haut abziehen und am Körper tragen. Das wird dir in der Not helfen." Sprachs und starb. Der Hirte weinte sehr und tat dann wie ihm geheißen. Und wurde sozusagen ein verwaister Cowboy, aber immerhin mit Lederjacke. 10 Jahre westlich des Flusses entsprachen 10 Tagen östlich davon. Und weil die Weberin dort nicht mehr webte, verloren die Wolken

---

39 norddt.: Kleider

ihre Farbe. Da beschloss die Himmelsmutter die Weberin zurück zuholen. Die saß gerade am Webstuhl, die Kinder um sie rum. Der Himmel wurde schwarz und es donnerte, die Kinder weinten und eine Glückselster flog zu dem Haus und sagte ganz ohne Glücksauftrag: „Das geht so nicht weiter! Die Königin hat befohlen, dich zurückzuholen. 10 Tage die Arbeit zu vernachlässigen ist ein großes Vergehen!" Die Weberin wurde blass, weigerte sich aber mitzugehen. Da rief die Glückselster: „Wenn du nicht kommst, wird deiner Familie ein Leid geschehen!", es donnerte und blitzte noch mal und die Elster flog davon. Dafür materialisierte ein Göttergeneral in voller Montur, ergriff die Weberin und brachte sie zum Fluss. Die Kinder weinten zum Stein- aber nicht Generalerweichen und rannten zum Vater aufs Feld, um ihm alles zu erzählen. Der fackelte nicht lange, setzte seine Kinder in die Bottiche an seiner Tragestange, tat bei der leichteren Tochter noch eine Schöpfkelle zum Gewichtsausgleich dazu und lief hinterher. Am Fluss angekommen schrie er: „Lass sofort meine Frau los!" Als die Himmelskönigin sah, dass der Hirte dem General auf den Fersen war, nahm sie den Silberfluss und hob ihn weit in den Himmel hinauf. Der Hirte erinnerte sich an die Kuhhaut und faltete sie auf und flog damit in den Himmel mitten unter die Sterne und die Kinder riefen und riefen: „Mama komm zurück!" Als die Himmelskönigin das sah, zog sie eine goldene Haarnadel aus ihrem Kopfputz und warf sie in den Silberfluss. Dieser wurde plötzlich zum reißenden Himmelsstrom mit riesigen Wellen, so dass der Hirte und die Weberin unausweichlich getrennt waren. Da sagten die Kinder: „Lass dich nicht entmutigen! Wir schöpfen mit der Schöpfkelle den Fluss trocken." Und so fingen die drei an zu schöpfen. Wenn der Vater erschöpft war, übernahm der Sohn, wenn der Sohn erschöpft war, die Tochter. Vom anderen Ufer blickte sehnsüchtig die Weberin zu ihnen hinüber. Zu guter Letzt ließ sich die Himmelsmutter von der Liebe der Vier erweichen und erlaubte ihnen, sich an einem Tag im Jahr, nämlich am 7.7. zu treffen. Die gutherzige Glückselster war über diese Entwicklung auch sehr froh. Und so bilden jedes Jahr am siebten siebten Elstern eine Brücke der Vögel, auf der sich die Familie über dem Himmelsfluss, also der Milchstraße treffen kann. Die Weberin und den Kuhhirten kann man auch als Sterne am Himmel sehen, sie ist die Wega, er der Altair im Adler. Auch die Kinder sollen zu sehen sein und etwas weiter weg, vier kleine Sterne im Quadrat sind das Weberschiffchen der Weberin. Und drei ein Dreieck bildende Sterne bei der Weberin sind der Nasenring der alten Kuh. Diese Dinge hatten die Liebenden ausgetauscht, um sich in den Zeiten der Trennung aneinander zu erinnern.

Also auch hier passend zum Geistermonat: Schwierige Beziehungen zwischen Menschen und Nichtmenschen und gefährliche Wasser. Und ein Schaltmonat irritiert den ganzen Kosmos und deshalb geht das Wetter durcheinander.

57. Die Freude der Fische

Mai, eine Vietamerikanerin und ihr Mann Mark nahmen mich mit nach Donggang, auf Deutsch Osthafen, was sich aber trotzdem auf der Westseite von Taiwan befindet. Dort fand das Schwarzer-Thunfisch-Festival statt. Auf Englisch Blauflossenthunfisch-Festival. Der schwimmt im Mai an Taiwan vorbei und wird in Massen eingebracht. Das Festival bestand vor allem aus Fischern, Hafenarbeitern und Fischschlachtern bei der Arbeit und Ständen an denen man umnebelt vom überwältigenden Fischgeruch rohen Thunfisch, sprich Sashimi essen kann. Das taten wir dann auch und es war wirklich gut. Weil die Japaner den fettigen Bauch des Thunfischs besonders gerne mögen, kostet Bauchfleisch das Fünffache. Dieses kostspielige Gelüst teilten wir glücklicherweise nicht.

Mit Mai unterwegs zu sein, führte zu allerlei Absurditäten, weil sie von den Taiwanern für ihresgleichen gehalten wird. Tatsächlich sieht sie eher chinesisch als vietnamesisch aus. Und so nehmen alle sie als natürliche Gesprächspartnerin wahr. Dabei ist sie nicht mal ethnisch chinesisch und ihr Chinesisch auch nicht sonderlich gut, da sie es erst seit einem halben Jahr lernt. Wenn auch besser als Marks, der wegen seiner Arbeit weniger Zeit zum Lernen hat. Es brauchte eine

Weile, bis die anderen, völlig verwirrt, in Erwägung zogen, auch mit mir zu sprechen. Zuerst versuchten sie es noch mit Mark, dem Mann. Klar. Dabei hatte eine Lehrerin völlig aus der Luft gegriffen behauptet, ich hätte irgendwo was Chinesisches. Näher begründen konnte sie das natürlich nicht und zumindest den Donggangern ist es nicht aufgefallen. Aber tatsächlich wurde ich einmal für eine Chinesin gehalten. Es war dunkel und regnete, meine Haare waren vor Nässe quasi schwarz und ich trug dieses verbreitete gelbe Ganzkörperkondom gegen Regen. Schräg hinter mir hielt ein Auto und sie sprachen mich auf Chinesisch an. Als ich mich umdrehte und freundlich auf Chinesisch „ja bitte" sagte, breitete sich ein langes Schweigen aus, das fast die ganze Ampelphase andauerte. Kurz vor dem Umschalten, dann doch noch die Frage, wo denn wohl die Uni sei. Na, das konnte ich doch sogar beantworten, obwohl mir normalerweise alle Orientierung verloren geht, sobald mich jemand nach dem Weg fragt.

Wir besichtigten in Donggang noch ein paar Tempel. Einer überraschte mit einer in die Vordertreppe eingelassenen Bonsailandschaft mit Teich, in dem sich allerlei Fische tummelten. Weniger tummelnd, aber imposant – wir hielten ihn erst für einen Teil der bis in das Wasser ragenden Drachenskulptur – war ein fast völlig regloser Fisch, über 2 Meter lang und ziemlich dick, der nur selten die Schwanzflosse bewegte. Für viel mehr reichte auch der Auslauf nicht.

Fische sind in China und Taiwan äußerst beliebt. Fisch heißt yu und wird damit genauso ausgesprochen wie Überfluss, weshalb Fische „ein Übriges, mehr als nötig, Überfluss" symbolisieren. Die Beliebtheit von Goldfischen bedarf von daher keiner näheren Erläuterung. Und so werden insbesondere zu Neujahr gerne kleine Fische verschenkt. In der Regel in einer Art nur mit Wasser gefülltem Wein- oder Wasserglas. Man könnte auch sagen: Vase. Denn so wie Tomaten hier zum Obst zählen, scheinen Fische zu den Blumen zu gehören. Und so steht allenthalben ein Glas Fische herum. Bis sie welk sind. Und dann werden sie vermutlich weggeworfen. Weil Gläser mit toten Fischen darin sieht man nun auch wieder nicht. Genauso wenig wie Vasen mit welken Blumen. Vielleicht kriegen sie auch mal so ein Beutelchen Nährstoffe reingeschüttet, um das Welken herauszuzögern, aber sicher ist das nicht. Immerhin habe ich hier noch nicht die in der VR China verbreitete Sitte gesehen, die Fische mittels bunten Wassers besonders hübsch einzufärben. Die Frauen im Unibüro bekamen mal eine Garnele im Einweckglas geschenkt, die sich aber keiner großen Beliebtheit erfreute. Allen wurde sie angeboten, niemand wollte sie mitnehmen. Kein Wunder, heißt sie doch nicht yu sondern xia und das wird genauso ausgesprochen wie blind.

Zhuang Zi fiel vor über 2000 Jahren zu Fischen anderes ein. Wiederum im Gespräch mit dem Logiker Huizi gibt es im Buch Zhuangzi folgende Geschichte: Zhuang Zi und Huizi gingen auf der Haobrücke spazieren. Zhuang Zi sagte: „Die Shu-Fische sind hervorgekommen und schwimmen sorglos umher. Das ist die Freude der Fische." Huizi sagte: „Ihr seid doch kein Fisch, woher wisst Ihr von der Freude der Fische?" Zhuang Zi: „Ihr seid nicht ich. Woher wisst Ihr dann, dass ich nicht die Freude der Fische kenne?" Huizi sagte: „Ich bin nicht Ihr. Sicherlich kenne ich Euch nicht. Aber bestimmt seid Ihr kein Fisch. Dass Ihr die Freude der Fische nicht kennt, ergibt sich daraus." Zhuang Zi: „Bitte lasst uns den Ursprung der Sache zurückverfolgen. Als Ihr sagtet, woher ich die Freude der Fische kannte, wusstet Ihr bereits, dass ich sie kenne. Und fragtet mich. Ich kenne sie, weil ich über den Haofluss schlendere."

Fische haben aber auch eine buddhistische Bedeutung. Xuan Zang war ein Mönch, der zur Tangzeit (618-907 n.Chr.) nach Indien pilgerte, um buddhistische Schriften zu holen. Er kenterte auf der Rückreise aufgrund des Angriffs eines Riesenfischs. Er konnte sich zwar retten, aber der Fisch verschluckte sämtliche Schriften. Nach einer weiteren Überlieferung wurde auch Xuan Zang jonasgleich verschluckt. Mit welcher Füllung auch immer wurde der Fisch gefangen und durch Schläge auf seinen Kopf zum Erbrechen gebracht. Zum großen Glück des Buddhismus´ in China spuckte er alles – mit oder ohne Xuan Zang- wieder aus. Dies soll der Ursprung für den bei buddhistischen Zeremonien benutzten Holzfisch sein, der als Schlaginstrument benutzt wird. Denn dadurch spuckt der Fisch die Sutren aus, rezitiert sie

sozusagen. Nun habe ich aber gerade „Die Reise nach Westen" gelesen, eine abenteuerliche Adaption der Pilgerreise des Xuan Zang, in der der aus einem Stein geborene Affengott die Hauptrolle spielt. Und in dieser Geschichte benutzt Xuan Zang bereits vor seinem Aufbruch so einen Holzfisch. Das Buch stammt aus dem frühen 16. Jahrhundert, wurde also lang nach der Tangdynastie geschrieben, so dass vielleicht nur ein historischer Fehler des Schriftstellers vorliegt. Oder die Geschichte mit dem sutrenverschluckenden Fisch stimmt nicht. Aber wer will das schon beurteilen? In einem anderen Tempel, dem Donglong Gong, mit unglaublich goldenem Eingangstor, stand ein großes Boot und Nachbildungen von allerlei Gebrauchsgegenständen, die allesamt im Herbst verbrannt werden sollen, um sie Wen Wangye dem lokalen Wasserkönig zum Geschenk zu machen. Alle drei Jahre wird er derart versorgt und soll im Gegenzug vor Pest und Cholera schützen.
Abends aßen wir bei sintflutartigem Gewitter gebratenen Thunfisch und freuten uns am Fische.

58. Wenn der Himmel herabstürzt

Der zu frühe Taifun kam später als angekündigt, also etwas weniger zu früh. Der letzte Taifun im letzten Jahr hieß Drachenkönig, was Sinn ergibt, denn schließlich sind Drachen für den Regen und damit auch irgendwie für Wind zuständig. Es ist übrigens nicht so, dass Drachen in China einfach immer positiv sind. Es gibt da einige wirklich fiese und hinterhältige Drachen und in „Die Reise nach Westen" kommen eigentlich nur Drachen mit einem ausgesprochenen Appetit auf Menschenfleisch, intrigantem Wesen und von abgefeimter Bösartigkeit vor. Ok, der Drache ist auch das Symbol für den Kaiser, aber das passt ja dann. Im Grunde sind Drachen vor allem Sinnbild des Yang. Letztes Jahr gab es also den sehr regenreichen Drachenkönig. Und nun kam diese Woche der Taifun „Perle". Das fand ich zunächst eine recht eigenartige Namensgebung, insbesondere da Perle auf dem Satelliten-

bild nicht so rund war, wie weiland der Drachenkönig. Dann dachte ich, man könnte die Perle als die Perle des Glücks auffassen, mit der die Drachen auf Abbildungen häufig spielen. Und dann wäre es eben heuer wie in der Dreigroschenoper: alle rennen nach dem Glück, das Glück rennt hinterher. Und So ein hinterherrennendes Glück kann sich ganz offenbar in sein Gegenteil verkehren. Aber für dieses Mal nicht in Taiwan. Es war einfach nur sehr windig, sturmböig. Mehr nicht. Nicht mal Regen. Aus unerfindlichen Gründen hatte Tainan am Donnerstag trotzdem taifunfrei. Nicht aber Gaoxiong, was knappe 100 km entfernt ist. Mir war es recht, weil ich wegen des Sturmes doch sehr schlecht geschlafen hatte. Eine Lehrerin meinte am Tag danach, dass doch wunderbares Wetter gewesen wäre. Das fand ich nun etwas übertrieben, zumal es einem ständig Ladungen von Staub in die Augen haute. Aber Taiwanerinnen finden offenbar jedes Wetter bei dem die Sonne nicht scheint gut, weil sie dann ohne Komplettvermummung das Haus verlassen und doch ihre vornehme Blässe erhalten können. Begründet wird die positive Qualität des Wetters dann aber damit, dass es nicht so heiß wäre. Bei Betrachtung der panisch anmutenden Verhüllungen beim kleinsten Sonnenstrahl ist da Skepsis angebracht. Aber wer bei Sonnenschein nicht nur Sonnenbrille, sondern auch Ärmelschoner, Handschuhe, Gesichtsmaske und Hut trägt, dem ist es natürlich besonders heiß. Auch wieder wahr.
Die drachenumspielte Perle wird auch als Donner aufgefasst. Weil Austern durch Donner schwanger werden. Perlen sind also quasi kleine Donner. Und wer ist der Donner? Das Lachen des Himmelskaisers oder auch ein Wesen mit Affenkopf, Krallen und Hörnern, Fleischflügeln und rotem Haar. Und, lese ich, wenn man oft Schweinefleisch zusammen mit Fisch isst, wird man eher vom Donner getroffen. (Und so kann ich feststellen, dass Donner und Blitz hier als eins betrachtet werden.) Also Obacht! Aber nicht zuviel Obacht, denn das kann auch nach hinten losgehen. So gab es zum Beispiel einen Mann aus Qi. Ich weiß nicht, ob Menschen aus Qi – ein früheres Königreich im Süden Chinas – für andere Chinesen, wie die Österreicher für die Bayern sind, und

umgekehrt, also ob der Mann aus Qi womöglich eine klassische Spottfigur unter Chinesen ist. Vielleicht stammt er aber auch nur zufällig aus Qi. Jedenfalls grübelte er gerne, machte sich allerlei Gedanken über alles und war auch stolz darauf. Er sah nun eine Sternschnuppe, dachte zuviel und schloss daraus, dass der Himmel demnächst auf die Erde stürzen würde. Ein unhinterfragter Parsprototo-Gedanke. Das machte ihm großen Kummer und er aß nicht mehr und schlief nicht mehr, weil er dachte und grübelte, um gut vorbereitet zu sein, wenn dann der Himmel herabstürze. Er erzählte allen davon, aber die wollten nichts davon wissen. Ein Freund kam zu ihm und machte ihm Vorhaltungen. Er solle doch essen und schlafen, sonst schade er sich doch. Der Mann aus Qi erwiderte, dass sich der Freund doch besser seinem Gegrübel anschließen solle, um vorbereitet zu sein, wenn der Himmel auf die Erde fällt. Wir wissen nicht, was er sich denn ausdachte, um dieser Katastrophe gewappnet entgegenzutreten, denn er starb an Unterernährung und Schlafmangel. Und der Himmel ist immer noch oben.

Obwohl man während eines gewöhnlichen Taifuns schon den Eindruck gewinnen kann, der Himmel komme runter. Meist bilden die Wolken jedoch eine nicht geschlossene Ringform. Und das heißt, man kann diese Lücke, in der der Himmel sich zusammen hält, abpassen, schnell losrennen und sich im Supermarkt etwas zu essen holen. Dort ist dann plötzlich und kurz ein Riesenandrang und dann flitzen alle schnell wieder nach Hause. Und mit Glück bricht das Unwetter erst dann wieder los.

Der Ball mit dem die Löwen bei den akrobatischen Löwentänzen spielen, ist nebenbei bemerkt keine Perle, sondern eine Art Ei, das ein Löwenjunges enthält. Es wäre auch sonderbar, wenn sich die Drachen von Löwen ihre Glücksperle abspenstig machen lassen würden.

59. Felder und Berge

Zusammen mit Kristin unternahm ich eine Radtour nach Qigu, was soviel heißen kann wie sieben Oberschenkel oder sieben Abteilungen oder auch sieben Rotten. Dort nun sollte es Salzfelder zu sehen geben. Und so radelte ich mit Kristin durch feuchte Hitze und salzige Luft und kam mir nach einer Weile vor wie ein Klebstift ohne Kappe. Zunächst besuchten wir den auf dem Weg gelegenen Hirschohrtorheiligegroßemuttergedächtnistempel, den ich während des Laternenfestes wegen des großen Andrangs nicht hatte besichtigen können. Er soll der größte Mazutempel Südostasiens sein. Ich glaube fast, Chinesen inklusive Taiwaner lieben Superlative noch mehr als Amerikaner. Aber trotzdem halten die Amerikaner den Scheidungsratenrekord, gefolgt von Puerto Rico. Aber die USA müssen sich warm anziehen, denn Taiwan gibt sich alle Mühe und ist schon auf Platz 5. Stand jedenfalls in der Zeitung. Das hat mich nun doch sehr erstaunt. Das Gefühl hier ist, dass alle spätestens mit 25 heiraten und dann bei den Schwiegereltern leben, bis die sterben und die nächste Schwiegertochtergeneration einzieht und alles geht immer so weiter, immer so weiter. Vielleicht wird die Scheidungsrate alleine in Taibei erzielt. Und das mit dem frühen Heiraten begünstigt die Scheidungsrate natürlich auch enorm. Und vielleicht scheint alles nur so traditionell und an dem Schein wird festgehalten. Viele von den Lehrerinnen bei uns im Sprachzentrum sind ja gar nicht verheiratet und können sich von daher auch nicht scheiden lassen. Aber das ist gute alte Blaustrumpftradition und ein weltweites Privileg von Lehrerinnen. Aber zurück nach Qigu. Ich fuhr also als überlebensgroßer Klebstift durch plattes Land. Nur wussten wir leider beide nicht, wo die Salzfelder genau liegen. Ich nahm ursprünglich und fälschlicherweise an, dass Qigu vollständig aus Salzfeldern besteht, aber das war nicht der Fall. Hauptsächlich gab es Wasserfelder mit Austernbänken, das war auch ganz hübsch. Und die Karten, die ich dabei hatte, hatten keine gemeinsame Anschlussstelle und natürlich fehlte der Teil, in dem wir uns befanden. Zu allem Überfluss stellte sich die Straße, die ich für den Rückweg ausgewählt hatte, als im Bau befindlich heraus. Schließlich landeten wir an einem kleinen Mangrovensumpf, mit winzigkleinen Mangroven und echten Schlammspringern, diesen auf dem Land herumhüpfenden Fischen. Ich weiß nicht, warum sie das tun und wie sie da atmen, aber sie hüpfen wie die Frösche. Zwischen ihnen liefen Krabben mit einer überdimensionierten Schere herum, mit der sie immerzu winkten, ein angewachsenes Winkelement sozusagen. Es gab Linksscherer und Rechtsscherer. Ich glaube trotzdem nicht, dass sie uns meinten. Jedenfalls waren wir dann soweit befriedet und befriedigt, dass wir uns ohne strahlendweiße Salzfelder gesehen zu haben auf den Rückweg machten. In der Dämmerung gab es noch ein Feuerwerk in der Ferne zu sehen, denn die Sicht ist sehr weit. Schließlich ist das Land platt wie Holland. Denn vor nur ein paar hundert Jahren war es noch Meer, und holländisch obendrein. Von daher: Kein Wunder. Manche mögen es auch lieber flach, wie folgende Geschichte zeigt. Sie handelt von einem alten Mann (über 90), der sich plötzlich so sehr durch den Berg vor seiner Haustür gestört fühlte, dass er beschloss, ihn abzutragen. Nahe liegende Fragen, wie: Warum stört er ihn jetzt? Warum versetzt er nicht das Haus? Warum hat er es überhaupt dort gebaut? Und was wird dann aus dem dortigen Fengshui? blieben ungestellt. Stattdessen begann er zu graben, zusammen mit den drei Dutzend Familienmitgliedern. Ein anderer alter Herr machte Einwände, er sei ein Dummkopf, denn es wäre ihm doch im Leben nicht möglich, diesen Berg zu versetzen, dazu reiche die Kraft gar nicht und es dauere auch viel zu lange. Von wegen, meinte der Greis, er habe ja noch Kinder und Enkel und die hätten wieder Kinder und Enkel und so weiter und so fort und eines Tages sei es dann getan, wenn man nur nicht nachlasse in seinen Bemühungen. So wie ich die Geschichte ursprünglich kenne, hört sie an dieser Stelle mit dem beschämten Schweigen des anderen Alten und einem Undwennsienichtgestorbensinddanngrabensienochheute auf. Aber in einer anderen Version hat nun der Berggeist auch seinen Auftritt. Diese Berggottheit war nämlich dazu da, den Berg zu erhalten und zu schützen und sah sich nun einerseits belästigt und andererseits auch in seiner Arbeit gefährdet. So beschloss er kurzerhand den Berg, bevor dieser eines Tages völlig chaotisch und bröselig an anderer Stelle wieder ersteht, selber zu versetzen. Und siehe da, am nächsten Morgen stand der Berg nicht mehr vor dem Haus. Das Original der Geschichte steht im Buch Liezi, einem daoistischen Klassiker und tatsächlich wird auch dort durch nichtmenschliches Eingreifen der Berg versetzt. Aus der Geschichte gibt es ein Chengyu, also einen Ausdruck aus vier Zeichen, der meist adjektivisch gebraucht wird, aber die ganze Geschichte mitschwingen lässt. Davon gibt es unzählige. Wörtlich übersetzt lautet das hiesige Chengyu: Dummkopf versetzt einen Berg, was soviel bedeutet, dass man alles erreichen kann, wenn man sich unaufhörlich darum bemüht. Mao Zedong kannte offenbar die Geschichte in der längeren Variante und verwandte das Chengyu als Teil einer Parole zum „großen Sprung nach vorn" Ende der 50er Jahre, der zur schnellen Industrialisierung Chinas führen sollte. Bekanntermaßen tauchte damals kein Deus ex Machina auf und das Ergebnis waren unglaubliche 20 oder auch 73 Millionen Hungertote. Die korrekte Verwendung von Chengyus zeichnet einen als wirklich chinesischkundig aus, wovon ich leider Lichtjahre entfernt bin. Aber natürlich greift die allgemeine Verbanauserung (die seit Jahrtausenden immer wieder beklagt wird) auch unter Taiwanern um sich und so traf ich letztens auf eine beim Zeitunglesen schallend lachende Lehrerin. Sie erklärte mir auf Nachfrage, dass in der einen Artikelüberschrift, in der das Loblied eines lebenden Mannes gesungen wurde, gleich zwei Chengyus falsch angewandt wurden. Das eine, weil man es nur für bereits Gestorbene, das andere weil man es nur für Frauen verwendet. Der so Belobte dürfte sich darüber nur wenig gefreut haben. Wobei ich nun nicht weiß, ob das mit dem tot oder das mit dem weiblich sein schlimmer ist. Es steht ja beides ganz oben auf der Liste der verabscheuungswürdigen Eigenschaften.

60. Der Doppelfünfte

Am 31.5.2006 war der bereits bei den Gifttieren angesprochene 5.5. und auch ein Feiertag. Das ist ein Tag voller Wunder und Besonderheiten. Zum Beispiel endet an dem Tag die Pflaumenregenzeit. Davon war allerdings nicht viel zu merken, denn es fing Tage vorher an, viel zu regnen und dabei blieb es. Jetzt ist natürlich die Frage: Lag das am Schaltmonat, am Klimawandel oder an einer Laune der Natur? Ich weiß es nicht, aber es war nassnassnass.

Und an diesem Tag geht Yin in Yang über und das ist ein sehr gefährlicher Zeitpunkt. Am Tag des Drachenbootfestes muss man sich daher vor allerlei Giften schützen. Passend dazu der Brauch, die fünf Gifttiere symbolisch zu verbrennen. Außerdem zerschneidet man an dem Tag Banyanblätter und trägt sie mit anderen duftenden Kräutern in einem Beutel zum Schutz bei sich. Auch an die Hauseingänge werden Sträuße aus Banyan und Beifuss gesteckt, die häufig mittels Blüten zu Blumensträußen aufgepeppt werden. Wie, frage ich. Banyanblätter sind Yin, Gift ist Yin, der Tag ist Yin, wo ist denn da der Schutz? Das weiß Meimei auch nicht. Vermutlich ein Minusmalminusgibtplusprinzip. Könnte also sein, dass das abends unterm Banyanbaum auch so funktionieren kann. Nur weiß das sonst kaum jemand. Wie auch immer. Das Weibliche ist auch Yin, wozu also die ganze Aufregung? Lebt sich doch ganz gut damit. Aber vielleicht braucht man einfach ein bisschen Yin in der Hosentasche, wenn das Yang aufkommt? Wahnsinnig viel überzeugender kommt mir das zwar auch nicht vor, aber Wandlung ist auf jeden Fall eine heikle Sache. An welchem Tag dann der gegenläufige Wechsel stattfindet, konnte mir niemand sagen, von Yang auf Yin scheint also unbedenklicher zu sein. Wahrscheinlich bringe ich mit meinen blöden Fragen einige Leute an den Rand des Wahnsinns.

Sonne heißt auf Chinesisch übrigens: Das übergroße Yang. Es ist also eine Art Sommeranfang. Und regnet und regnet.

Außerdem kann man an diesem Tag, wenn man beispielsweise unbekannterweise mit einer Schlange verheiratet ist, dies herausfinden. Denn wenn man seinem Ehegespons (vielleicht auch anderen zwielichtigen Personen) einen bestimmten Schnaps anbietet, dann verwandelt sich der oder meist diejenige in ihre Ursprungsform zurück. Also nicht allein durch das Anbieten, getrunken werden muss der Schnaps natürlich schon. Und dies kommt auch in einer Geschichte vor: Es war einmal eine weiße Schlange, die sich ganz schrecklich in einen Menschenmann, nämlich Xu Xian, verliebte. Zuvor war es ihr durch 1000jährige Meditation gelungen, Menschengestalt anzunehmen und sie war von schier unglaublichem Liebreiz. Während ihre Freundin und Zofe, die grüne Schlange, nur 500 Jahre meditieren musste und nicht ganz so liebreizend war. Und zunächst lebten die weiße Schlange und Xu Xian glücklich zusammen und die Schlange benahm sich ihrem Gatten gegenüber höchst liebevoll. Und zusammen fürhrten sie eine erfolgreiche Apotheke am Westsee in Hangzhou. Aber ein Nachbar, so ein übler, scheinwohlmeinender Denunziant, in diesem Fall der Mönch Fa Hai, meinte, Xu Xian sei nicht mit einer Frau verheiratet und säte Zweifel im Herzen des Mannes. Und schlug ihm also dieses Schnapstrinkverfahren am Doppelfünften vor. Schwupps verwandelte sich seine wunderschöne schwangere Frau in eine – sicher auch sehr schöne – weiße schwangere Schlange und aus wars mit dem glücklichen Eheleben. Daraufhin wurde Xu Xian sterbenskrank vor Schreck. Und die schwangere Schlange eilte ins Kunlungebirge um rettende Kräuter zu besorgen. Nach verschiedenen Schwierigkeiten gelang ihr das auch und sie konnte ihren Mann retten. Ganz ergriffen von ihrer Liebe und Anhänglichkeit lebten sie danach noch glücklicher als vorher. Ich weiß allerdings nicht in welcher Form. Also ob man beim Schnapstrinken nur kurz seine ursprüngliche Gestalt annimmt, und ausgenüchtert wieder wie vorher ist, wofür ja gewisse Erfahrungswerte sprechen. Oder ob sie dann wieder 1000 Jahre meditieren musste. Aber es scheint irgendwie unplausibel, dass in der Apotheke plötzlich eine weiße Schlange hinter dem Tresen steht. Jedenfalls passte dem Mönch das alles nicht – welche Laus dem immer über die Leber läuft, wird nicht erzählt, aber vermutlich spielen religiöse Gründe (Buddhist gegen Dämon) eine Rolle – und er sperrte Xu Xian im Kloster ein, gegen das

dann die weiße und die grüne Schlange zusammen mit allerlei Wassergeistern vorgingen. Mitten im lustigsten Kampf
und Überschwemme, bekommt die weiße Schlange Wehen
und muss aufgeben und fliehen. Sie kann gerade noch dem
unterdessen aus dem Kloster geflohenen Xu Xian den neu-
geborenen (natürlich) Sohn übergeben, da wird sie von dem
Mönch ergriffen und unter die Leifengpagode am Westsee
gesperrt, wo sie bleiben muss, bis der Westsee kein Wasser
mehr hat. Nun erzählt eine Version, dass die grüne Schlange
weiter mit dem Mönch kämpft und es ihr nach vielen Jahren
gelang den Westsee kurzfristig zu leeren und ihre Freundin
zu befreien. Und dann wären alle irgendwie glücklich. Außer
dem Mönch natürlich, aber der schien ja von Anfang an ein
gewisses Missgunstproblem mit sich herumzutragen. Nach
einer anderen Überlieferung befindet sich die weiße Schlange immer noch unter der Pagode. Außerdem kann man an
diesem Tag um 12 Uhr mittags ein Ei aufstellen. Heißt es.
Also ohne Eierbecher und ohne es anzuditschen. Also präzi-
ser: Man kann an diesem Tag ein rohes Ei ohne Hilfsmittel
hinstellen. Um 12. Ich habe es nicht versucht. Meimeis Eltern
haben eine Hühnerfarm, so dass ich schon davon ausging,
sie würde das bei dem einen oder anderen Ei probieren, aber
um Punkt 12 schafft man natürlich sowieso nur eins, oder
maximal zwei, wenn man wirklich geübt im Eieraufstellen
ist. Da nützt ja dann die ganze Hühnerfarm nichts. Aber tatsächlich hat auch sie es gar nicht versucht.
Aber wofür Duanwujie, der Doppefünfte wirklich bekannt
ist, ist das Drachenbootrennen. Und dazu gibt es natürlich auch eine Geschichte. Zur Zeit der streitenden Reiche
(447-221 v Chr.) gab es in Chu einen Minister und Dichter
namens Qu Yuan (340-278). Dieser war im Volk unheimlich
beliebt, vielleicht weil er sich für das Volkswohl einsetzte,
weil er politische Gedichte schrieb oder weil er nicht korrupt
war, da gehen meine Quellen stark auseinander. Jedenfalls
geriet er beim König von Chu in Misskredit, weil er in irgendeiner Form die königliche Außenpolitik kritisierte oder aber
schlicht einer Intrige zum Opfer fiel. Die unterschiedlichen
Variationen sind im Einzelnen für den Kern der Geschichte
vielleicht nicht so wichtig. Er hatte Glück und wurde nur

verbannt. Entweder wegen des elenden Exillebens oder auch weil er eine höchst chustaatsgefährdende Nachricht erhielt, stürzte er sich in den Miluofluss und ertrank. Die Fischer hatten Angst, die Fische würden seine Leiche anknabbern und warfen daher Zongzi (in Bananenblätter gewickelten Klebreis) in den Fluss, um die Fische abzulenken. Außerdem fuhren sie ganz schnell mit Booten raus, machten einen Riesenlärm und Halligalli, um die Fische zu verscheuchen und suchten die Leiche. Das sei der Ursprung des Drachenbootrennens. Ich habe aber auch schon mal gelesen, dass es älter sei und mehr mit Flussgeistern, Drachen und Opfergaben zu tun hätte, oder vor allem mit dem großen Yu, einem sagenhaften Kaiser, der die Flüsse regulierte, oder grundsätzlich mit dem ganzen Yinyangwechsel und der Fruchtbarkeit, aber das führt jetzt alles zu weit. Jedenfalls war es früher so, dass wenn jemand bei dem Rennen ins Wasser fiel und ertrank, dies als Opfergabe und von daher auch irgendwie gern gesehen wurde.

Unser Sprachzentrum nahm mit zwei Booten an dem Rennen teil. Mein Team hörte auf den schönen Namen Duibudui. Dui heißt Team, der Name bedeutet also Teamnichtteam. Duibudui heißt aber im normalen Sprachgebrauch richtignichtrichtig und wird im Alltag ständig verwendet, in der Bedeutung von „oder nicht?" so wie: Is it, isn´t it? Wenn man also jemand fragt, ob er auch in unserem Team ist, heißt das in etwa: „Ni ye shi duibudui de dui de, duibudui?"

Vor dem großen Tag hatten wir schon ein paar Trainingseinheiten auf diesem unglaublich stinkenden Fluss der in Tainan plötzlich auftaucht und durch Anping ins Meer fließt. Das Wasser ist salzig, aber vielleicht liegt das auch an den Industrieabfällen, denn die Fließrichtung ist zwar schwach, aber doch meerwärts. Wenn jemand ins Wasser fiele, würde das Team disqualifiziert, aber das wäre bei uns eine reife Leistung, weil wir im Sitzen paddelten. Auch das Ergreifen einer Fahne um den Sieg anzuzeigen wurde uns erspart. Zu gefährlich. Man könnte dazu natürlich sagen, dass Ausländer in der Regel wenigstens schwimmen können, ganz im Gegensatz zu den meisten Taiwanern. Aber die Gefahren dieses Kanalwassers liegen vermutlich eh auf anderem Gebiet.

Außerdem gelten diese vereinfachten Regeln auch für einheimische Laienpaddler. Natürlich sind wir mit Schwimmwesten ausstaffiert. Ohne darf man gar nicht teilnehmen. Und auch der Profi am Ruder ist Pflicht, aber darüber bin ich nun wirklich froh, sonst würden wir vermutlich dauernd die Kanalwände schrammen. Zum Trainer wurde ein Ami bestimmt, der so schüchtern ist, dass er nicht zu verstehen ist. Aber ein Mann und Ami, ich glaube das reicht zur Trainerqualifikation. Tatsächlich macht Takashi als Teamchef dann den Trainer, obwohl er als Japaner dafür weniger nahe liegt. Außerdem haben wir noch Akiko, unsere Trommelmaus, eine profilneurotische, japanische Profipoolbillardspielerin, die bei mir leichtes Zucken in der Oberlippe auslöst, weil sie immer, also wörtlich immer, eine Schnute macht. Und natürlich reden auch alle anderen Nichtfunktionäre (etwa 18 Leute pro Team und Boot) durcheinander und hören nie zu und alle machen was und wie sie wollen. Und im dritten Training eskalierte dann der Streit um die Frage, ob wir bei „eins", also beim Trommelschlag die Paddel in einer logischen Sekunde vorne, aber außerhalb des Wassers haben sollen, oder ob das das Kommando zum Durchziehen ist. So als Restjuristin mag ich natürlich Konzepte von logischen Sekunden, aber in dem Fall wirkte es doch etwas aufgesetzt und die ganze schöne Kraft des Trommelschlags verpufft dann in abstrakten Ideen. Jedenfalls hörten die hinten nicht, was vorne geredet wurde, oder konnten nicht genug Chinesisch. Und die vorne hörten nicht, was hinten verabredet wurde, der amerikanische Trainer kungelte heimlich mit seinem Nebenpaddler und die Stimmung war für asiatische Verhältnisse relativ offen schlecht. Isabel, Mathematikdoktorandin aus Spanien nölte, wir sollten es doch mehr auf die deutsche Art machen. Die würden nicht reden, sondern machenmachenmachen. Als ich fragte, wie sie darauf kommt, meinte sie, das läge daran, dass deutsch viel zu schwer sei und deswegen weniger geredet würde. Also Beiträge dieser Art. Ein Thailänder ruderte hektisch mit seinem Paddel rum, auch wenn wir gerade standen, absolvierte sozusagen sein Training allein. Takashi bat schließlich verstört darum, dass wir alle doch ein bisschen besser gestimmt sein sollten und so versuchten wir es dann noch mal und konnten schließlich noch ein bisschen trainieren.

Dass das Wasser tatsächlich salzig ist, weiß ich daher, weil beim Paddeln doch ziemlich viel gespritzt wird, auch in die Augen und den wegen der Anstrengung offenen Mund. In der Woche vor dem Wettkampf fand kein Training statt, angeblich um den Fluss zu schmücken oder zu reinigen oder was weiß ich. Aber ich glaube, in Wirklichkeit sollte einem das die Chance geben, den Durchfall auszukurieren, den man sich beim Training durch unfreiwilliges Flusswassertrinken womöglich geholt hat.

Dann kam der große Tag und wir waren hinreichend gesund, um in der Kategorie Ausländer zu starten. Erst paddelten wir gemütlich zum Startblock und warteten dort lange auf unseren Gegner mit dem schönen Namen Sesamstraßenteam (Zhimajiedui), ein Trupp aus EnglischlehrerInnen von Buxibans, diesen Zusatzschulen, in denen fast alle taiwanesischen Kinder in ihrer nichtvorhandenen Freizeit gedrillt werden. Weil sie nicht kamen, dachten wir schon, ohne Anstrengung gewonnen zu haben. Während der Wartezeit wurde das Boot hinten durch eine schwimmende Plattform am Abtreiben gehindert und vorne mit einer Stange in der richtigen Position gehalten. Aber dann kam die gegnerische Mannschaft doch noch. Und nach dem Schuss paddelten wir wie die Bekloppten nach den Trommelschlägen von Akiko los und paddelten und paddelten, schaufelten den Hintermann, die Hinterfrau voll Wasser und wurden selber voll Wasser geschaufelt und vom Flussufer wurde gejohlt und angefeuert, und wenn man dann dachte, jetzt geht's nicht mehr, dachte man auch, na komm, sind doch bloß zwei Minuten, oder drunter hoffentlich, und paddelte weiter und spritzte sich und andere nass, dass es eine wahre Freude war.

Vom Endergebnis unseres Renntages kann man zwei Versionen erzählen. Also die eine ist, dass wir ins Finale kamen und Dritte wurden. Dass die beiden anderen Mannschaften nicht zu schlagen waren. Die ersten waren Gastarbeiter aus Indonesien und Indien, lauter körperlich arbeitende junge Männer mit regelmäßigem Paddeltraining. Die zweiten waren aus Washington eingeflogen und passionierte Drachenbootrenner. Ich könnte erwähnen, dass wir im zweiten und Finallauf unsere persönliche Bestzeit erpaddelten. Dass wir auf der Mittelbahn paddelten, also dort wo die Flussströmung am stärksten ist, denn natürlich geht es gegen die Strömung. In der anderen Version würde ich dann aber noch ergänzen, dass es nur fünf internationale Mannschaften gab, dass wir nur einen Sekundenbruchteil schneller waren als die Vierten, aber zehn Sekunden langsamer als die Gewinner. Aber wir waren natürlich trotzdem stolz und auch wirklich sehr international: Japan, Ägypten, Peru, Thailand, Österreich, Tibet, Amerika, England, Russland, Iran, Deutschland, alle sind mit uns Dritter geworden. Mit dem anderen Boot vom Sprachzentrum sind dann allerdings Amerika, Japan, Thailand und Peru auch Letzte geworden, und zum Beispiel Spanien und Tschechien sind nur letzte geworden.

61. Beim Wahrsager

Ursprünglich wollte ich nur mit Chenxuan Tee kaufen. Aber in einer kleinen Gasse hinter dem Mazutempel, in der wir nach dem Teeladen suchten, der dort nicht war, gab es lauter kleine Läden mit Wahrsagern. Und so entschlossen wir uns eben zum Wahrsagenlassen. Es war auch eine einmalige Gelegenheit, weil mir Chenxuan dann das Taiwanisch in Chinesisch übersetzen konnte. Wir waren uns beide gleich einig, welchen der Herren wir beehren wollten. Auf seinem Altar stand Guan Yu, aber das war eigentlich nicht der Grund. Er hatte einfach so eine angenehme Ausstrahlung. Wahrsagen kann man aus allerlei. Aus körperlichen Merkmalen wie Händen oder vor allem dem Gesicht, aus dem Verhalten von Käfigvögeln oder aus den Geburtsdaten. Hier ging es um meine 8 Zeichen, also die Geburtsdaten inklusive Geburtszeit. Wahrsagen heißt suanming „das Leben berechnen", für mich sollte also im Wortsinne gewahrsagt werden. Er fing an zu pinseln und ich wurde in der oberen Ecke seines Berechnungszettels immer älter. Während ich mich eigentlich für 38jährig hielt, war ich chinesisch sowieso 39, weil man schon einjährig auf die Welt kommt. Nun wurde ich auch noch im Januar geboren und der Januar gehört chinesisch betrachtet meist zum letzten Jahr, so dass nun schon mein vierzigstes Lebensjahr sein sollte. Während ich also chinesisch 2006 schon 40 wurde, wurde ich es deutsch erst 2008. Von diesem plötzlichen Alterungsprozess war ich etwas überrumpelt. Letztens verjüngte ich mich mal ungewollt, weil ich mein Geburtsdatum mit 68/01/03 angab, also chinesisch vom Großen zum Kleinen. Vergaß dabei aber die 19 von der Jahreszahl. In Taiwan war aber erst das Jahr 94, weil ab der gesamtchinesischen Republikgründung 1911 gezählt wird, so dass ich ungewollt behauptete erst 26 zu sein. Der Schwindel flog dann auf. Hier bin ich Jahrgang 57. Und eigentlich schon 40. Dann schlug der Wahrsager in allerlei handgeschriebenen Büchern irgendwas nach und rechnete an allen Gliedern seiner Finger rum. Es sah eigentlich so aus, als sei seine linke Hand ein Taschenrechner. Und pinselte Zeichen auf ein rotes Blatt Papier. Also das, wo rechts oben behauptet wird, ich sei schon 40. Ich befürchte, dass bei der Ausdeutung all der Zeichen diverse esoterische Informationen auf dem Übesetzungsweg vom Taiwanischen ins Chinesische verloren ging. Wenn man dann noch berücksichtigt, dass mein Chinesisch, na, sagen wir mal begrenzt ist, ist es vielleicht kein Wunder, dass nicht soo viel dabei herauskam. Aber er war ganz glücklich mit meinen Daten und meinte im Grunde wär alles schön, bzw. immer besser und beglückwünschte mich, dass ich noch nicht verheiratet sei, das wäre nämlich ein Fehler gewesen. Und ich würde eher durch Arbeit als durch Glück Geld verdienen (aufrechtes Geld, statt schräges). Es müsse nicht notgedrungenerweise harte Arbeit sein, aber vom an der Börse spekulieren solle ich die Finger lassen. Das kommt meinen Neigungen sehr entgegen. Als Glücksspielerin bin ich eine ausgesprochene Niete. Dabei hatte ich gestern gerade 200 NT$, also etwa 5 € bei der Quittungslotterie gewonnen. Die funktioniert so: Auf allen Quittungen ist eine achtstellige Nummer abgedruckt und der Hinweis in welchem Zweimonatszeitraum diese erhalten wurde. Alle zwei Monate werden dann vier Gewinnzahlen gezogen. Eine Superzahl bei der man 2Mio NT$ gewinnen kann, wenn alle richtig sind, und drei Gewinnzahlen, bei denen gestaffelt nach der Anzahl der von hinten richtigen Ziffern unterschiedliche Preise ausgeworfen werden. Warum es diese Lotterie gibt und wer dafür warum bezahlt, ist mir unklar. Vielleicht damit die Quittungen nicht einfach fallengelassen werden? Ich hatte also drei Richtige und konnte mir dafür 200 NT$ bei der Post abholen. Auf der Rückseite musste ich dazu natürlich allerlei Angaben machen. Vor allem die Telefonnummer war sehr wichtig. Das scheint ein taiwanischer Fetisch zu sein. Auch beim Geldwechseln oder Bezahlen mit Kreditkarte wollen sie die Telefonnummer haben. Außerdem musste ich mit meinen Namensstempel dort vor Ort auf den Antrag stempeln. Glücklicherweise hatte ich mir einen machen lassen, weil ich den für die Anmeldung auf dem Einwohnermeldeamt brauchte. Das war sehr hübsch, weil dafür ein Computer ein vorsintflutlich aussehendes Schnitzgerät steuerte. Man braucht diese Stempel vor allem für Bankgeschäfte, statt oder in Ergänzung der Unterschrift. Ich brauchte ihn bisher aber nur für meine Anmeldung und nun eben noch mal für meinen Gewinn. Es wäre auch zu blöd, bei einem Gewinn von 200, sich für 100 einen Stempel machen lassen zu sollen. Aber wie kam ich jetzt darauf? Ach so: Geld durch Arbeit. Ok, der Gewinn ist vielleicht nicht üppig genug, um am Prinzip etwas zu ändern. Nur letztes Jahr hätte ich mal schräges Geld bekommen, meinte der Wahrsager. Ja, das Stipendium, dachte ich gleich, stimmt. Außerdem solle ich mich nächstes Jahr von „kleinen Menschen", also irgendwie fiesen Leuten fernhalten und mich nicht in ihre Angelegenheiten verwickeln lassen. Klingt irgendwie wie eine direkte Aufforderung, die Juristerei sein zu lassen. Während ich in diesem Jahr nicht auf Beerdigungen gehen sollte, was sich aber leider nicht vermeiden ließ. So ungefähr im Groben der Rest des bei mir ankommenden, weiterverbreitbaren Ergebnisses. Meinen chinesischen Namen fand er auch sehr passend. Chenxuan erzählte er wohl schwierigere Dinge, denn sie war beim Essen hinterher doch sehr gedankenverloren, bestellte viel zu viel, aß dafür umso weniger und ließ sich nur mühsam was entlocken. Und das wird natürlich nicht weitergetratscht.

62. Abfall

Meine Hose, genauer gesagt eine meiner drei Hosen hat
Löcher. Nicht dem äußeren Anschein nach, aber nichtsdes-
toweniger unangenehm, denn es ist die Hosentasche betroffen. Das stellte ich fest, als mir das erste Mal Geld aus dem
Hosenbein kullerte. Nun dachte ich, ich bin in einem Land
mit billiger Arbeitskraft und bevor ich daran herumstümper,
lass ich das doch jemanden machen, der sein Handwerk versteht. Und oft hatte ich auch schon kleine Läden mit Xiugaiyi-
fu, also Reparieren-Ändern von Kleidung gesehen. Ich betrat
also eines Morgens nach dem Taiji ein solches Geschäft. Die
Frau betrachtete bekümmert die Hosentasche und murmel-
te vor sich hin. Ich verstand sie nicht im Einzelnen, was mir
auch ein wenig egal war, ging es mir doch vor allem darum,
dass sie es irgendwie macht. Aber anstatt mir irgendeinen
Preis zu nennen und Geld abzunehmen, gab sie mir die Hose
zurück und meinte, das sei ihr zu lästig. Ich hatte erst gedacht, dass das vielleicht an meinem wenig ansprechenden
Erscheinungsbild lag: Riesig, schweißüberströmt und mit
dem Taiji-Schwert über der Schulter. Dass sie mich einfach
aus ihrem Laden haben wollte. Leicht genervt nahm ich also
meine sieben Sachen und ging. Beim nächsten Kaffeetrin-
ken fragte ich die Wirtin, ob sie einen Laden wüsste, in dem
sie so komplexe Arbeiten wie das Flicken einer Hosentasche
übernehmen würden. Ja, meinte sie: Gegenüber, die würden
alles machen. Natürlich hatte ich da die Hose nicht mit. Aber
brachte sie bei nächster Gelegenheit hin. Kaum hatte ich erwähnt, dass ich sie nicht geändert, sondern repariert haben
will, wurde ich wieder weggeschickt und zu einem anderen
Laden verwiesen. Soso, dachte ich, es bestehen klare Unterschiede zwischen Änderungs- und Flickschneiderei. Und fand
nach längerem Suchen das Haus, in dem mir weitergeholfen
werden sollte. Leider war die entscheidende Person nicht an-
wesend, ich solle es abends um acht noch mal versuchen. Als
ich um acht dort war, erfuhr ich, dass sie wohl erst um neun
käme. Schließlich konnte ich in Erfahrung bringen, dass es
sich wohl um die Ehefraumutterschwiegertochter des Haus-
halts handelt, die aber nachmittags arbeiten sei. Vormittags

sei sie in der Regel da. Am nächsten Vormittag saß dort eine Greisin, die zwar nicht müde wurde mir etwas zu bedeuten, ich hatte nur leider keine Ahnung, was. Abgesehen davon, dass sie vermutlich kein Chinesisch kann, schien sie sich auch in einer alzheimerartigen Wiederholungsschleife zu befinden und wedelte bestimmt aber für mich unverständlich mit der Hand. So verharrten wir einige Minuten, bis ich das Gefühl bekam, sie vielleicht doch zu sehr zu beunruhigen und weiteres Warten auch zu unergiebig langwierig war. Als ich zur Eingangstür zurückging, entdeckte ich eine Klingel. Und kurz nach dem Klingeln erschien die Taitai, womit in diesem Zusammenhang die amtierende Haus- und Ehefrau gemeint ist, die mir bei meinem Hosenproblem weiterhelfen können sollte. Drei Tage würde sie brauchen. Das erschien mir zwar absurd lang, aber besser spät als nie, dachte ich. Am dritten Tag wollte ich die Hose abholen. Seit Tagen dauergewitterte es. Es ist völlig unerklärlich wo diese ganzen Wassermassen herkommen. Und wo sie hinlaufen. Aus dem Meer geschaufelt, über Taiwan ausgegossen und wieder ins Meer geflossen vermutlich. Und wie lange das noch so weitergehen sollte. Vor Erdrutschen wurde gewarnt und an so Dinge wie Wäsche waschen war gar nicht zu denken. Also Wäsche waschen ginge natürlich schon, aber trocken würde sie nicht. Das Ganze bei ganz angenehmen 28°C. Wenig motiviert, aber doch von einem gewissen Bedürfnis getrieben, meine Hose wiederzuhaben, ging ich durch den vom Himmel fallenden überdimensionierten Wasserfall, um sie abzuholen. An der Tür hing ein Schild mit dem vielsagenden Inhalt: „Vorübergehend nicht da". Also patschte ich weiter, um mir einen Vorrat aus Nudelsuppe und Reisecken für den Tag zu besorgen, den ich plante weiterhin einfach drinnen zu verbringen, nachdem ich am Tag zuvor viermal komplett durchgeweicht war. Auf dem Rückweg: Hurra, sie war da. Allerdings nur um mir mitzuteilen, dass sie es weder gemacht hätte, noch die Absicht hätte, das Problem in Zukunft zu beheben. Und unter einem Schwall von Entschuldigungen, dass es ihr nicht gut ginge, gab sie mir meine nunmehr völlig zerknüllte Hose zurück. Obwohl mir schien, dass die Frau nicht gerade mit Glück und Freizeit und selbstgestalteter Lebensführung geschlagen ist, konnte ich einen gewissen Unwillen nicht verhehlen. Aber gut. Nach einer Woche Hosenprojekt behob ich das Problem dann eben doch selbst und stümperhaft. Kleidung in Taiwan ist halt nicht nur häufig scheußlich (Berlin, Neukölln ist der reinste Catwalk dagegen), sondern auch billig, so dass Flickschneiderei wohl mehr ein Kuriosum aus dem letzten Jahrhundert darstellt. Anders kann ich mir das nicht erklären. Kaputte Sachen werden überhaupt einfach weggeworfen. Aber Müll ist hier immerhin ein soziales Ereignis. Wenn der Müllwagen sein Lied spielt, kommen alle herbeigelaufen, lungern mit ihren Mülltüten in Nachbarschaftsverbänden herum, bis sie die Tüten hineinwerfen können. Und so taucht seit Monaten in mir täglich die Frage auf: Welches Lied spielt der Müllwagen? In Taibei spielt er „Für Elise", das ist leicht. Einmal hörte ich in Tainan einen moderneren Müllwagen der eine fast orchestrale Fassung des hiesigen Stückes abspielte und da wurde mir klar, dass ich das Stück eigentlich kenne. Auch ein Klassiker. Was ist es nur gleich? Und nun liegt es mir seit Monaten auf der Zunge und hat sich im Laufe der Zeit vermutlich in eine Papille verwandelt.

Ein Schwede erzählte mir, dass ihm der Mülltransport große Probleme macht, da er zumindest zur Zeit des Recyclingmüllabfahrens immer arbeitet und sich daher auf seinem Balkon die Säcke stapeln. Ich habe es da einfacher, weil bei uns unten schon mal gesammelt wird und ich damit dann nichts mehr zu tun habe. Bemerkenswert finde ich auch, dass hier, obwohl es kaum öffentliche Mülltonnen gibt, fast kein Müll herumliegt. In der Volksrepublik liegt das daran, dass alle naselang jemand kehrt. Und dort möchte man ja die zahlreichen Mülltonnen eigentlich nicht benutzen, weil dann die Straßenkehrer den Müll mühsam aus einem bodennahen Loch wieder herauskratzen müssen. Hier: Nichts dergleichen. Keine Mülltonnen, keine Straßenkehrer, kein Müll. Ich habe manchmal versucht zu beobachten, wo denn die Leute ihre ganzen Einwegess-und -getränkepackungen wohl abwerfen. Ohne Erfolg. Sie scheinen sie zu diffundieren. Es gibt hier durchaus ein Bewusstsein über das Vorhandensein eines Müllproblems, aber hiesig sind Dinge

wie Einweggeschirr, Einwegstäbchen, Einwegverpackungen,
Einwegbecher fester Bestandteil der Kultur, inklusiver aller
Garküchen und sogar vieler Restaurants. Aber auf Mülltren-
nung wird nun mehr geachtet, sprich es wird auch kontrolliert. Und in der Uni wird der Müll von Studenten jobmäßig
nachsortiert, weil es häufig nicht so recht klappt. Auch nicht
am Fachbereich für die Ausländer. Doch meine Hose werfe
ich trotzdem nicht weg.

63. Abschiedsgeschenke

Immer wieder wurde ich beim Taiji darauf angesprochen,
dass ich doch Schuhe tragen sollte. Als Grund wurden an
einer Stelle aus dem Boden ragende Steine angegeben, aber
ich glaube es lag dann doch mehr an dem irgendwie zwang-
haften Verhältnis der Chinesen zu nackten Füßen. Lotosfüße
habe ich nun wirklich und glücklicherweise nicht. Übrigens
erzählte mir eine Lehrerin, dass alle Hanchinesen gespaltene
Zehennägel am kleinen Zeh hätten, also vier Kleinezehennägel pro Kopf. Nur in Taiwan sei das wegen der großen Völker-
vermischung nicht mehr so, sie habe dies, obwohl Hanchine-
sin deshalb nicht. Also ich weiß nicht. Keine Schweißdrüsen
unter den Achseln, ok. Mangelnde Enzyme zum Abbau von
Alkohol und eventuell Käse, geschenkt. Aber gespaltene Zehennägel? Alle? Vier Milliarden Kleinezehennägel? Zu dem
Vorschlag beim Taiji Schuhe zu tragen lächelte ich jedenfalls immer freundlich, nickte und machte weiter wie bisher. Aber nun kam der Großangriff. Meister Luo hätte sich
angeblich letztes Jahr Schuhe gekauft, die ihm ein bisschen
zu klein seien, die er daher nie trage, sie seien wie neu. Ich
erlaube mir, an dieser Stelle skeptisch zu sein, denn er trägt
und kauft immer in demselben Geschäft dieselben Schuhe,
wie ich bei dem ganzen Schuhthema nebenbei erfuhr. Warum sollten plötzlich welche zu klein sein? Jedenfalls wollte
er sie mir schenken. Und da hatte ich den Salat, als es wieder richtig heiß wurde, musste ich auch beim Taiji Schuhe
tragen, die mir noch dazu eine Nummer zu groß sind, was

Drehungen sehr erschwerte. Aber ohne größere Beleidigung war aus der Nummer nicht mehr rauszukommen.

Zeitgleich und insofern als Ausgleich für die heißen Füße hatte Meister Luo angefangen, mir eine Fächerform beizubringen und die ist sehr amüsant. Ab und zu wird der Fächer mit großem Getöse aufgeschleudert und das scheinen die Stellen zu sein, die auch allen andern am meisten Spaß machen. Dabei muss man natürlich ernst und bedeutend schauen.

Bei Meister Feng tat sich auch ein immer größeres Guanxiproblem auf. Er schenkte mir, während die anderen ihm je 1000 Kuai gaben, was der Monatsbeitrag sein könnte, den ich nicht bezahlen musste, einen seiner Pinsel. Das war furchtbar nett und ich freute mich sehr. Insbesondere da ich mich insgeheim schon fragte, wo es wohl solche Pinsel gibt und was die wohl kosten. Aber auf der anderen Seite macht das soviel Guanxi, dass ich nicht wusste, wie ich mich dazu verhalten sollte. Das fühlte sich in der Summe doch wie ein großer Schuldenberg an. Und so ist es ja auch gemeint, so funktioniert das hier. Also wehe mir, wenn mich einer von denen, die mich hier so beschenken, mal besucht.

Ein kleiner Abbau von Guanxi durch eine geschenkte Flasche Schnaps kam bei Meister Feng natürlich schon in Frage. Es wurde schließlich eine Flasche Himbeergeist, die ich meinen Bruder direkt importieren ließ. Bei vielen anderen kam das nicht in Frage, denn auf Taiwan wird nicht sonderlich viel getrunken, ganz im Gegensatz zu der VR China. Auch wenn Chinesen Alkohol nicht gut vertragen, war er schon seit Tausenden von Jahren die Muse der chinesischen Dichter. Wein und Mond, letzterer auch gerne als Spiegelung im Wasser, darauf sind die schönsten chinesischen Gedichte entstanden.

Wegen des Guanxis Meister Luo gegenüber wollte ich es ganz geschickt anstellen und fragte meinen Taiji- und Anwaltskollegen, was er meint, was ich Meister Luo nebst Gattin zum Abschied schenken könnte. Er versprach darüber nachzudenken. Das Ergebnis war, dass mir beim nächsten Mal Luo Taitai eine Kette und ein Jadearmband schenkte. Also Jadearmband im weiteren Sinne, denn es ist eigentlich ein Quarz. Gleichzeitig trotzdem Jade, denn das chinesische Wort Jade meint eine Vielzahl glatter, harter Steine mit einem gewissen Glanz, wie Nephrit, Jadeit, Serpentin, Kristall und Achat. Ich war sehr gerührt und trage seither wie alle Taiwanerinnen ein Jadearmband zum Schutz. Aber richtig hilfreich fand ich den Kollegen ehrlich gesagt nicht. Noch mehr Guanxi und immer noch keine Idee. Meimei meinte, Chinesen verstünden einfach oft den Sinn des Nichtweitersagens nicht. Scheint mir auch so. Chenxuan sagte, ich müsse eigentlich nichts schenken, sie würden mich halt mögen. Eine nette aber zweifelhafte Lösung. Es lief auf teuren Tee hinaus.

Abgesehen vom Tee ergab sich dann noch eine Gelegenheit. Meister Luo fragte mich nämlich, ob ich an einer Aufführung am Kongzimiao teilnehmen würde. Ich dachte: Eine Bühne, ja klar, warum nicht! Und vor allem: Eine Langnase in der Gruppe gibt Gesicht, und das wäre doch ein würdiges Abschiedsgeschenk. Ich warf also den Urlaubsplan um, um dann am großen Tag auch am Konfuziustempel sein zu können. Kurz bevor ich abfuhr, um meinen Bruder abzuholen, erfuhr ich zufällig, dass wir nicht schön in einer Gruppe laufen würden, wovon ich eigentlich ausging, sondern dass ich ganz alleine auftreten sollte. Nun konnte ich nicht mehr zurück. Und letztlich war es eine sehr hübsche Veranstaltung. Die erste Stunde (um acht Uhr morgens) wurde von den SchülerInnen von Meister Luo bestritten. Nachdem ich bei den vor mir performenden Kungfu-Wunderkindern doch wieder etwas blass wurde, kamen ein paar Normalsterbliche und ich lief dann auch noch ganz anständig meine zwei Formen (mit und ohne Schwert). Die Fächerform liefen wir als Gruppe, aber da war ich dann schon zu entspannt, schaute desorientiert auf die Leute vor mir und öffnete bzw. schloss den Fächer meist asynchron. Ein Erfolg war es trotzdem. Im Anschluss gab es unermüdlich weiteres Programm. Chinesische Tanzmäuse, japanische Polonaise der Organisatoren, Taiwanerinnen mit Bauchtanz und Flamenco, Löwentanz, japanischer Fächertanz etc pp. Die winzige türkische Community wollte auch etwas beisteuern und brachte einen drehenden Derwisch auf die Bühne.

Das Publikum war etwas irritiert: Ein in schwere Mäntel gehüllter Mann mit hohem Wollhut setzt sich hin und meditiert und meditiert. Steht schließlich auf, wirft die Mäntel ab und dreht und dreht und dreht und dreht sich. Setzt sich dann wieder hin und meditiert. Ich fand es ausgesprochen hypnotisch, aber für so einen Kessel Buntes vielleicht ein gewagter Beitrag. Dafür liefen dann Kinder auf Stelzen unentwegt im Kreis, das fand ich nun wieder nicht so interessant. Jedenfalls rissen wir uns nur schwer und erst Stunden später von dieser endlosen Folge von Programmpunkten los.

64. Gefahren des Alltags

Eigentlich hatte ich mir das so vorgestellt: Dank meiner hervorragenden Vorbereitung erlebe ich gelassen die letzten Tage in Taiwan, schreibe amüsante Anekdoten aus dem Urlaub, verabschiede mich von ein paar Leuten und steige mit einem Anflug von Reisefieber in das Taxi, den Bus, den anderen Bus, den Flieger, den Zug, den anderen Zug, in das abholende Auto. Wenn ich nun mein eigener Parasit wäre, könnte ich sagen: Da hatte ich die Rechnung wohl ohne den Wirt gemacht. Denn irgendwie war alles nicht so, wie es sein sollte. Trotz diverser mit der Post vorgeschickter Pakete hatte ich Übergepäck. Mein Handgepäck konnte ich kaum aufstocken, denn das bestand aus einem Rucksack mit Restdingen, der Laptoptasche und einem Teeservice, was mir Erica zum Abschied schenkte, mit der ich mich genau zweimal getroffen hatte. Selten fand ich ein Geschenk vorübergehend so zweischneidig. Obwohl das Service aus dünnem weißen Porzellan wirklich wunderschön ist. Neben dem überquellenden Koffer hatte ich noch eine Schachtel mit meinem Schwert aufzugeben, weil irgendwas mir sagte, dass ich ein Schwert, auch wenn es nicht einmal so scharf wie ein Nagelknipser ist, nicht würde ins Handgepäck nehmen dürfen. Aber zuvor hatte ich noch eine Abschiedsreise mit meinem Bruder durch Taiwan unternommen. Erstmal wies ich ihn darauf hin, dass „guten Tag" falsch ausgesprochen „fette Nummer" bedeuten kann. So sensibilisiert für die Gefahren des Alltags, fuhren wir auf Lüdao, der grünen Insel ohne Helm Scooter. Weil die Helme überhaupt nicht passen, sondern die Gefahr besteht, dass sie einem vom Kopf wehen und man dann vom Gurt stranguliert wird. Aber es gab einen freundlichen Polizeibeamten, der vor seiner Wache stand, uns hineinbat und uns (und alle nach uns und vor uns) schriftlich auf die Helmpflicht aufmerksam machte. Er füllte einen rosa Zettel aus, in dem ich den gleichen Namen hatte wie das Moped, nämlich X. Er meinte aber, es würde diesmal nichts kosten, beaufsichtigte draußen, ob wir nun auch die Helme aufsetzten und ließ uns fahren. Angenehmerweise ohne den Führerschein sehen zu wollen, den ich nicht dabei hatte, und der auch nicht international gewesen wäre. Als es dann zu regnen begann, fuhren wir zur Erhöhung der Sicherheit auch noch mit Regenschirm. Dem glücklich entronnen, nahmen wir an einer geführten Schnorcheltour teil. Das war wiederum eine sehr straff organisierte, mit allerlei Sicherheitsvorkehrungen ausgestattete Angelegenheit. Wir waren eine Gruppe von 6 Leuten, die alle mit Neoprenanzügen, Schwimmwesten, Neoprenschuhen, Taucherbrillen und Schnorcheln ausgestattet wurden. Einer fuhr beim Schnorchelanleiter hinten auf dem Scooter mit. In der einen Hand hielt dieser noch vier Rettungsringe und seine Taucherbrille und im Fußraum saß sein Golden Retriever. Aber wir kamen an. Als wir an diesem Küstenabschnitt einige ähnliche Gruppen direkt dort wo das Wasser gerade tiefer als knöcheltief wurde, im Wasser dümpeln sahen, dachte ich: Oje. Das wird wieder so ein chinesisches Gruppenerlebnis, dem ich wenig abgewinnen kann. Nun musste aber erst den Schwimm- und Schnorchelunkundigen zumindest letzteres beigebracht werden. Freundlicherweise wächst am Strand eine Pflanze deren Saft das Beschlagen der Taucherbrille verhindern soll und so zerrubbelten wir alle brav die Blätter in der Brille. Schließlich verstand auch der Ängstlichste wie man den Schnorchel in den Mund nimmt und wie man damit atmet und wir wackelten auch zu der Kante, ab der man schwimmen kann. Zu all den anderen. Erfreulicherweise mussten wir uns nicht noch in einen Rettungsring hängen, sondern

durften uns frei bewegen, insofern dies mit einer Rettungsweste möglich ist, die einen schwimmen lässt wie ein Fettauge auf der Suppe. Aber kaum hatte ich meinen Kopf unter
Wasser, war mir der Fettaugenstatus als solcher und all die
anderen Fettaugen ziemlich egal. Denn die Küste selbst ist
ein Korallenriff. Es gab Korallen aller Farben und Formen
und Größen. Und Fische von noch viel mehr Farben und Formen und Größen. Es war wie im Aquarium. Direkt dort. Völlig unglaublich. Wenn ich statt der blöden Schwimmweste
Flossen gehabt hätte, wäre es perfekt gewesen, aber auch so
war es großartig. Am nächsten Tag wurden wir dann über-
mütig und wollten uns einfach die Neoprenanzüge (gerne
auch ohne die obligate Rettungsweste) leihen und selber
losziehen. Aber das ist nicht erlaubt. Es ist zwar in einem
Nichtschwimmerland vielleicht verständlich, reizt aber zur
Zuwiderhandlung. Es war ja auch nur das Verleihen von
Schnorchelausstattung verboten und nicht das Schwimmen
als solches. Nun hatte Christoph eine Taucherbrille mit und
so gingen bzw. krochen wir eben abwechselnd ohne schüt-
zende Klamotten ins Wasser. Bei der Brandung auf das das
Ufer bildende Korallenriff ging das natürlich nicht ohne klei-
nere Blessuren ab, aber dafür war es mehr ein Gefühl wie als
Mensch unter Fischen und nicht wie ein Fettauge über den
Fischen. Sehr schön. Zum Warmwerden konnte man in den
ebbig entstandenen Wasserlöchern kleine Muränen beobachten. Und im offenen Wasser dann alles, was man sich so
vorstellen kann. Inklusive eines dottergelben, halbenmeter-
langen Fisches, der ohne so Kategorien wie oben und unten
auskommt und mal sorum und mal andersrum schwamm
und dazwischen kleine Saltos machte. Im weiteren Verlauf
der Reise badeten wir noch streng verboten in einem Bergbachgumpen[40] und tauchten uns noch verbotener in eine
gesperrte heiße Quelle, bei der die Anwesenheit ein paar
älterer Taiwaner uns ermutigte, ebenfalls die extrem taifun-
geschädigte Steintreppe hinunterzuklettern. Wir unternah-
men eine gesperrte Tunnel-Wasserfallwanderung, was so
lange etwas mulmig war, bis die erste Reisebusladung auch

---

40 Gumpen, dt.: Tiefe Stelle im Wasser

in dieser Schlucht auftauchte. Aber wir gingen dann noch durch die nächste Sperrung und stießen auf den so genannten Wasserfallvorhang: In Wasserfällen schleierartig in den Tunnel einbrechendes Wasser. Wunderschön.

Auch gefährlich war die Mittagshitze um acht Uhr morgens, die sich zu einer immer brüllenderen Mittagshitze um zwei oder drei steigerte. Und ich sage das mit der Mittagshitze nicht nur so dahin. Denn um acht steht die Sonne im Sommer etwa so hoch, wie in Deutschland mittags. Und mittags sieht man sie dann gar nicht mehr, weil sie direkt über einem steht, das sind wir nördlicheren Völker gar nicht gewohnt. Nie würde ich nach der Sonne direkt über mir Ausschau halten. Aber einen Vorteil hat das: Man kann sich mit einem Schirm ohne lästigen schrägen Sonneneinfall tatsächlich vor der Sonne schützen. Und das taten wir dann auch und spazierten wie auf einem Spitzweggemälde beschirmt durch die Landschaft. Aber all das ist lange nicht so gefährlich wie Suppeessen. Denn sie, die Suppe, sah lauwarm aus, wenn nicht sogar kalt. Unbewegte Oberfläche, kein Dampf, nichts. Glatt wie lauwarme Suppe. Und ich nahm einen großen Schluck. Erstarrte zu lange in Ungläubigkeit, glaubte einfach nicht, dass eine kalte Suppe so wehtun kann und verbrannte mir sozusagen ganz in Ruhe die ganze Zunge und den halben Gaumen. Es muss wohl Öl oben gewesen sein, gerade nicht so heiß, dass es gequalmt hätte. Daher die Ruhe. Davon hatte ich noch länger was. Man soll halt nicht die eigene Vorstellung über Dinge wichtiger nehmen, als ihr jeweiliges Sosein. Dachte ich mir, um wenigstens den Vorteil einer Lehre daraus ziehen zu können.

Nach der Reise kaufte ich in einer praktischen Anwandlung noch einen Karton zum Schicken von Sachen, kündigte meine Krankenkasse und leierte Mama Zheng die Kaution aus den Rippen. Dann ging ich in mein Stammlokal essen und stellte fest: Es ist Zeit zu gehen. Mein Lieblingsgericht, quietschgrüne, gedämpfte Teilchen mit Gemüsepilzalgenfüllung sind nicht mehr grün. Der verheerende Dauerregen von vor zwei Wochen hatte viel Ernte vernichtet und die Preise nach oben getrieben. Hier Bauer zu sein, muss wirklich ein Elend sein. Dauernd verhagelt einem irgendwas die

Ernte. Und so wurde das, was die Teilchen so grün machte zu teuer und nun sind sie nudelblass. Und im Fitnessstudio in der Sauna sind auch keine Frauen mehr, die die Tür sperrangelweit offen lassen, weil ihnen sonst zu heiß wird. Dafür bekam ich von Wenxi noch ein zweites, ebenfalls sehr schönes Teeservice geschenkt und konnte feststellen, dass man Handgepäck doch noch erstaunlich aufstocken kann.

Und reiste endlich wehmütig ab.

Kleine Auswahl populärer Gottheiten

Guanyin ist die Bodhisattva der Barmherzigkeit. Der chinesische Name Guan(shi)yin bedeutet „die die Laute (der Welt) sieht". Im Gegensatz zu Buddhastatuen sind Bodhisattvas reich geschmückt und gekrönt. Guanyin wird als leicht androgyne Frauengestalt in unterschiedlichen stehenden oder sitzenden Positionen dargestellt. Häufig hält sie eine Lotosblume und ein Weihwasserfläschchen in den Händen. Manchmal wird sie madonnenhaft mit Kind abgebildet. Hier formt sie mit den Händen das Mudra (rituelle Geste) der Lehrdarlegung (rechte Hand) und das der Wunschgewährung.

Wenn **Laozi**, der sagenhafte Begründer des Daoismus, nicht als Teil der obersten daoistischen Dreieinigkeit dargestellt wird, sieht man ihn meist als alten, langhaarigen und gutgelaunten Mann auf einem Ochsen reiten. Denn so soll er nach Niederschrift des Daodejing Richtung Westen verschwunden sein.

Guandi, der Gott des Krieges, steht für Mut und Treue. Er wird in starken, mächtigen Posen als General dargestellt und sein rotes Gesicht schmückt ein besonders schöner Bart.

Wenchang Dijun, der Gott der Literatur, ist in seiner Gestalt als Kuixing eine auffallend hässliche Figur, die mit einem Bein auf einem Meeresungeheuer oder einer Schildkröte steht und das andere Bein zum Sternetreten angehoben hat. In den Händen hält er ein Tintenfass und einen Pinsel. Er wird vor allem vor Prüfungen um Beistand angerufen.

Die Mondgöttin **Chang´e** hat keine eigenen Tempel, wird aber häufig auf Nebengemälden oder Reliefs als schöne junge Frau mit einem weißen Hasen abgebildet. In der Regel findet sich auch der Mond in ihrer Nähe.

Mazu, die Schutzgöttin der Seefahrer, ist die beliebteste Göttin Taiwans und trägt auch den Titel Himmelskaiserin. Dementsprechend wird sie meist in den steifen Posen und Gewändern einer Kaiserin abgebildet. Ist ihr der Hauptaltar gewidmet, stehen rechts und links vor ihr der Zehntausend-Meilen-weit-Hörende mit riesigen Ohren und der Zehntausend-Meilen-weit-Sehende mit übergroßen Augen. Die Herren helfen Mazu Schiffbrüchige zu orten. Zuweilen wird sie auf Gemälden im Meer auf einem Riesenfisch stehend gezeigt. Dann ist sie von Guanyin, die es ebenfalls in dieser Pose gibt und deren Inkarnation sie sein soll, kaum zu unterscheiden.

Milefo, der lachende Dickbauchbuddha ist eine Ausformung des Maitreya, des Buddhas der Zukunft, der als Retter zur Endzeit des Weltalters erwartet wird. Er ist mit Bettelsack und buddhistischer Gebetskette unterwegs und soll sich mit diesem Äußeren um 950 n.u.Z als lebenslustiger Bettelmönch Budai inkarniert haben.

Die acht daoistischen Unsterblichen leben auf Inseln im Ostmeer. Um sie ranken sich zahllose Geschichten. Sie alle haben das Dao, aber repräsentieren unterschiedliche Lebensumstände. Lü Dongbin wurde 798 geboren und lebte als Schwerenöter und Hallodri. Mit seinem Schwert kann er sich unsichtbar machen und mit dem Fliegenwedel durch die Lüfte schweben. Han Zhongli war ein erfolgloser General, aber großer Trinker. Mit seinem Palmblattfächer kann er Tote zum Leben erwecken. Li Tieguais Körper wurde verbrannt, als seine Seele unterwegs war. Darum übernahm er den Körper eines erfrorenen lahmen Bettlers. In seinem Flaschenkürbis lebt eine Glück bringende Fledermaus. Zhang Guolao reitet rückwärts auf einem Esel, den er wie ein Stück Papier zusammenfalten kann. Mit seiner Bambustrommel trägt er Balladen vor.

Cao Guojiu war der Schwager eines Songkaisers. Er hat immer eine Kastagnette dabei und gilt als Schutzpatron der Schauspieler. Han Xiangzi wurde im 9. Jahrhundert n.u.Z. geboren. Der Flötenspieler ist der Schutzpatron der Musiker. Die Seherin He Xianggu lebte schon zur Zeit der Kaiserin Wu (um 700 n.u.Z.). Sie hält Lotosstengel in den Händen. Lan Caihe ist ein Knabe oder eine junge Frau in einem zerschlissenen blauen Gewand mit nur einem Schuh und einem Blumenkorb.

Karte Taiwan

Literaturverzeichnis
der im Text genannten Werke

Die chinesischen Klassiker sind außerordentlich schwer zu übersetzen, weshalb die einzelnen Ausgaben erheblich voneinander abweichen. Die chinesischen Romane wurden in der Übersetzung leider meist stark gekürzt.

Zhuangzi:
Dschuang Dsi: Das wahre Buch vom südlichen Blütenland; aus dem Chinesischen übersetzt von Richard Wilhelm; Diederichs 1998;
Zhuangzi – Das klassische Buch daoistischer Weisheit, erstmals in vollständiger Übersetzung herausgegeben und kommentiert von Victor H. Mair (Aus dem Amerikanischen von Stephan Schuhmacher); Wolfgang Krüger Verlag;
Zhuangzi. (Auswahl); Reclam Verlag 2003;
Chinesischer Text:
http://chinese.dsturgeon.net/text.pl?node=2712&if=en

Eisen und Seide, Begegnungen mit China, Mark Salzmann; Droemer Knaur, Sept. 2001;

Daodejing:
Laotse: Tao Te-King. übers. u. hrsg. von Richard Wilhelm. Eugen Diederich, Leipzig 1910, Marix, Wiesbaden 2004;
Laotse: Tao Te Ching, zweisprachige illustrierte Ausgabe, Dt. nach der Neubearbeitung von Man-Ho Kwok, Theseus-Verlag 1995;
Lao-Tse: Tao-Te-King, übers. von Günther Debon, Reclam Verlag 1983;
Chinesischer Text:
http://chinese.dsturgeon.net/text.pl?node=11591&if=en;

Das kunstseidene Mädchen, Irmgard Keun, dtv, 1999; (kein China-Bezug)

Lunyu: (Die Analekten des Konfuzius)
Konfuzius Gespräche, Reclam Verlag 2003
Chinesischer Text:
http://chinese.dsturgeon.net/text.pl?node=1081&if=en

Sunzi Bingfa:
Sunzi: Die Kunst des Krieges, Droemersche Verlagsanstalt
Th. Knaur Nachf., 1988 und weitere Auflagen, (die Übersetzung beruht auf der Übersetzung von Lionel Giles)
Sun Tsu: Über die Kriegskunst, Übersetzung Klaus Leibnitz, Karlsruhe, 1989, (erste deutsche Direktübersetzung)
Chinesischer Text:
http://cn.netor.com/know/hist/book13.htm

Jieziyuan Huazhuan (Der Senfkorngarten) von Wang Gai und Li Liufang

The Mustard Seed Garden Manual of Painting, übersetzt von Mai-Mai Sze, Princeton University Press, 1992;
芥子園畫傳，人民美术出版社，北京，Bände 2-4;
ISBN 7-102-01246-2; 7-102-01255-1; 7-102-01256-X;

Kaiserin, Shan Sa, Piper Verlag, München 2005;

Sanguo Yanyi, Luo Guanzhong (Romance of the three kingdoms)
Die drei Reiche, Roman aus dem alten China, übersetzt von Franz Kuhn, Insel Verlag, Frankfurt am Main,1981; (radikal gekürzter Text)
Romance of the three kingdoms, Vol. I&II, übersetzt von C.H. Brewitt-Taylor, 1959, Tuttle Publishing, 2002; (weniger gekürzter Text)

Die Schnapsstadt, Mo Yan, Rowohlt Verlag, Reinbek 2002;

Xiyouji, Wu Chen´en (Die Reise nach Westen)
Reise nach Westen, Wu, Chengen (Herausgegeben von Zhou, John) Ost-Zhou, Bad Pyrmont 2005; (gekürzt)
Monkey, Wu Ch´eng-Én, übersetzt von Arthur Waley 1943, Grove Press N.Y. 1984; (gekürzt)
Chinesischer Text:
http://zh.wikisource.org/wiki/%E8%A5%BF%E9%81%8A%E8%A8%98

Liezi:
The book of Lieh-tzŭ a classic of the Tao, übersetzt von Angus Charles Graham; Columbia University Press Morningside ed. New York : Columbia Univ. Press, 1990;
Chinesischer Text:
http://www.chinapage.com/philosophy/liezi/liezio.pdf

Danksagung

Mein Dank gilt zu allererst der Kulturabteilung der Taipeh Vertretung in der BRD, die mir mit der Gewährung des Stipendiums den langen Aufenthalt in Taiwan erst ermöglicht hatte.

Viele Menschen haben durch ihren Unterricht und durch ihre Bereitschaft immer wieder auch blöde Fragen zu beantworten zu diesem Buch beigetragen. Danken möchte ich daher Ye Meixing, Huang Chenxuan, und allen anderen Lehrerinnen und Bürofrauen am Sprachinstitut der Chenggong-Universität in Tainan, meinem Taiji-Meister Luo Jinshui, meinen Mallehrern Feng Xianmin und Li Xiangqin.

Weiterer Dank gebührt Frau Bärbel Steinberg, Prof. Dr. Hans Kühner, Dr. Volker Olles und Prof. Dr. Florian Reiter, alle an der HU Berlin.

Meine Freundinnen und Freunde, Verwandte und Bekannte haben ebenfalls aus unterschiedlichsten, aber jeweils gewichtigen Gründen Dank verdient. Besonders nennen möchte ich Andrea Mesch, Guo Wenxi, Nathalie Percillier, Connie Reszat, Dr. Sigrid Geisler, Ulla Ziemann, Erica Chien, Corinna Grulich, Lisa Kuppler, Louis Zoller, Christoph Schneider, Ina Blankers, Dagmar Sieksmeier, Peer Pfeiffer, Tuyetmai Nguyen, Gerrit Book, Andreas Dahlke, Konrad und Mareen Schneider, Nakano Takashi, Matt Harris, Kristin Unger und Mama Zheng.

Und natürlich herzlichen Dank auch an meine Verlegerin Sandra Thoms!

Trotz dieser ganzen Unterstützung sagt mir meine Erfahrung, dass das Buch Fehler enthält. Weil ich nicht richtig zugehört habe, weil ich etwas falsch verstanden habe, weil ich eine Recherche zu früh abbrach oder etwas nicht hören wollte. Dies habe ich selbstverständlich allein zu vertreten. Gerne bin ich bereit, mich korrigieren zu lassen oder noch lieber mich auszutauschen. (www.ilkaschneider.de)

Ebenfalls im Dryas Verlag erschienen:

»Welcome to presence«
– Abenteuer Alltag in China

von Oliver Lutz Radtke
Preis: 12,95 EUR [D], 13,30 EUR [A]
ISBN: 978-3-9811327-0-0

»Aus dem Inneren des Riesen«
– Abenteuer Alltag in Brasilien

von Susanne Gerber-Barata
Preis: 12,95 EUR [D], 13,30 EUR [A]
ISBN: 978-3-9811327-1-7

„Das Tier von Garoua"
– Abenteuer Alltag in Afrika

von Klaus N. Frick
Preis: 12,95 EUR [D], 13,30 EUR [A]
ISBN: 978–3–9811327–4–8

www.dryas.de

Boommärkte im Blick

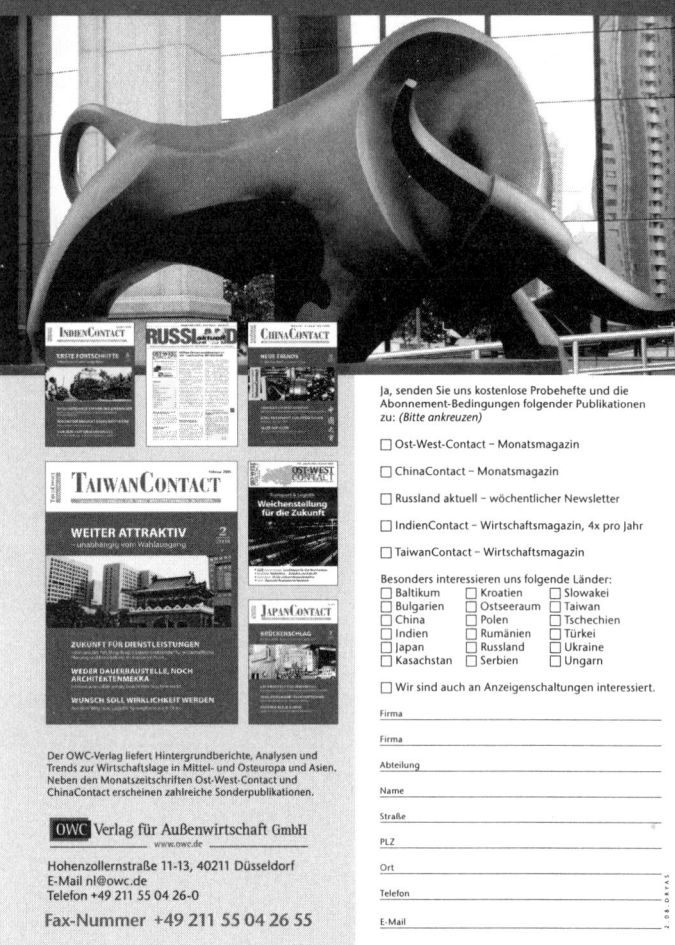